# 《黄帝内经》思政智慧经典案例选

马会霞 闫 昕 王 萌 主编

上海大学出版社
·上海·

图书在版编目(CIP)数据

《黄帝内经》思政智慧经典案例选 / 马会霞,闫昕,王萌主编.—上海:上海大学出版社,2024.3
ISBN 978-7-5671-4926-7

Ⅰ.①黄… Ⅱ.①马… ②闫… ③王… Ⅲ.①高等学校—思想政治教育—教案(教育)—中国 Ⅳ.①G641

中国国家版本馆CIP数据核字(2024)第055668号

责任编辑 陈 露
封面设计 缪炎栩
技术编辑 金 鑫 钱宇坤

《黄帝内经》思政智慧经典案例选
马会霞 闫 昕 王 萌 主编
上海大学出版社出版发行
(上海市上大路99号 邮政编码200444)
(https://www.shupress.cn 发行热线021-66135112)
出版人 戴骏豪

\*

南京展望文化发展有限公司排版
江苏凤凰数码印务有限公司印刷 各地新华书店经销
开本 710mm×1000mm 1/16 印张21 字数343千
2024年4月第1版 2024年4月第1次印刷
ISBN 978-7-5671-4926-7/G·3608 定价 80.00元

版权所有 侵权必究
如发现本书有印装质量问题请与印刷厂质量科联系
联系电话: 025-57718474

## 《〈黄帝内经〉思政智慧经典案例选》编委会

**主　编：** 马会霞　闫　昕　王　萌
**副主编：** 张雅宁　彭旭彤　林　荥
**编　委：**（按姓氏笔画排序）
　　　　　于荣霞　刘嘉怡　苏雯博
　　　　　李　洁　单双宇　孟祥蕊
　　　　　贾永森　徐　静　高志翔

# 前 言

当前,在国家对传统中医的重视和大力扶持背景下,为培养优秀的中医人才,我们以课程思政建设为切入点,立足课程思政的现代课程观,将《黄帝内经》课程的教学目标进行了重新认识、定位和塑造,在原有知识性和能力性目标之上,加入"传统文化底蕴、树立为患者服务的理念、坚守医者仁心的立场、培养探索创新的精神"的课程思政目标,真正走近"以德育人、有余力则学文"古代贤圣之教。

遵循中医学的知识体系与内容特点,依托《黄帝内经》课程,深入挖掘所蕴含的古代哲学思想及德育元素,有机地嵌入、融入思想政治教育过程中。系统搭建课程知识结构与逻辑框架,与思政元素进行价值整合、统筹谋划,发挥本课程优势,从天、地、人、社会多向度联系,坚持知识传授和价值引领相结合,构建基于古代哲学的《黄帝内经》课程思政体系,并建立课程思政案例库。把握教师主导与学生主体的相互关系,通过主动挖掘、探讨实践、寓情于理、情理交融的方式,使古代哲学、价值观念、思想理论、精神气质,更具真挚赤诚、顿悟升华之性,实现滴水穿石的思想政治教育熏陶,在潜移默化中助其形成良好的思想品德,树立正确价值观,凝聚思想认同,为学生健康成长提供精准的导航。

在教学过程中,根据本门课程的哲学和文化内涵的优势,把握各个教学单元的内容特点,选取并融入更切合的课程思政教学目标,以使其贴近实际、贴近生活、贴近学生,并配合以相应的教学活动设计,在潜移默化中巩固专业知识、体悟医学人文,内化和深化了学生对专业基本理论的认知,有效地提升了德育因素对专业学习的正向激励作用,促进知识、能力和课程思政教学目标的同步有效达成,并将所传导的思政教育影响内化于心、外化于行,达到知行合一。

本书共选 76 例智慧经典案例,其九层次为:法自然天人合一篇、大道至简古文明篇、古圣贤哲学文化篇、"碳中和"专项篇、天文地理合人事篇、筑梦想人生价值篇、守其位社会奉献篇、重医德大医精诚篇、忆往昔峥嵘岁月篇。

本书是在团队共同努力下完成的。主编提出编写大纲、总体思路和基本观点，确定编写分工，并进行统稿、审定。第一篇由马会霞、贾永森、于荣霞、林荥、张雅宁等编写；第二篇由闫昕、徐静、彭旭彤、孟祥蕊、高志翔等编写；第三篇由马会霞、王萌、刘嘉怡、苏雯博等编写；第四篇由闫昕、彭旭彤、苏雯博等编写；第五篇由马会霞、徐静、张雅宁、高志翔等编写；第六篇由贾永森、王萌、林荥、单双宇、刘嘉怡等编写；第七篇由贾永森、于荣霞、林荥、单双宇、苏雯博等编写；第八篇由马会霞、张雅宁、单双宇、彭旭彤、于荣霞、王萌等编写；第九篇由闫昕、孟祥蕊、单双宇等编写。

感谢华北理工大学研究生学院、中医学院领导对本书的大力支持；感谢出版社编辑们的辛苦付出；感谢张雅宁、彭旭彤、林荥在书稿校对工作中的认真负责！

编　者

2023 年 12 月

# 目　录

## 第一篇　法自然天人合一篇 ... 1
第一讲　《素问·风论》 ... 1
第二讲　《素问·六元正纪大论》(一) ... 6
第三讲　《素问·六元正纪大论》(二) ... 11
第四讲　《灵枢·九针论》 ... 16
第五讲　《素问·平人气象论》 ... 21
第六讲　《素问·四气调神大论》 ... 26
第七讲　《素问·脉要精微论》 ... 30

## 第二篇　大道至简古文明篇 ... 35
第一讲　《灵枢·九针十二原》 ... 35
第二讲　《灵枢·阴阳二十五人》 ... 41
第三讲　《灵枢·五味论》 ... 46
第四讲　《灵枢·皮部论》 ... 50
第五讲　《素问·阴阳应象大论》 ... 54
第六讲　《素问·阴阳离合论》 ... 60
第七讲　《素问·阴阳别论》 ... 64
第八讲　《灵枢·终始》 ... 69

## 第三篇　古圣贤哲学文化篇 ... 73
第一讲　《素问·至真要大论》(一) ... 73
第二讲　《灵枢·病本》 ... 77
第三讲　《灵枢·癫狂》 ... 82

第四讲　《灵枢·厥病》…… 86
　　第五讲　《灵枢·逆顺肥瘦》…… 90
　　第六讲　《素问·咳论》…… 94
　　第七讲　《素问·刺要论》…… 97
　　第八讲　《素问·太阴阳明论》…… 100
　　第九讲　《灵枢·师传》…… 104
　　第十讲　《素问·水热穴论》…… 107

第四篇　"碳中和"专项篇 …… 111
　　第一讲　《素问·玉机真脏论》…… 111
　　第二讲　《素问·骨空论》…… 114
　　第三讲　《灵枢·根结》…… 118
　　第四讲　《灵枢·官针》…… 121
　　第五讲　《素问·生气通天论》…… 125
　　第六讲　《素问·汤液醪醴论》（一）…… 129
　　第七讲　《素问·异法方宜论》…… 133
　　第八讲　《灵枢·经筋》…… 137

第五篇　天文地理合人事篇 …… 141
　　第一讲　《素问·六节藏象论》…… 141
　　第二讲　《素问·汤液醪醴论》（二）…… 146
　　第三讲　《灵枢·本输》…… 150
　　第四讲　《灵枢·经脉》《灵枢·经别》…… 154
　　第五讲　《灵枢·经水》…… 158
　　第六讲　《灵枢·小针解》…… 163
　　第七讲　《素问·逆调论》…… 167
　　第八讲　《素问·移精变气论》（一）…… 170

第六篇　筑梦想人生价值篇 …… 175
　　第一讲　《灵枢·禁服》…… 175

第二讲　《素问·痿论》 ……………………………………… 179
　　第三讲　《灵枢·九宫八风》 …………………………………… 184
　　第四讲　《素问·至真要大论》（二） ………………………… 189
　　第五讲　《灵枢·热病》 ………………………………………… 194
　　第六讲　《素问·刺疟》 ………………………………………… 199
　　第七讲　《素问·刺志论》 ……………………………………… 204
　　第八讲　《素问·宝命全形论》 ………………………………… 207
　　第九讲　《素问·玉版论要》 …………………………………… 212

第七篇　守其位社会奉献篇 ……………………………………………… 217
　　第一讲　《素问·奇病论》 ……………………………………… 217
　　第二讲　《素问·六元正纪大论》（三） ……………………… 221
　　第三讲　《素问·痹论》 ………………………………………… 226
　　第四讲　《灵枢·大惑论》 ……………………………………… 231
　　第五讲　《素问·疟论》 ………………………………………… 236
　　第六讲　《灵枢·五癃津液别》 ………………………………… 239
　　第七讲　《灵枢·动输》 ………………………………………… 242
　　第八讲　《灵枢·决气》 ………………………………………… 246
　　第九讲　《灵枢·五乱》 ………………………………………… 250

第八篇　重医德大医精诚篇 ……………………………………………… 255
　　第一讲　《灵枢·本脏》 ………………………………………… 255
　　第二讲　《灵枢·骨度》 ………………………………………… 259
　　第三讲　《灵枢·淫邪发梦》 …………………………………… 263
　　第四讲　《素问·气交变大论》 ………………………………… 268
　　第五讲　《素问·疏五过论》 …………………………………… 273
　　第六讲　《素问·五脏生成》 …………………………………… 278
　　第七讲　《素问·五脏别论》 …………………………………… 283
　　第八讲　《灵枢·邪气藏府病形》 ……………………………… 288
　　第九讲　《素问·移精变气论篇》（二） ……………………… 292

第十讲 《素问·调经论》 ……………………………………………… 295

**第九篇　忆往昔峥嵘岁月篇** …………………………………………… 301
第一讲 《素问·病能论》 ……………………………………………… 301
第二讲 《灵枢·背腧》 ………………………………………………… 305
第三讲 《灵枢·玉版》 ………………………………………………… 309
第四讲 《灵枢·五禁》 ………………………………………………… 314
第五讲 《灵枢·外揣》 ………………………………………………… 318
第六讲 《灵枢·卫气失常》 …………………………………………… 322

# 第一篇　法自然天人合一篇

## 第一讲　《素问·风论》

## 一、教学目标

（一）课程思政教学目标

1. 通过对原文内容的学习，让学生掌握不同风病的诊治要点、临床表现（教学）；从"风之伤人也……不知其解，愿闻其说"中感受黄帝勤于思考、巧于总结的优秀品格，提高学生对学问境界的感悟，并培养学生随机应变、具体问题具体分析的能力。在学习风邪伤人的过程中增强个人理论知识储备，坚定信念，为成长为一名具有仁心仁术的中医而努力（思政）。

2. 通过对视频的观看和讨论，掌握五脏风以及首风、漏风、泄风的面诊相应诊治（教学），感悟天人合一的整体观念、万物不离的恒动观念，体会以通为用的中医治疗观对解决当代教育问题的指导意义（思政）。

3. 从"风为百病之长"中体会风邪"善行而数变"的性质，加深对风邪致病的认识（教学）；领会求本思想，结合思政中主要矛盾与次要矛盾的辩证统一原理，教授学生分清主次，提高做事效率，这有利于学生个人社会价值的实现。从"风气与太阳俱入……故其肉有不仁也"中深入思考，感悟党风廉政建设的重要性，领悟经典中蕴含的治国大道，坚定文化自信（思政）。

（二）课程思政教学目标的体现

1. 本篇论述风邪致病的疾病分类、病因病机及临床表现，通过岐伯细致入微的讲解，强调了五脏风证的诊治原则和临床表现，引入王国维论述学问的三重境界,使学生深刻意识学习任务的艰巨性,坚定其"普救含灵之苦"的理想信念,提升其辨证能力和临床水平,并从中感悟古人做学问的精专,激发学生对先贤的敬仰之情。

2. 从"以春甲乙伤于风者为肝风……以冬壬癸中于邪者为肾风"中体会五脏受风与时间的联系,感悟古人天人合一观念蕴含的哲学智慧。从"风气藏在皮肤之间,内不得通,外不得泄"中感受中医"以通为用"的治疗观,思考中西医在治病理念和方式上的差别,结合临床调查感悟中医疏散邪气,调畅气机治法的优势,这有利于坚定学生的中医自信,促进中医人才的培养和中医事业的发展。

## 二、课程思政案例内容

（一）案例引出

课堂活动：

> 1. 提问：你对学问的三重境界有什么感悟？
> 2. 提问："堵不如疏,以通为用"给我们的启发。
> 3. 提问：论述知行合一理念对社会发展的指导意义。

通过学生的交流讨论及不同回答,引出本次课程的课前视频、图片资料——中国70年来的发展史、家庭与学校教育、反腐倡廉行动。

（二）案例内容

1. 案例形式：视频、图片＋讨论、分享、讲授。

2. 视频、图片名称：中国70年来的发展史、家庭与学校教育、反腐倡廉行动。

3. 让我们一起来总结这些视频、图片带给我们的启示。

（1）《素问·风论篇第四十二》主要通过列举五脏风、胃风、首风、漏风、泄风等多种风病来阐明风邪的性质和致病特点,由此可以小见大,说明中医理论体系的繁杂。

中医的发展经历体现了学问的三重境界,中国的发展也是如此,从建国之初的一穷二白到现在的旧貌换新颜,中华民族伟大复兴的壮丽征程迎来万丈曙光的美好际遇。在这 70 年里,中国先知登高远,立于立志之境,明确目标与方向,而后行动,为实现远大目标而不懈奋斗,这从科技的发展、经济的繁荣、人民幸福感和满足感的提升中足以可见,结果自然是功到事成,这是用血汗浇灌而成的鲜花,更是用毕生精力铸造的大厦,怎能不让人佩服。治国如此,为人亦当如此。

(2) 教育是实现中国梦的基石。大多数教育都会经历家庭和学校并行的阶段,其中作为教育主体的父母和学校,在孩子的成长过程中起到了重要作用。有时学校里严格的规章制度和家里严厉的父母会让孩子产生逆反心理。

学习本来是一件让人快乐的事情,如果学校与家庭强加了很多外在的压力在孩子身上,那么他们发自内心产生的积极向上的学习能量就会被压制,甚至会消失,剩下的只有躲避和抵抗。结合"卫气有所凝而不行,故其肉有不仁也"及"风寒客于脉而不去,名曰疠风,或名曰寒热"感受宜疏不宜堵的理念,从而反观教育父母应从自身做起,给孩子树立好的榜样,使孩子从内心深入感知教育,感知爱,引导并培养其正确的三观,陪伴他们健康成长。正其心方能修其身,修其身方能齐其家,小家好,大家方可安。这对于培养敢于担当民族复兴大任的时代新人,减少青少年犯罪,促进社会治安具有重要意义。

(3) 反腐倡廉永远在路上。原文中提到"风气与太阳俱入……故其肉有不仁也",在此处风即为风邪,它与太阳经同时循着脏腑各腧穴。由此,我们可引申到正邪两者的关系上。"为政不为民,民当弃之;为政不清廉,民将惩之",腐败是一个国家发展过程中的拦路虎,更是社会进步的绊脚石。党员干部要耐得住寂寞、守得住清贫,时刻净化生活圈、朋友圈、社交圈,做到始终不越底线,带头遵纪守法,时时警醒自己、处处检点自己、事事约束自己,努力树立党员干部清正廉洁的良好形象。同时,更要知行合一,以群众呼声为行动导向,将人民大众的根本利益放在心上。

## 三、分析讲解

### (一)重点分析:案例与本讲内容的关联度

本讲的内容是"风论"。本篇以风邪致病为中心,强调了风邪致病的疾病分类、病因病机及临床表现。课程思政案例中国 70 年来的发展史、家庭与学校教育、反腐倡廉行动等内容,与本讲内容是完全契合的。

通过学生案例前的讨论和案例后的总结,让学生对风邪的病因病机、治疗原则和为医者的大局观的认识得到提升,表现在:① 学生能够掌握风邪致病的特点和治疗方法,有利于提升其理论能力和临床水平,引导并践行大医精诚理念;② 提升了学生对学问的三重境界的感悟,以及对世界的认识维度和层次;③ 让学生体悟了天人合一的整体观等中国古代哲学在生命、社会中发挥的积极作用。本讲案例的引入十分契合本节课的教学目标和教学内容,不仅能够激发学生对中医经典的学习兴趣,提高其临床应变能力,使其汲取古人智慧,提升思想境界,而且有利于学生个人社会价值的实现。

### (二)如何达成课程思政预期目标:采取适宜的教学方法和教学模式

1. 课下提前布置思考作业,启发学生思考问题;课堂上选取部分回答予以解答和评价。同时,在此基础上创设问题情境,提出新问题,由此提升学生对知识储备的运用能力。

2. 观看视频《祖国在召唤》部分内容,了解中国凝结着奋斗的辉煌历史,映射着时代变迁的伟大成就,厚植学生的爱国情怀,并坚定其担当民族复兴大任的理想信念,激励其努力拼搏,为祖国的发展做贡献。

3. 在学生思考和讨论后使用讲授法对本讲内容进行讲解。通过《黄帝内经》开篇提出的问题"风之伤人也……不知其解,愿闻其说",引导学生学习先贤求知若渴的精神,继而引出做学问的三重境界,并将其与国家的发展史结合,层层深入,增强学生的情感体验。以"风气藏于皮肤之间,内不得通,外不得泄"为介,提出"堵不如疏,以通为用"的理念。同时,通过细心讲解建立中医经典与教育之间的桥梁,拉近经典与现实之间的距离,从而体现古代哲学思想对当今生产生活的指导意义。深入挖掘"风气与太阳俱入……故其肉有不仁也"中的思政元素,引发学生对党政建设中反腐倡廉的思考,党员干部虽知勤政为民、清廉自律为应做之事,但贪污腐败之人仍不在少数,教导学生深刻认识知行合一的重要性。

结合新冠疫情期间中西医不同的治疗原则和手段,体会"堵不如疏,以通为用"理念对中医治病的指导意义,感受中医治疗"简便效廉验"的优势和特色,坚定中医自信。同时,引导学生认识并践行"大医精诚"理念,促进中医人才的培养和中医药事业的发展。

(林　荣　贾永森)

# 第二讲 《素问·六元正纪大论》（一）

## 一、教学目标

（一）课程思政教学目标

1. 通过原文内容的学习和教师的讲解，掌握四时用药的宜忌，即"四时气王之月，药及食衣寒热温凉同者皆宜避之"，培养学生临床思维和整体观念（教学）；感悟遣方处药时医者对天地四时和世间生命的敬畏之心和中医"以平为期"的治病理念，领悟中国传统文化中的阴阳之道，增强学生的文化自信和中医自信（思政）。

2. 通过对视频、图片的观看和思考后的讨论交流，帮助学生理解"五运之气，亦复岁"总纲，即"先有胜制，则后必复也"，引导学生掌握该思想，教授学生中医"治未病"之理，从而促进五运六气学说的学习（教学）；揭示物极必反之道，使学生明白见微知著、防微杜渐的重要性，同时也教育学生在学习生活中要循序渐进、注重积累，明白唯有脚踏实地，方能成就一番事业（思政）。

3. 在学习"六变之纪"过程中，使学生通晓六气正纪的变化、胜复、用病之理后，掌握六气变化与万物生灭之间的关系（教学），体会天人一体的整体观、深入挖掘"报德以德，报化以化，报政以政，报令以令，气高则高，气下则下，气后则后，气前则前，气中则中，气外则外，位之常也"所蕴含的思政元素，帮助学生理解外与内、人与己、物与我的差异和沟通的必要性，教导学生学会换位思考、推己及人，有利于他们改善人际关系，更好继承和发扬中华传统文化里的忠恕精神（思政）。

（二）课程思政教学目标的体现

1. 原文中"热无犯热，寒无犯寒，从者和，逆者病，不可不敬畏而远之，所谓时与六位也""司气以热，用热无犯……间气同其主无犯，异其主则小犯之，是谓四畏，必谨察之"等内容无不强调了中医结合时令、地点用药的重要性。只有对天地和生命怀有虔诚、敬畏之心,方能在遣方开药时真正把握"以平为期"的治病原则。

曾国藩在家书中曾写道"敬则无骄气,无怠惰之气""诸弟亦宜常存敬畏,勿谓家有人做官,而遂敢于侮人;勿谓己有文学,而遂敢于恃才傲人。常存此心,则是载福之道也",从中可见他为人处世时所存的敬畏之心。毛泽东曾评价道:"愚于近人,独服曾文正公。"曾国藩做事常怀敬畏之心,事必躬亲,从不敷衍了事;做人更是心存敬畏,不被私心杂念所扰,不为个人名利所累。正因其心存敬畏之心,言有所戒且行有所止,才在功成名就后自保而得善终。

2. 原文关于"五运之气复岁"的问题,岐伯答道"郁极乃发,待时而作者也",从中不难体会出物极必反的道理。在宓子治单父的典故中,面对单父的责问和不满,宓子以"今年无麦,明年可树,令不耕者得获,是乐有寇也。且一岁之麦,于鲁不加强,丧之不加弱。令民有自取之心,其创必数年不息"答之,其中可见宓子的深谋远虑,其见微知著的能力也令人称赞不已。

古人云:"见贤思齐焉,见不贤而内自省也"。在日常生活中我们也应锻炼这种自省的能力,只有日日知非,日日改过,保持精进之心,才能够在事情有不好的发展趋势时及时发现,真正做到见微知著,防微杜渐,在自我调控和自我教育中完善自己的人格,提升思想道德境界。

3. 原文"报德以德,报化以化,报政以政,报令以令"是忠恕精神的表现。许慎的《说文解字》中说:"忠,敬也,从心中声;恕,仁也,从心如声。"其教导我们要遵从内心的道德判断,以自己的心为标准,真诚相待,积极为人;同时,也要学会站在他人的角度,换位思考。这样的话可以减少很多矛盾的发生,有利于社会和谐发展,国家长治久安。

忠恕之道,不仅是中国人为人处世之基本准则,更是中华文化之核心精神。1953年12月,中国提出了和平共处五项原则,该原则而后改为"互相尊重主权和领土完整、互不侵犯、互不干涉内政、平等互利、和平共处",这不仅成为中国奉行独立自主和平外交政策的基础,也对战后初期国际秩序的构建,特别是对亚洲地区的安宁与稳定产生了重大影响。凝结着忠恕精神智慧结晶的五项基本原则历经国际风云变幻,依然显示出强大的生命力,在促进世界和平与国际友好合作方面发挥着不可替代的作用。

## 二、课程思政案例内容

### （一）案例引出

课堂活动：

> 1. 提问：如何理解《道德经》中蕴含的"常怀敬畏，行有所止"之理？
> 2. 提问：感悟防微杜渐的重要性。
> 3. 提问：古人的忠恕精神带给我们什么启发？

通过学生思考和交流后的不同回答，引出本次课的课前视频、图片资料——曾国藩家书、宓子治单父注重风俗的典故、和平共处五项原则的提出。

### （二）案例内容

1. 案例形式：视频、图片＋讨论、讲授。
2. 视频、图片名称：曾国藩家书、宓子治单父注重风俗的典故、和平共处五项原则的提出。
3. 让我们一起来总结这些视频、图片带给我们的启示。

（1）曾国藩多次升迁却依旧保持本心，反观诸己，为君谋事，勤勉精进，对天命、人言、君父始终怀有敬畏之心并坚守做人为官的基本准则，在战战兢兢、如履薄冰的心境中度过，最终一路平步青云，大业辉煌，成就了自我。

心存敬畏之心，方能行有所止。这对当今社会生产生活实践仍具有重要的借鉴意义。据中国都市年轻人恋爱婚姻行为调查结果显示，闪婚者闪离的比例高达65%，结合当今高达43.53%的离婚率，确实有必要反思所谓追求自由的婚姻价值观。

自古至今婚姻都并非儿戏，《礼记·大学》中有言道"心正而后身修，身修而后家齐，家齐而后国治，国治而后天下平"，只有"小家"幸福美满，"大家"才能和谐永康。心存敬畏，始于爱情，忠于责任，守于经营，永远都是对婚姻最大的支撑，只有如此才能体会到婚姻对爱情的升华，而不会陷入"婚姻是爱情的坟墓"的怪圈中去。

（2）宓子治理单父时否决了父老们祈求在齐军到来之前割麦的意见，对此，他这样答道："今年无麦，明年可树，令不耕者得获，是乐有寇也。且一岁之麦，于鲁不加强，丧之不加弱。令民有自取之心，其创必数年不息。"从中可见他见微知著，注重风俗教化的大智慧。这对于当今环境治理具有借鉴意义。

随着社会的发展，人们使用一次性餐具的频率越来越高。据有关资料显示，我国每年消耗一次性筷子450亿双，耗费木材166万立方米，需要砍伐大约2500万棵大树，减少森林面积200万平方米。如此下去，人类迟早要自食恶果。近年来在"绿水青山就是金山银山"理念的倡导下人们逐渐意识到保护环境的重要性，一系列保护环境的政策也都得到了有效的贯彻。为此，我们应时刻对自然怀有一颗敬畏之心，尽量减少一次性餐具的使用，保护环境从我做起，从现在做起，为构建人类与自然和谐共生的地球家园做出应有贡献。

（3）和平共处五项原则以其包容性和开放性逐渐得到了国际社会的广泛认可，为国际关系的发展做出了巨大贡献，短短28字却显现了我们的智慧与担当，强调了双方的平等性，体现了中华传统文化中的忠恕精神。

同时，在日常生活中，学会换位思考并将该元素融入思政课程中，有利于青少年扣好人生的第一粒扣子，助力其健康成长，可为党和国家事业注入源源不断的正能量，并为培养担当民族复兴大任的时代新人积蓄力量。

## 三、分析讲解

### （一）重点分析：案例与本讲内容的关联度

本讲内容主要涉及四时用药的宜忌、复气的发作、六变之纪的总纲三个方面。涉及的课程思政案例有曾国藩家书、宓子治单父注重风俗的典故、和平共处五项原则的提出，这和本课的德之治的内容是高度契合的。通过学生案例前的讨论和案例后的总结，让本次课的主题得到了升华，主要表现在：① 学生能够掌握四时用药的原则和五气胜复的自然现象和临床表现；② 学生能够感悟古人对自然和生命的敬畏之心，领会中华传统文化中的忠恕精神，通晓见微知著、防微杜渐对当代社会对指导意义。

(二)如何达成课程思政预期目标：采取适宜的教学方法和教学模式

1. 提前布置宓子治单父人文演绎、曾国藩家书自由选抄等和案例相关的作业，激发学生的想象力和创造力，有利于加深学生对本次课教育主题的理解。在课堂上对作业进行展示，并对认真完成任务的学生进行表扬，营造和谐融洽的课堂氛围。

2. 课下提前布置思考作业，通过案例的引入和小组间的讨论交流，启发学生在一定的历史知识积累的背景下思考问题，促进学生问题意识的形成，提升其思考和表达能力。

3. 使用讲授法，并在案例后进行总结。根据"凡此十二变者，报德以德，报化以化，报政以政，报令以令，气高则高，气下则下，气后则后，气前则前，气中则中，气外则外，位之常也"理解忠恕精神：尽己之谓忠，推己之谓恕。只有尽力做好自己并能够换位思考，推己及人，方能在社会上立足。时刻怀有一颗善心对待世界，自然能得到命运的馈赠，体现了平等的思想。同时，心诚向善，既能三省吾身，又能做到"所不欲，勿施于人"，如此便可过好自己的生活。

根据"至哉圣人之道！天地大化运行之节，临御之纪，阴阳之政，寒暑之令，非夫子孰能通之！请藏之灵兰之室，署曰《六元正纪》，非斋戒不敢示，慎传也"，理解先辈们的敬畏之心。吕坤曾言"畏则不敢肆而德以成，无畏则从其所欲而及于祸"，回溯古今，一再证明，敬畏之心是人的长久生存之道，任何人、任何时候都不能随心所欲，要心有所惧，常存敬畏之心。唯有心存敬畏，才能慎独律己，进退有序，才能防止滑向浅薄无知、恣意妄为的深渊。始终把敬畏生命、敬畏真理作为一种崇高使命，也只有常怀敬畏之心，方能初心如一。根据"郁极乃发，待时而作者也"通晓防微杜渐之理。万事万物累积到一定程度便会爆发，这提示我们在不良之势开始之时便要及时采取措施，防止其恶化；同时也激励着我们在生活中"但行好事，莫问前程"，在事业中要怀着"不积跬步，无以至千里，不积小流，无以成江海"的信念，锲而不舍，奋力前进。

(林　荣　贾永森)

# 第三讲 《素问·六元正纪大论》(二)

## 一、教学目标

### (一) 课程思政教学目标

1. 通过对视频和图片的观看和学习,让学生掌握五运所化五行之气与司天或在泉之气的关系,以及五运和六气之间的加临情况,帮助学生将五运学说和六气学说综合起来加以考量(教学);从中体会黄帝实事求是、严谨认真的求学态度,感悟其大爱无疆的精神品质和大医精诚的博大情怀,有利于提高学生学以致用的能力,促进医德医术兼修的中医接班人的培养(思政)。

2. 通过原文的学习和教师的讲授,通晓五运之气的运行与主岁之年之间存在的一定规律,了解其气化致病时我们所应遵循的药食性味原则,增进学生对五运六气学说的了解(教学),并从中领会古老而神秘的数术智慧,感悟其与中国古代的自然科学和生产技术之间的联系。这有利于传统中医思维的建立,提高学生临床治病能力,促进中华优秀传统文化的继承和发展,提高民族自信心(思政)。

3. 领悟贯穿原文全篇的整体观念和制衡理念。从"太过不及""早晏高下左右""行有逆顺,至有迟速""徐而常""暴而亡""降而下""迁而上"等词句中把握事物之间的联系,感悟中医治病"以平为期"的原则和理念,学会从经典中汲取智慧,于文字间修养身心。

### (二) 课程思政教学目标的体现

1. 通过引入李大钊读书治学之道,向学生传播博览、求真、务实的求学理念。作为中国共产主义运动的先驱、伟大的马克思主义者、杰出的无产阶级革命家、中国共产党的主要创始人之一,李大钊同志无疑是拥有兼济天下、公而忘私的胸怀和求真务实、严谨认真的治学态度的。与他同时代的人曾这样评价"黄卷青灯,茹苦食淡,冬一絮衣,夏一布衫,为庶民求解放,一生辛苦艰难",

这也的确是李大钊同志一生的写照。少年时的他博通典籍、深思好学,日无暇息,发表文章时旁征博引,立意深远且贯通古今中外,从中足见其渊博的学识与深厚的基础。他秉持着"不驰于空想,不骛于虚声,以此态度求学,则真理可明;以此态度做事,则功业可就"的思想;他求真务实,精研治学,妙笔著文,一生无悔,志在促青年觉醒;他心怀天下,为国奔走,为民操劳,肩担道义,只为救我中华。

该案例的引入帮助学生从"夫五运之化,或从五气,或逆天气,或从天气而逆气地,或从地气而逆天气,或相得,或不相得,余未能明其事"中感受黄帝实事求是的治学态度,从"欲通天之纪,从地之理,和其运,调其化,使上下合德,无相夺伦,天地升降,不失其宜,五运宣行,勿乖其政,调之正味,从逆奈何"中感悟学以致用、祈盼造福苍生的人生理想。

2. 选取《道德经》中描述万物生成的一句话,即"道生一,一生二,二生三,三生万物",以此来增强个人对"道"创生万物的理解。河上公对此有注解道"道始所生者一也。一生阴与阳也。阴阳生和、清、浊三气,分为天地人也。天地人共生万物也。天施地化,人长养之也";任继愈先生认为,这句话讲道是万物的总根源。这里的道理并不复杂,"道生一,一生二,二生三",只说明事物由简单到复杂逐渐分化的过程;李涵虚注释道"道立三才之上,五行之先。太上论造化。故必以道为始。大道无形,浑然无极。迨其静中生动,而一乃见焉",对这句话的不同注解能够帮助学生开拓思维,提高个人对中国数术文化、对认知层次和境界的认识,体会先人希望通过数术实现对自然和社会、个人和家国命运进行预测和探求的美好愿望。联系原文中"热化二,雨化五,燥化四,所谓正化日也""火化二,寒化六,风化三,所谓正化日也""燥化九,风化三,热化七,所谓正化日也"等内容可帮助学生感悟中医文化的数术智慧,促进其临床水平的提升。

3. 国家越来越重视对当代中小学生的劳动教育。新版《义务教育课程方案》将劳动从原来的综合实践活动课程中完全独立出来,并针对不同学段的劳动课程标准提出了具体要求。将劳动课内容分为日常生活劳动、服务性劳动和生产劳动三部分共十个具体科目,并制定了每个科目在每一阶段的内容要求。同时,也鼓励在其他学科中植入劳动理念,如此"劳动价值"便化成了"无声之雨"滋润在学校课程体系的每一处缝隙里。

该案例体现了国家对青少年劳动理念和责任意识的培养,劳动技能和理论知识教育同步发展表现出的"制衡之术"在一定程度上减轻了当代学生的眼睛负担,促进了其视力的改善,有利于我国低龄化近视问题的解决。同时,让学生在实践中感受劳动之美,有利于学生身心的健康发展,有利于引导广大青少年牢固树立劳动最光荣、劳动最崇高、劳动最伟大、劳动最美丽的观念,让劳动之花在中小学生心中绽放。

## 二、课程思政案例内容

（一）案例引出

课堂活动：

> 1. 提问：分享你心目中真正做到"为万世开太平"的人物和他的故事。
> 2. 提问：浅谈数术文化对中国社会的影响。
> 3. 提问：现实生活中存在的"制衡之术"给我们什么启发？

通过学生的思考和交流,引出案例前的视频和图片资料——李大钊的读书治学之道、名家对"道生一,一生二,二生三,三生万物"的理解、《全国中小学劳动教育课程方案》。

（二）案例内容

1. 案例形式：视频、图片＋讨论、讲授。
2. 视频、图片名称：李大钊的读书治学之道、名家对"道生一,一生二,二生三,三生万物"的理解、《全国中小学劳动教育课程方案》。
3. 让我们一起总结这些视频、图片给我们的启示。

（1）根据李大钊博览、求真、务实的六字治学之道对他人生方向的指引,理解黄帝对岐伯说出的"欲通天之纪,从地之理,和其运,调其化……调之正味,从逆奈何"这番话对全文的指导意义,促进学生对五运所化五行之气与司天或在泉之气的关系的学习(教学),引导学生学习先贤实事求是、严谨认真的求学态度,从"学如逆水行舟,不进则退"中汲取养分,不重外在浮华,但愿会读书、读好书、时时反省、日日精进,这有利于当代大学生树立正确的世界观、人生观、价值观,传承好中华文化,践行好青春使命。除此之外,通过了解革命先烈李大钊同志的牺牲经过,来点燃红色引擎,厚植红色基因,引领年轻学子传承红色精神,回首来时路,守正一颗心,让革命传统为学生的健康成长铸魂(思政)。

(2)如何理解"热化二,雨化五,燥化四,所谓正化日也"?自然科学与人文科学的桥梁是什么?《道德经》中"道生一,一生二,二生三,三生万物"和五运六气学说之间存在什么联系?在学习过程中要求学生掌握五运之气的运行与主岁之年存在的规律(教学);体会数术思想对运气学说的指导意义,感悟极简的数字背后所蕴含的深厚文化底蕴和悠久的历史沉淀,并以此为介,向学生传授以简驭繁的理念,促进其认知层次的提升(思政)。

(3)制衡理念也可以说阴阳思想是自古便有的,在原文"无失天信,无逆气宜,无翼其胜,无赞其复,是谓至治""然调其气,过者折之,以其畏也,所谓泻之"的治疗法则中体会"孤阴不长,独阳不成"的制衡观念,促进个人传统中医思维的建立和临床思辨能力的提升(教学),给学生在传统教育学科上减压减负的同时提高对其劳动能力的要求。这能够帮助学生更好理解"祸兮福之所倚,福兮祸之所伏"蕴含的价值理念,以平常心态面对人生的起伏(思政)。

## 三、分析讲解

### (一)重点分析:案例与本讲内容的关联度

本讲内容主要描述了五运和六气之间的加临情况,帮助学生将五运学说和六气学说综合起来加以考量,借助原文中蕴含的数术文化元素来学习五运之气的运行与主岁之年之间存在的一定规律,并从中体会中医治病"以平为期"的原则特点。课程思政案例中李大钊的读书治学之道、名家对"道生一,一生二,二生三,三生万物"的理解、《全国中小学劳动教育课程方案》等内容,和本讲的内容是完全契合的。课程思政案例结合当今实事,能够更好地实现教育的人文目标。通过学生案例前的讨论和最后的总结升华,实现了本次课的教学目标,表现在:①学生能够掌握运气学说的基本知识和以运气为基本指导的疾病预测和用药理念;②使学生在自然科学和人文科学之间搭建桥梁,体悟了圣贤实事求是、严谨认真的求学态度,并感受数术思想对中国传统社的影响,提升了个人认知境界;③ 学生体悟了整体观和平衡观在哲学、生命及社会人文的体现和实际意义。

本讲案例的引入非常契合本节课的教学内容和教学目标,其能让学生在学习五运六气学说的同时加深对其中蕴含的思政元素的理解,使学生在学习理论知识的同时提升思想境界,真正实现教学的育人目标。

(二)如何达成课程思政预期目标:采取适宜的教学方法和教学模式

1. 提前布置相关预习任务和作业,鼓励作业形式多样化,例如以双人形式完成黄帝岐伯的部分对话;以绘图形式展现原文中涉及的运气知识;搜集相关名家病例结合运气知识进行分析。学生根据自身能力自主选择其中一项作业,这有利于加深学生对原文的理解,达到较好的预习效果。

2. 使用观看视频和图片展示等方式带领学生挖掘原文背后蕴含的思政元素,并让学生结合自身经历讲述原文,可提高学生的参与感和获得感,营造良好的课堂氛围。

3. 使用讲授法,总结案例,即大医具备严谨踏实的求学态度和博大宽广的高尚胸怀。以李大钊同志的案例为引,体会原文中黄帝"欲通天之纪,从地之理"的追求,感悟"和其运,调其化,使上下合德,无相夺伦……调之正味"中黄帝认真治学只为利益苍生的精神,即希望通过提前预测运气来指导百姓做好预防,以救民众疾苦;借《道德经》名句增进学生对数术文化的了解,结合原文中"丁卯(岁会)、丁酉岁:上阳明金,中少角木运……灾三宫。燥化九,风化三,热化七,所谓正化日也。其化上苦小温,中辛和,下咸寒,所谓药食宜也"等内容感受数术思想对中医疗疾和预防的支撑作用,同时促进学生对中华传统文化的学习,提升其中医文化自信和民族自信;联系《全国中小学劳动教育课程方案》的发行和部分地区实施概况,促进学生对原文中运气太过或不及而引起的相应变化的学习,提升学生对平衡观念的把握能力,学以致用,将理论和实际结合起来指导社会生活实践。

(林 荣 贾永森)

# 第四讲 《灵枢·九针论》

## 一、教学目标

### （一）课程思政教学目标

1. 通过观看视频和思考讨论，让学生掌握九针的原理、九针名字的由来、九针的长短划分、人体与自然界的对应关系等内容，进一步提高学生个人对针灸学的认知水平（教学）；感悟天人合一的整体观和古人的数术智慧，培养勤于观察、善于思考的优良品质，激发学生对传统文化的兴趣，促进中华传统文化的继承和发展，增强民族自信（思政）。

2. 通过对原文的学习和老师的讲解，帮助学生理解五种形志生病的特点和治法，以及脏腑之气失调的临床表现，并掌握五味、五并、五恶、五液、五劳、五裁、五发、五藏、五主等中医基础知识，以及十二正经气血充盈情况与用针原则（教学），使学生体会形神合一的重要性，领悟中医以人为本、三因制宜（因时、因地、因人）的治病理念，增强其个人对序文化、中庸之道的感知力，提升其思想境界（思政）。

### （二）课程思政教学目标的体现

1. 本篇以九针为中心论述了其原理、由来和长短分类，文中"一以法天，二以法地，三以法人，四以法时，五以法音，六以法律，七以法星，八以法风，九以法野""夫圣人之起天地之数也，一而九之，故以立九野。九而九之，九九八十一，以起黄钟数焉，以针应数也"等内容体现了天人合一的整体观念。

"日出而作，日落而息"这是历代劳动人民的生活规律。《生气通天论》中有言道"故阳气者，一日而主外。平旦阳气生，日中而阳气隆，日西而阳气已虚，气门乃闭"古人质朴自然，遵循天地规律，过着"晨兴理荒秽，带月荷锄归"的生活，鸡鸣时起，白日里耕织相作，黄昏时分归家，沐浴着夕阳的余晖围坐用膳，赏景闲谈逗孩提，儿女们的嬉笑欢乐声洗刷了劳作一天的疲惫感，于是乎，整个人的心慢慢静下来,渐渐枕月而眠。这等生活方式与自然相合,使得人体阴阳之气与自然相通,能够在体内自由流转,更是体现了"是故暮而收拒,无扰筋骨,无见雾露,反此三时,形乃困薄"的养生理念。

一时有一时的生息,古人在生生不息的时辰里顺天时而动,相地利而为,过着恬淡虚无的生活,如此近于大道,真正体现了天人合一的整体观。

2. 原文中"形乐志苦,病生于脉,治之于灸刺。形苦志乐,病生于筋,治之以熨引。形乐志乐,病生于肉,治之以针石。形苦志苦,病生于咽嗌,治之以甘药。形数惊恐,筋脉不通,病生于不仁,治之以按摩醪药。是谓形"等内容讲述了五形志发病的不同表现和治法。形志亦即形神,形属阳而神属阴,二者苦乐不参则病生,形神不合则卧差。

然而,随着社会发展和科技进步,人们的生活压力越来越大,青少年的课业也越来越繁重。大家夜晚长时间从事脑力或体力活动,大脑处于持续的紧张兴奋状态,此时白天的焦虑情绪在夜晚安静状态下仍不能缓解甚至被放大,这可能会导致人们出现入睡困难或多梦易醒等情况。

在这种状况下,中医能够根据患者寐差的不同表现制定相应的治疗方案。除此之外,患者也能够通过读诵经典的方式来达到养神安神的目的。国学经典文精而简,字字珠玑,意蕴深厚,其理无穷。《养生四要》中云:"心常清净则神安。"国学经典能够益智开慧,滋养心田,祛除内心纷繁浮华的妄念,帮助人潜心静气,寻找真正的自己。正所谓静极则明,静极则形神安位,智慧当通,此时学习工作自然是事半功倍。

3. 原文中涉及五味、五并、五恶、五液、五劳、五裁、五发、五藏、五主等内容的部分均表现出五藏不同的生理状态和功能。只有五藏各安其位,其所藏之神魂魄意志,所主之脉皮筋肌骨正常,人体才能保持健康状态。

人体如此,在现实生活中亦是如此。人们在不同领域中只有认真工作,发挥才干,为社会的经济政治文化等方面做出贡献,国家才能日渐富强。不管从事着哪份职业,只要有益于国家和人民,能够为社会创造价值,他们的劳动就都是光荣并且是值得我们去尊重的。职业只有分工不同而无高低贵贱之分,正所谓"三百六十行,行行出状元"。但在某些错误价值观的引导下,一部分人习惯通过行业的性质和工资的高低来评判别人的价值,决定待人的态度。

我们可以看到我们外卖员、清洁工……他们也在竭尽全力守护我们的美好家园,正如大地这般,长养万物,却甘于被我们踩在脚下;也似流水那样,滋润万物,谦卑而处众人所忽视之地。而也正是由于社会里的平凡人在岗位上的默默坚守,才换来了我们眼中如画的万里江山,我们应当尊重且感恩他们。

## 二、课程思政案例内容

(一)案例引出

课堂活动:

> 1. 提问:古代天人合一的整体观在日常生活中的体现。
> 2. 提问:思考形神对睡眠的影响。
> 3. 提问:序文化给我们什么启发?

通过学生的不同回答,引出本课的课前视频、图片资料——"日出而作,日落而息"的生活观、国学经典的疗愈作用、外卖员及清洁工等人的视频。

(二)案例内容

1. 案例形式:视频、图片+讲授。

2. 视频、图片名称:"日出而作,日落而息"的生活观、国学经典的疗愈作用、外卖员及清洁工等人的视频。

3. 让我们一起来总结这些视频、图片带给我们的启示。

(1)根据古人日出而作,日落而息的生活方式,结合原文对九针来源、身形与九野相应等内容的描述,理解古人天人合一、顺应自然的理念,促进学生整体观念的建立,并将其融入生活,提高个人思想境界(思政)。同时,可把原文中因所治疾病不同而针之长短不一的内容,即"一者,天也……九者,野也……以取大气之不能过于关节者也"引申到中药的功效作用上来,先人根据中药生长环境和取药部位的差异,结合临床应用总结其功效主治,(例:附子——附子生于阴寒之地,冰天雪地之下它依旧翠绿挺拔,由此先人得出附子大热之性,也因其性才得其补火助阳散寒之能。)在法象思维的指导下,中医借中药之偏来纠人体之偏,从而维持人体的阴阳平衡,在传授学生中药学习方法的同时帮助其构建以"象思维"为代表的中医思维。

（2）国学经典的疗愈作用可以结合原文中形志苦乐及其易患之疾、治疗方法等内容向大家阐述形神合一的重要性。可以此为切入点，引导学生思考中医治疗疾病的本源和无外界条件（药物、针灸）介入时患者自发追求心灵疗愈的效果。让学生明白，作为一名医生不光要掌握基本的治病救人的技能，还要对调养心神进行实践体会，传递给病人健康的调心理念，并根据实际情况向其推荐适当方法，例如：五音疗法、经典疗愈等（思政）。学习过程中要求大家熟悉并掌握"形乐志苦，病生于脉，治之于灸刺……"的原理（教学），在掌握现有知识的同时，拓展思维并学会建立知识与知识、理论与实际之间的联系和差异，构建好自然科学和人文科学之间的桥梁。

（3）原文中五脏所主所藏、五味所入、五劳所伤、正经气血等部分，均传达了各安其位、各司其职的理念。在《素问·灵兰秘典论》中岐伯以社会官职为喻，帮助理解脏腑功能，"凡此十二官者，不得相失也"体现了整体性和协同性存在的重要意义，这与当今我们所倡导的人类命运共同体不谋而合。

序文化作为一种具有强大生命力的精神力量，不仅体现在《黄帝内经》所传达的思想里，更渗透在日常生活的方方面面。以外卖员、清洁工为例，侧面反映出职业多样化存在的重要性，倡导大家要树立职业平等价值观，在齐心协力促进社会发展的同时促进社会实际问题的解决（例如，教师尊重学生，肯定每位学生的自身价值和对班级的贡献，而不以其成绩作为唯一评价标准）。

## 三、分析讲解

（一）重点分析：案例与本讲内容的关联度

本讲的内容是《九针论》，论述了九针的起源、所应九数、形态特点、疗疾原理、长短之分及身形应九野等内容，字里行间表现了受传统文化影响下的中医思维。课程思政案例中"日出而作，日落而息"的生活观、国学经典的疗愈作用等内容，和本课的内容是完全契合的。通过学生案例前的思考讨论，并结合最后的总结，让学生对九针的认识和自身思想境界得到提升，表现在：① 学生能够掌握九针的基本原理和临床应用要点，有利于其理论知识的储备和临床操作水平的提升；② 使学生在自然科学与人文科学之间搭建桥梁，在通晓象思维的基础上提高个人勤于观察、善于思考的意识，增强个人对序文化、中庸之道的感知力,激发学生对传统文化的兴趣;③ 学生能够体悟整体观、古代序文化在哲学、生命和社会人文的体现及实际意义,以及国学经典养心铸魂的育人作用。本案例的引入十分契合本节课的教学目标,不仅能够帮助学生更好接纳学习理论知识,吸收古代哲学精髓,提升个人思想境界,而且能使学生利用所学的专业知识、技能,在社会实践中发挥个人价值。

(二)如何达成课程思政预期目标:采取适宜的教学方法和教学模式

1. 提前布置任务,为课程的开展奠定基础。依据课上引入的思政案例可将任务分为三部分,即搜集相关资料结合个人经历谈谈你对针灸的认识;采取对话形式对《九针论》中一段文字进行解说;以绘图或表格形式呈现原文部分内容。学生可根据自身情况进行选择,这在一定程度上减少了传统作业给学生带来的负担,采取灵活有趣的作业形式有利于提高学生参与的积极性。

2. 使用视频及图片,让学生切身感受中华传统文化的强大生命力,从社会实践中感受我们的中医优势,提高专业自信心,坚定学习信念。

3. 使用讲授法,在案例后进行总结,即大医具备"上知天文,下知地理,中知人事"的能力。根据本节九针知识、脏腑分治及其联系、经络基本内容,在自然科学和人文科学之间搭建桥梁,结合思政案例,感受古人顺应自然的生活观念对当今的积极意义、国学经典对培养具有民族气节和时代精神的谦谦君子具有的指导作用,以及职业多元化发展的必要性和涉及的尊重问题。帮助学生厚植家国情怀,继承并发扬中华优秀传统文化,坚定"誓愿救含灵之苦"的信念,并通过实际行动提升自身专业实力,努力成长为德术兼具的中医人才。

(林　荣　贾永森)

# 第五讲 《素问·平人气象论》

## 一、教学目标

### （一）课程思政教学目标

1. 通过视频观看和讨论，让学生掌握平人脉象（脉息、至数与变化等），以及不同疾病的脉象和诊治方法（教学），感悟中医整体观及天人合一的宇宙观，在把握脉象的基础上，以小见大，以局部测整体，强调积累的重要意义，并强调四时对于脉象的影响，启发我们顺应自然、保护自然（思政）。

2. 通过原文的学习，掌握对于机体而言，诊脉过程中胃气的作用，让学生体会"人以水谷为本，故人绝水谷则死，脉无胃气亦死"的意义（教学）；对于个人初心、爱国情怀以及中和文化而言，"人以水谷为本，故人绝水谷则死，脉无胃气亦死"的爱国思想及"平人者，不病也"的"贵和尚中"之道，强调"不忘初心、牢记使命""贵中和"的重要性（思政）。

### （二）课程思政教学目标的体现

1. 本篇论述平人脉象（脉息、至数与变化等），以及不同疾病的脉象和诊治方法，告诉我们计算脉搏至数的方法，平脉、病脉和死脉的至数至息；胃气脉的概念及其重要性；四时五脏的平脉、病脉和死脉之脉象；壶里的部位与其所主的疾病。通过这些内容的观看与讲解，帮助学生深刻理解平人脉象（脉息、至数与变化等），以及不同疾病的脉象和诊治方法。同时，对于学生来讲使其更加深刻意识到生命的整体观和天人合一的宇宙观，学习过程中帮助学生培养以小见大、以局部测整体的能力，懂得积累的重要意义，树立环境意识，顺应四时，保护环境，秉承"绿水青山就是金山银山"理念。"绿水青山就是金山银山"的理念深刻揭示了保护生态环境就是保护生产力、改善生态环境就是发展生产力，深刻阐明了保护生态环境就是保护自然价值和增值自然资本，诠释了保护生态环境就是改善民生。环境就是民生，青山就是美丽，蓝天也是幸福。

"绿水青山就是金山银山"的理念是推进生态文明建设的重要思想基础,体现了尊重四时、顺应自然、保护环境的价值取向。

2.对于机体而言,通过诊脉过程中胃气的作用来深刻认识"人以水谷为本,故人绝水谷则死,脉无胃气亦死"的爱国思想及"平人者,不病也"的"贵和尚中"之道,让学生们感受党的二十大报告内容中"不忘初心,牢记使命"的精神:为中国人民谋幸福,为中华民族谋复兴,是中国共产党人的初心和使命,是激励一代代中国共产党人前仆后继、英勇奋斗的根本动力。时空变化,初心始终如磐;历史变迁,使命永远在肩。

## 二、课程思政案例内容

（一）案例引出

课堂活动：

1.提问：中和：中华传统治理文化的精髓。

2.提问：浅议四时五脏之平脉、病脉。

3.提问：为什么说人以水谷为本,脉以胃气为本？

通过学生的不同回答,引出本课的课前视频、图片资料以及相关文学资料——"中和之道"海报图、中医四时五脏脉、水谷与胃气。

（二）案例内容

1.案例形式：视频、图片＋讲授、PPT展示。

2.视频、图片名称："中和之道"海报图、中医四时五脏脉、水谷与胃气。

3.让我们一起来总结这些视频、图片带给我们的启示。

(1)根据对于机体而言,通过诊脉过程中胃气的作用来深刻认识"人以水谷为本,故人绝水谷则死,脉无胃气亦死"的爱国思想及"平人者,不病也"的"贵和尚中"之道,让学生们感受党的二十大报告内容中"不忘初心,牢记使命"的精神(思政)。平脉、病脉和死脉的至数至息是怎样的；胃气脉的概念及其重要性又是什么,并体会四时五脏的平脉、病脉和死脉之脉象以及寸里的部位与其所主的疾病(教学)。

(2) 依时而中：改革创新的灵魂

古代以"中和"治天下的治国理念还体现在治理朝政的两大应用：依时而中、执中用权，即善于灵活自如、以新为先。

"中和"理论体现以时而中。孔子提出"中庸"，"中庸"的实质是时中，即依时而中，即是"识时务者为俊杰"的思想。这是一种实事求是、与时俱进的表现。"时中"思想即为"变通"。"变通者，趣时者也"，强调统治管理者必须以新为先，勇于创新，敢于创新，适应时势而变，革故鼎新、推陈出新、除旧布新，从而达成"善治"。同时，创新之中亦应有继承，新旧结合，才能摸索出完美之路。

"中和"理论又强调执中用权。孔子主张"中和""中庸"之道是宇宙大本、达道，是不变永恒的常道，然而，"中和"之道在实施过程中，必须要因时而变、因事而变、因人而变，懂得应权通变、通权达变，即不变之中蕴含变化。孔孟坚决反对僵化态度和折中主义，主张执政者要有灵活变化、自如处理国政的能力(思政)。

(3) 四时五脏之平脉、病脉

四时五脏之平脉：人的脉气，来源于胃，由五脏之气所化生，故五脏各有相应之脉象。受自然、四时气候影响，人体内气血阴阳亦有所影响，故四时各有不同之脉象。人的正常脉象是从容和缓，不快不慢，有节有律，称之平脉，即有胃之脉。受自然、四时气候影响，人体内气血阴阳亦有所影响，故四时各有不同之脉象，如春弦，夏洪钩，长夏软弱，秋毛，冬沉，即脉应四时，体现天人合一。

四时五脏之病脉、死脉：如果人体有病，胃气就要受到损伤，从而影响脉象，使脉失去和缓有胃气之象。结合到四时，如在春天生病，则脉失去微弦和缓之象而呈"弦多胃少"甚或"但弦无胃"之象，再结合五脏，这便是肝病肝应春(教学)。

(4) 人以水谷为本，脉以胃气为本

正常人的脉气是受制于胃的，正如《五脏别论》所说："胃者，水谷之海，六腑之大源也，五味入口，藏于胃，以养五脏气……是以五脏六腑之气味，皆出于胃，变见于气口。"故胃气正常则脉气正常，是谓"胃气脉"。若人无胃气，脉亦随之无胃气，这便是无胃气的脉。脉无胃气，说明人的胃气已绝，生机已穷，故曰"逆",故主"死"(教学)。

## 三、分析讲解

（一）重点分析：案例与本讲内容的关联度

平人，即正常健康无病之人，亦即气血和平无盛无衰之人。气为脉气，象，即脉形。如吴昆说："平人，气血平调之人，气，脉气，象，脉形也。"高士宗说："平人气象者，无病人之脉气与脉象也。"本篇论平人脉象（脉息、至数与变化等），以及不同疾病的脉象和诊治方法，故以"平人气象论"命名。课程思政的案例"中和之道"海报图、中医四时五脏脉、水谷与胃气，和本课的协调之治内容是完全契合的。同时，课程思政案例也把平人脉象（脉息、至数与变化等），以及不同疾病的脉象和诊治方法展现出来。通过学生案例前的讨论，并结合最后的总结和升华，让学生对"不忘初心，牢记使命"的爱国情怀和医者的整体观、宇宙观、积累意识、"绿水青山就是金山银山"理念及"中和"思想的认识得到提升，表现在：① 学生能够掌握对于机体而言，诊脉过程中胃气的作用，体会"人以水谷为本，故人绝水谷则死，脉无胃气亦死"的意义；② 使学生在自然科学与人文科学之间搭建桥梁，体悟国家治理中的"不忘初心，牢记使命"的爱国情怀，"绿水青山就是金山银山"理念的内在思想；③ 学生能够感悟中医整体观及天人合一的宇宙观，在哲学、生命及社会人文的体现及实际意义。本案例的引入非常契合本节课的教学内容和教学目标，不仅能够激发学生的理论学习兴趣，使其吸收古代哲学的精髓，提升思想境界，而且能对学生对对于"不忘初心，牢记使命"的爱国情怀、"绿水青山就是金山银山"理念的认识具有指导意义。

（二）如何达成课程思政预期目标：采取适宜的教学方法和教学模式

1. 通过提问和小组讨论的方式进行案例导入，创设问题情境，启发学生思考问题，使学生能够在一定历史知识积累的背景下思考问题。

2. 让学生们观看情景剧，使学生能切身感受以人为中心思想的重要性。同时，通过观看视频也能让学生在脑海中预先形成一个直观的认识，提升个人综合分析的能力。

3. 使用讲授法,在案例后进行总结,即大医具备"上知天文、下知地理、中知人事"的能力。根据学生能够掌握对于机体而言,诊脉过程中胃气的作用,让同学体会"人以水谷为本,故人绝水谷则死,脉无胃气亦死"的意义。使学生在自然科学与人文科学之间搭建桥梁,体悟国家治理中的"不忘初心,牢记使命"的爱国情怀,"绿水青山就是金山银山"理念的内在思想。结合视频及图片,使学生感悟中医整体观及天人合一的宇宙观,以及其在哲学、生命及社会人文的体现及实际意义。

# 参考文献

[1] 刘承才. 第十四讲 知平人气象 晓脉理之纲 法五脏四时 调气血阴阳——《素问·平人气象论》(节选)[J]. 山东中医杂志,1984(02):49-53.

（张雅宁 马会霞）

# 第六讲 《素问·四气调神大论》

## 一、教学目标

### （一）课程思政教学目标

1. 通过阅读材料，让学生掌握中医"治未病"思想（教学），培养防微杜渐的预防思想（思政）。

2. 通过原文的学习，让学生掌握顺应四时养生方法（教学），感悟天人合一思想，尊重天道，正确看待自然与人生中的生长收藏。

3. 通过原文与《易经》相关内容的结合介绍，让学生感受传统文化的魅力，提高文化自信，并从中汲取人生道理，实现人生价值。

### （二）课程思政教学目标的体现

1. 本文强调了"治未病"思想的重要性。本课截取"关于使用中医治疗以达到未病先防"的一组数据，强调预防思想的重要性，以提高学生的专业自信，也提示学生要用发展的眼光看问题，有意识地培养防微杜渐的预防思想，居安思危，提前做好大学生职业生涯规划，为自己的理想而奋斗。

2. 本文论述了春生夏长秋收冬藏的特征规律，并提示人们要顺应四时之气养生。本课选用《鬼谷子·持枢·全篇》中的原文以加深学生对原文的理解，提示学生要顺应自然规律，正确地认识道。

3. 通过引入乾卦与坤卦的相关内容，对原文"天气，清净光明者也，藏德不止，故不下也"进行引申，以弘扬中华传统文化，打好中医学的文化根基。同时，教育学生要提高道德修养，践行"大医精诚"精神，以实现人生价值。

## 二、课程思政案例内容

（一）案例引出

课堂活动：观看本课的课前资料，并提问引发学生思考。

> 1. 提问：阅读材料，说一说你对中医治病思想的见解。
> 2. 提问：阅读名言，并与原文结合，谈一谈它们之间的联系。
> 3. 提问：观看图片，查一查有关乾卦与坤卦的相关内容。

（二）案例内容

1. 案例形式：文本＋讲授。
2. 展示材料。

（1）调查数据：辨证使用补消法治疗乳腺高危人群，治疗有家族史的中、重度乳腺增生，好转率为 80%，稳定率为 20%，乳腺不典型增生的好转率为 71%，稳定率 29%；治疗无家族史的中、重度乳腺增生，好转率为 91.1%，稳定率为 8.82%，乳腺不典型增生的好转率为 91.2%，稳定率 8.82%。通过对所有病例坚持随访，最长时间为 7 年，无 1 例进展。[1]

（2）名言：《鬼谷子·持枢·全篇》云："持枢，谓春生，夏长，秋收，冬藏，天之正也，不可干而逆之，逆之者，虽成必败，故人君亦有天枢，生养成藏，亦复不可干而逆之，逆之随盛必衰，此天道人君之大岗也。"

（3）图片：乾卦、坤卦。

3. 让我们一起来总结这些材料带给我们的启示。

（1）本文讲述了违反四时之气所造成的疾病，说明要通过顺应四时之气以预防疾病，并着重强调"治未病"的重要性，为后世"治未病"提供理论基础（教学）。第一个调查材料表明通过中医方法治疗乳腺高危人群效果显著，体现了中医在疾病预防上的重要作用，以及中医"治未病"的独特优势，树立了学生的专业自信，也提示学生要用发展的眼光看待问题，有意识地培养防微杜渐的预防思想，居安思危，提前做好大学生职业生涯规划，为自己的理想而奋斗

(思政)。

(2) 本文介绍了四时的气候变化特点，及自然界的相应征象，并提出顺应四时之气养生的方法(教学)，人与自然同于一气，人是自然的一部分。自然有生长收藏四时之气，人体内亦有生长收藏之气，与之相应，不可违背，正如《鬼谷子·持枢·全篇》："持枢，谓春生，夏长，秋收，冬藏，天之正也，不可干而逆之，逆之者，虽成必败，故人君亦有天枢，生养成藏，亦复不可干而逆之，逆之随盛必衰，此天道人君之大岗也。""万物沉浮与生长之门"不仅可得出万物同生同长，人要顺应自然规律，还可以引申出万物平等，都有自己的生长周期。生长壮老已是自然之道，不可以强加干预以求改变，要用无为思想看待这一切。同样，人生的跌宕起伏是普遍的，我们要坚定自己的信念，坚信我们都有完整的生长周期，只是每个人的花期不同，但我们要有在生长沉浮中绽放的勇气(思政)。

(3) 从本文的"天气，清净光明者也，藏德不止，故不下也"，可以联想到乾卦和坤卦。"藏德不止"，因为天蕴藏着运行的力量所以才会永不停歇。乾卦的象是"天行健，君子以自强不息"，而相对应的坤卦的象则是"地势坤，君子以厚德载物"。天主动，而运行不止，以"神明"为纲纪，令万物生长收藏，周而复始，我们应向天道学习，坚持不懈，坚定理想。地主静，而居中央，孕育万物，提示我们要像大地不断丰厚自身营养并养育万物，提高自己的道德修养，无私奉献，服务社会。同时，告诉我们只有"藏德"才能"不止"，"德"不仅是指遵纪守法不越道德底线，也指"大医精诚"精神，还可以指遵守天道，只有这样，人与自然才能和谐相处，人才能走得更远。

## 三、分析讲解

### （一）重点分析：案例与本讲内容的关联度

本讲的内容是"四气调神大论"，因论述如何顺应四时之气以达到养生的目的，故名为上古天真论。本讲顺应四时之气养生的方法，指出违反四时之气的危害和"治未病"的重要性。通过同学对案例的讨论，并结合最后的总结和升华，让学生对于中医养生、个人价值、预防思想的认识得到提升，表现在：① 学生能够掌握顺应四时之气养生的方法；② 使学生在自然科学与人文科学之间搭建桥梁,体悟了社会之国与人体"身国"的联系;③ 体悟了中医的预防思想在哲学、生命及社会人文的体现及实际意义。本讲案例的引入非常契合本节课的教学内容和教学目标,不仅能够激发学生的理论学习兴趣,使其吸收古代哲学的精髓,提升思想境界,而且能使学生利用所学的专业理论、思想,在现实生活中发挥个人价值。

(二) 如何达成课程思政预期目标:采取适宜的教学方法和教学模式

1. 通过案例导入并提问的方式,启发学生思考问题,创设问题情境,使学生能够在历史知识积累的背景下思考问题。问题意识既是一种心理品质,也是一种思维习惯,它的培养和形成需要不断的刺激和强化。

2. 通过案例材料的阅读,既能加深学生对中医知识的印象,又能起到立德树人的作用,既能使学生感受到中国传统文化的魅力,又能厚植其家国情怀。

3. 使用讲授法,在案例后进行总结,在自然科学与人文科学之间搭建桥梁,使学生体悟中医知识与古代哲学思想之间的联系。结合案例材料,使学生体悟道家文化在哲学、生命及社会人文中的体现及实际意义,不仅能使其更加深刻地意识到生命的整体性和合而为一的功能性的价值,而且更能帮助学生厚植家国情感,提升自身修养,增强文化自信。

# 参考文献

[1] 卢雯平,林洪生. 消补法在乳腺癌高危人群预防中的应用[C]//第十届全国中西医结合肿瘤学术大会论文汇编,2006:313-315.

(彭旭彤　于荣霞)

# 第七讲 《素问·脉要精微论》

## 一、教学目标

### （一）课程思政教学目标

1. 通过视频观看和讨论，理解人生活在自然界中，其生命活动与自然环境的变化息息相关，而脉象的变化亦与天地四时密切相关。人体的生命活动与自然变化具有同步节律性，这些节律性亦可对脉象产生影响，如脉象的四时变化节律、月节律、日节律等（教学）。因此，在疾病诊疗时要关注环境变化，根据四季的变化来调整我们用药的治疗手段；人与自然相统一，天、地、人三者也相互联系，而世间万物更是普遍联系，而非孤立存在的，人们要尊重自然，与自然和谐共处（思政）。

2. 文章以"物候现象"来描述四时常脉的浮沉，曰："春日浮，如鱼之游在波……冬日在骨，蛰虫周密。"五脏气血是四时常脉形成的物质基础，四时气候则是影响其形成的客观条件。天、地、人之所以能够相参、相应，其本质在于其气的相同，体现了古人"天人合一"的整体观念（教学）。由此，可引导学生树立正确的自然观、社会观、人生观和价值观，并对大自然怀有感恩、呵护之心。同时，使学生深刻认识到一切物种均有平等的生存发展权力，人与自然本就是共生共建的生命共同体，应顺应自然的客观发展规律（思政）。

### （二）课程思政教学目标的体现

1. 本篇论述人类的生命活动与自然环境的变化休戚与共，如外界温度、月相的盈亏，以及昼夜的变化因素均可以影响人体，使人的生理功能发生相应的改变，即"天人相应"。四季的形成是由于地球公转引起太阳辐射生、长、收、藏所致，而脉象的变化亦与天地四时密切相关。《素问·脉要精微论》云："万物之外，六合之内，天地之变，阴阳之应，彼春之暖，为夏之暑，彼秋之忿，为冬之怒，四变之动，脉与之上下，以春应中规，夏应中矩，秋应中衡，冬应中权。"天地宇宙之间，阴阳的变化与天地是相应的。据科学研究显示：气象学是构成四季脉象变化的基础，气压、气温对人体血管、流速、血流量、皮肤等能产生影响，故脉象的季性变化是人体顺应自然的必然表现。

通过对这些内容的观看与讲解，让学生深刻理解人体活动与自然界共生共建，同频共振，具有同步节律性，树立正确的自然观。同时，对于学生来讲能使其更加深刻意识到生命的整体性和合而为一的功能性的价值，教导学生为医者要深刻把握整体观的思想内涵，认识到疾病发生、病谱增加与"生物—心理—社会"因素密切相关，疾病诊治要考虑自然、社会等因素的影响，依据四季的变化来调整我们用药的治疗手段。

2. 在《素问·脉要精微论》中以"物候现象"来描述四时常脉的浮沉，曰："春日浮，如鱼之游在波……冬日在骨，蛰虫周密。"对于四时常脉，《素问·玉机真脏论》《素问·平人气象论》中均有描述，体现了四时常脉皆以胃气为本，天、地、人之所以能够相参、相应，其本质在于其气的相同。《素问·宝命全形论》认为，"人以天地之气生，四时之法成"，故可"经天地阴阳之化"。天气变而地气动者，气之动也，作者把人之脉纳入了时空的变化之中，体现了古人"天人合一"的整体观念。古人将人体每一个结构都与天地对应，即使小小寸口脉搏的搏动也与之相关。如"秋脉者肺也，西方金也，万物之所以收成也，故其气来轻虚以浮，来急去散"。这也是"天—地—人—脉"相应的最佳印证。

启示学生，整个世界就是一个普遍联系着的统一的整体，世界上的一切事物都不可能孤立存在。人与自然密切相关，天、地、人三者在宇宙宏观中相互联系，引导学生正确地认识人与自然的关系，树立保护自然环境、珍惜自然资源的环保理念。没有人是一座孤岛，青年要树立正确的社会观，在整体观念中理解人与社会环境的统一，引导学生正确认识人与社会的关系，并积极地融入社会，引导学生认识创建和谐社会要"从我做起，从生活的点点滴滴做起"，紧跟社会时代步伐，响应国家方针，厚植爱国情怀，增强国家归属感。

## 二、课程思政案例内容

（一）案例引出

课堂活动：

> 1. 提问：老子自然观及其当代价值研究。
> 2. 提问：马克思主义自然观。

通过学生的不同回答，引出本课的课前视频、图片资料——老子自然观及其当代价值研究、马克思主义自然观。

（二）案例内容

1. 案例形式：视频、图片＋讲授。
2. 视频、图片名称：老子自然观及其当代价值研究、马克思主义自然观。
3. 让我们一起来总结这些视频、图片带给我们的启示。

（1）老子的自然观认为，万物的生长源于自然，万物相互联系，相互统一，人是自然不可分割的一部分，人应该充分地尊重自然，在认识自然规律的基础上，遵循规律改造自然，而不是以自我为中心，凌驾于自然之上。

研究老子自然观不仅可以展现我国生态文明建设与中华优秀传统思想有机结合的演进及现状，彰显我国对优秀中华文化弘扬与传承的态度，更能够将老子自然观完整且系统的再现，在展现老子自然观思想魅力的同时，为我国生态文明建设提供思想借鉴。

（2）马克思以历史唯物主义的视角，阐述了自然界的客观性和先在性。人在发挥主观能动性的基础上，通过劳动将自己的想法和计划付诸改造自然的实践之中，在自然界烙刻人的印记，使之转化成为具有社会属性的人的自然，即"人化"。联系到现实生活中人类的一系列活动给大自然造成了严重的破坏，"人化自然"逐渐走向生态文明的反面。我国坚持用马克思主义自然观指导生态文明建设，在生态治理虽取得了一定成效，且逐步走向法制化和制度化，但由于生态问题的原因是复杂的，在生态文明建设进程中仍然存在一些问题,阻碍进程的加快。

## 三、分析讲解

（一）重点分析：案例与本讲内容的关联度

文曰:"春日浮,如鱼之游在波;夏日在肤,泛泛乎万物有余;秋日下肤,蛰虫将去;冬日在骨,蛰虫周密。"五脏气血是四时常脉形成的物质基础,四时气候则是影响其形成的客观条件。天、地、人之所以能够相参、相应,其本质在于其气的相同,体现了古人"天人合一"的整体观念。

课程思政案例"老子自然观及其当代价值研究、马克思主义自然观"的内容,与本讲的内容是完全契合的。老子"道生万物"的整体观是以自然观为基础的,思考的是人类社会与自然环境相互关联的问题,是研究人与自然的关系及其特征的理论,是一种整体性的思想,其用联系的观念将人与万事万物普遍联系起来,对我们思考世界面临的生态环境问题具有重要的指导意义。坚持用马克思主义自然观指导生态文明建设,是实现人的全面自由发展和人与自然和谐发展的重要举措,也是进一步向共产主义迈进的重要步伐。

（二）如何达成课程思政预期目标：采取适宜的教学方法和教学模式

1. 通过提问的方式进行案例导入,创设问题情境,启发学生思考问题,使学生能够在历史知识积累的背景下思考问题。

2. 通过带领学生理解老子的生态智慧境界,认识人与自然万物之间的整体性,树立正确的自然观,从而正确看待人与自然的关系,更好去解决当今的生态问题。

3. 使用讲授法,在案例后进行总结,即人与自然是生命共同体,自然是人类的生存之源、发展之本,人类如果一味地满足私欲而不计后果,破坏自然平衡,终会遭到自然的反噬。"万物各得其和以生,各得其养以成",自然界的运行法则从不以人的意志为转移,历史发展进程中任何一个辉煌的阶段均是在尊重自然界的客观规律基础上才得以实现的。

大学生是社会主义事业的接班人,也是建设生态文明的接力者,作为引领社会发展的主力军,理应成为维护生态平衡的倡导者和践行者,引导大学生正确认识人与自然的辩证关系,树立正确的自然观、社会观、人生观和价值观,帮助他们理清维护生态文明的核心要义,功在当代,利在千秋。美丽中国的生态文明事业发展需要青年人的力量,只有他们真正明白建设生态文明的重要意义所在,才能调动他们的积极性与主动性,在理念指导下充满干劲儿,全身投入,使我国的生态文明事业乃至全世界的生态文明发展充满活力和希望,并在新一代手中稳步延续下去,成就更光明的自然和谐宇宙。

(苏雯博　于荣霞)

# 第二篇　大道至简古文明篇

## 第一讲　《灵枢·九针十二原》

### 一、教学目标

（一）课程思政教学目标

1. 通过视频观看和讨论，让大家掌握《灵枢》作为针灸学著作的意义及针灸器具的发展、针具中九针的分类介绍及其各自用途、小针的使用纲要及操作方法、治则，以及注意事项等（教学）。树立以人为本的观念，培养家国情怀（思政）。

2. 通过原文的学习，掌握部分穴位分布、功能，五俞穴以及十二原穴的主治、效能等。经穴各宜于病；治则各宜于病；针具各宜于病。择宜而用，疗效可嘉（教学）；强调我们要"择宜而用"，灵活施治，找到最合适的方式（思政）。

（二）课程思政教学目标的体现

1. 本篇讨论"新针疗法"篇幅虽小，可却是针灸思想理论上的又一次大总结与创新。不仅涉及了九针、针灸学、病因病机学、症状学、诊断学、治则学等医学多学科，而且涉及了《道德经》《易经》《中国古代军事学》《素问》《难经》等经典，岐伯黄帝意欲编纂《针经》以经世济民，首先就是承接天道，德化民众的高度体现。

通过对这些内容的观看与讲解，让学生了解：形、神、机、关、速、迟、往、来、逢、追、顺、逆、实、虚、迎随等术语名词。同时，让学生更加深刻意识到道和中医与自然和人的关系，不断提高学生思想深度。

2. 经穴各宜于病;治则各宜于病;针具各宜于病。择宜而用,疗效可嘉。活法:即灵活取用方法,其思想基于《周易》。《易经》中有三个主要思想,即"变易""易简""不易"。通过对这些内容的学习,开放学生思想,治病救人当以不断发展变化的临床实际为基础。树立以人为本,从实际出发,寻求最优解的思想品质。

变易:《易经》认为一切物质都是变化发展的。在天成象,在地成形,变化见矣。"变易"思想的核心观点是一切物质都是变化发展的。它认为,宇宙中的一切事物都处于不断变化的过程中,没有一成不变的状态。万物的变化包括起伏、生长、衰退、循环等各种形式,而这种变化是永恒不变的规律。"变易"思想告诉我们,要理解事物的本质,就必须抓住它的变化规律,洞察其中的变化趋势和规律性。正所谓"天地变化,圣人效之"。

易简:又名"简易",换成现代的说法,就是复杂问题简单化,"简易"思想的核心是抓住主要矛盾。它认为,世间万物都存在着矛盾和对立,要解决问题,就需要找到其中的主要矛盾,并通过处理主要矛盾来达到统一和解决问题的目的。"简易"思想告诉我们,事物的发展变化常常是由主要矛盾的变化而引起的,只有找准主要矛盾,才能够抓住事物发展的关键。《周易·系辞》:"《易》之为书也,广大悉备,有天道矣,地道矣,人道矣。"又言:"仰则观象于天,俯则观法于地,观鸟兽之纹与地之宜。近取诸身,远取诸物,于是始作八卦,以通神明之德,以类万物之情。"易经中的论述说明了世界的广袤及世上事物间关系的复杂性。"《易》广矣,大矣"。如果没有一种简单明了的世界观和方法论,是无法认清世界万物的规律性的。如果能按《易经》的指导思想去分析问题、处理问题,就可以让复杂问题简单化,即抓住事物的主要矛盾。

在现代医学研究中,我们至少面对上万个课题,其形成了一门极其复杂的基于现代研究的系统科学。然而,要找出这数以万计课题的研究结果的共性却非常艰难。而与此相比,我们的祖先却能在《易经》理论的指导下,通过简单的十二条经络去分析复杂的人体系统。

《易经》思想中蕴含着"易简"的含义,使得即便是再复杂的事物,也能以《易经》的方法简便地得出结论。只要找到事物的主要规律,并解决主要矛盾,其他矛盾自然能够迎刃而解。这种简捷的方法使得我们能抓住问题的核心,从而解决复杂问题。

因此,尽管现代医学研究涉及众多课题,但我们可以借鉴《易经》的智慧,用简单的方法去理解和处理复杂的人体系统。通过抓住主要规律和矛盾,我们能够得出结论,推动医学的进步,并更好地服务于人类的健康。

不易:"易经"中另一个看待世界的思想。天下之事,殊途同归,即世界一切物质,虽然表面上看起来是错综复杂的,但是不管它自身系统再大或者再小,圣人执一以为天下牧,其"一阴一阳之谓道的"总规律是不变的。

## 二、课程思政案例内容

(一)案例引出

课堂活动:

> 1. 提问:同学们都接触过哪些医用针?你知道他们的各自作用和使用范围吗?
> 2. 提问:清朝闭关锁国错失发展良机终致落后给我们什么启发?

通过学生的不同回答,引出本课的课前视频、图片资料——晚清三十年、鸦片战争。

(二)案例内容

1. 案例形式:视频、图片+讲授。
2. 视频、图片名称:九针实物图、晚清三十年。
3. 让我们一起来总结这些视频、图片带给我们的启示。

(1)针灸学的发展历程既是我们的祖先与自然、与疾病不屈不挠地抗争的历史,也是历代医家不断创新、追求疗效的进步史。针灸腧穴数目的演变和针灸经络体系的完善,无不展示了历代医家的创新精神。

近年来,在党和国家的大力支持下,针灸学取得了长足的进步。我们的针灸推拿专业课程不断丰富和完善,除了最初的针灸学和推拿学外,还新增了推拿治疗学、实验针灸学、经络腧穴学、针灸治疗学、推拿手法学等新课程。在这些新课程的涌现背后,都凝聚了当代针灸学者辛勤的付出和努力。

在新时代,作为大学生的我们应当继承中医人守正创新的优良传统,为中医复兴贡献更大的力量。我们要不断学习和探索,深入研究针灸学的理论和实践,将传统智慧与现代科技相结合,推动中医药事业的发展。只有通过我们的努力,才能让针灸学在新时代焕发出更加璀璨的光芒,为人类的健康福祉做出更大的贡献(思政)。

(2)晚清任人宰割的惨痛历史警示着我们,绝不能故步自封,落后就要挨打。在现代社会,针灸作为传统医学的重要组成部分,更需要不断提升和发展。

以人为本、以民为本是针灸发展的核心理念。针灸医学的目标是为人类健康服务,为人们解除病痛,从而帮助人们恢复健康。因此,我们应该根据人们的需求和实际情况,选择最适合的方法和器具,为患者提供最有效的治疗。针灸师应该注重与患者的沟通,了解他们的病情和需求,因材施治,个体化地进行针灸治疗。

随着科技的进步和社会的发展,针灸技术也需要与时俱进。我们应该紧跟时代的步伐,不断学习和研究新的针灸技术和理论,吸收现代医学的成果,将其与传统针灸相结合,形成更加完善和高效的治疗方法。同时,我们还应该不断改进和创新针灸器具,以适应不同病症和治疗需求。这样,我们才能更好地满足人们对健康的追求。

针灸是一门博大精深的学问,它蕴含着丰富的理论和临床经验。我们应该虚心学习、持续探索,不断提升自己的专业水平。只有通过不断学习和实践,我们才能成为真正的针灸专家,为人们的健康贡献自己的力量。

因此,作为针灸医学的从业者,我们要牢记历史的教训,始终保持开放的心态和积极的进取精神。我们要以人为本、以民为本,择宜而用,与时俱进地不断提升针灸技术。只有这样,我们才能在推动针灸事业发展的同时,为人类的健康福祉做出更大的贡献。

## 三、分析讲解

(一)重点分析:案例与本讲内容的关联度

本讲的内容是"九针十二原",具体讲述的是九针的形状以及具体用针的法则。篇名中"法天"的意思是指,第一篇主要讲述用针如何效法天的精神。

人与万物并生于天地之间,必然受到天地自然日月星辰的影响,《针经》通篇所讲用针的法则完全是根据天地自然运行的规律创造而来,顺其自然,方能长生久视。

课程思政案例九针实物图、晚清三十年等内容,与本讲的协调之治内容是完全契合的,而同时,课程思政案例也把历史教训展现出来。通过学生案例前的讨论,并结合最后的总结和升华,让学生对"经穴各宜于病;治则各宜于病;针具各宜于病。择宜而用,疗效可嘉"的认识得到提升,表现在:① 学生能够掌握"择宜而用",灵活施治的重要性;② 使学生在自然科学与人文科学之间搭建桥梁,体悟了社会之国与人体"身国"的联系;③ 学生感悟到了整体观及古代序文化在哲学、生命及社会人文的体现及实际意义。本案例的引入非常契合本节课的教学内容和教学目标,不仅能够激发学生的理论学习兴趣,使其吸收古代哲学的精髓,提升思想境界,而且能使学生利用所学的专业理论和思想,在现实生活中发挥个人价值。

(二) 如何达成课程思政预期目标:从教学和教师两方面入手

1. 通过提问的方式进行案例导入,创设问题情境,启发学生思考问题,使学生能够在历史知识积累的背景下思考问题。问题意识既是一种心理品质,也是一种思维习惯。因此,要不断地刺激和强化学生的这一品质,培养其问题意识。

2. 加大教师教学综合能力的培养,挖掘与《黄帝内经》相关课程的思政元素。教师应当立足于《黄帝内经》课程的相关内容,通过不断提升个人的教学素质水平,挖掘针灸推拿专业课程中的思想政治教育素材和资源,这就需要教师首先对针灸推拿专业的相关文化历史背景进行充分的了解,以便在课程教学组织的过程中,能以相关文化背景的介绍为切入点,引导学生了解和感受针灸推拿学专业的悠久发展历史和其在我国医学发展中的重要地位。同步引入微课视频或多媒体教学资源,组织相应的课程教学过程,激发学生学习相关课程的责任感和使命感。除此之外,教师还应当从医学专业学生的宏观责任和目标的角度出发,转变学生的思想认知,多从责任教育人文精神培养的角度出发对学生进行教育引导。同时,要强调中医针灸疾病治疗方式的柔和性以及逻辑依据的严谨性,激发出学生依据专业的医学知识取得更好的疾病治疗效果的主观认识。

3. 积极开展实践教育活动，达到思政教育的目标。教学实践活动的开展主要是指教师可在九针十二原课程教学时，通过带领学生进行针灸实践活动的方式进行体会和了解，立足于帮扶活动或实习活动让学生认识到针灸推拿对于一些慢性疾病以及难治疾病的重要作用，促使学生在参与实践活动的过程中感受针灸推拿学相关课程学习的实践意义。同时，在参与实践的过程中也便于教师检验学生针灸推拿学专业课程的学习和掌握效果，从实践维度检验学生学习相关知识的水平，以便在进一步的教学引导中立足于提升实践能力，发扬救死扶伤精神，鼓励学生抓住实践学习的平台和机遇，提升个人专业学习的水平。

（高志翔　徐　静）

# 第二讲 《灵枢·阴阳二十五人》

## 一、教学目标

（一）课程思政教学目标

1. 通过本讲的学习使学生对阴阳五行学说有更深一步的理解，并在此基础上能初步掌握人体体质的划分，且能在生活中进行应用（教学）；感悟古代哲学观念，在把握阴阳五行学说和辨证思维的基础上，强化体质划分中的整体观念和思辨能力，深化学生对中医传统文化的认同感和自豪感，同时提升学生思维的灵活度（思政）。

2. 通过原文的学习，掌握体质对治疗和防治的重要性，让学生体会"必先明知二十五人，则血气之所在，左右上下，刺约毕也"的意义（教学）；通过体质对治疗的影响，打通学生的大脑，让思想灵活，进行辩证思维。同时，利用体质偏颇的实例强化健康观念，有利于学生形成良好且合适的生活习惯（思政）。

（二）课程思政教学目标的体现

1. 本讲论述体质的详细划分，强化不同体质的针刺治疗原则和方法，告诉我们针刺之前必须分清体质，以表知里，辨别手足三阳经脉循行人体上下部位的气血盛衰，不同类型的人应用的针刺原则和取穴标准以及相应的操作手法。通过这些内容的观看与讲解，帮助学生深刻理解体质对治疗和防治的重要性。同时，对于学生来讲能使其更加深刻意识到生命的整体性和恒动性的价值，在学习过程中逐渐拓宽思辨能力、强化逻辑意识。

2. 通过对体质学说中所包含的古代哲学思维的论述，感受古代先哲的智慧思维，打破对原有中医的局限认识，使学生通过中国传统文化，感悟哲学对人文的影响，引导学生热爱中国传统文化，激发其对中医的兴趣。当哲学思维与生活相连接，便能让学生以一种亲和的方式吸收知识，体悟道理。

## 二、课程思政案例内容

### （一）案例引出

课堂活动：

> 1. 提问：如果让你对体质进行判断，你会纳入什么考核标准？
> 2. 提问：人体体质是否是一成不变的？
> 3. 提问：从体质的变化中，你能吸取到什么？

通过学生的不同回答，引出本课的课前视频、图片资料以及相关文学资料——体质的多角度思维图、五行图、不同体质人的特征对比图和总结图。

### （二）案例内容

1. 案例形式：视频、图片＋讲授、PPT展示。

2. 视频、图片名称：体质的多角度思维图、五行图、不同体质人的特征对比图和总结图。

3. 让我们一起来总结这些视频、图片带给我们的启示。

阴阳二十五人即是二十五种体质，这是古人对于体质的一次详细划分。本讲所说的体质是根据阴阳五行学说为依据，把人体禀赋不同的各种体质归纳为木、火、土、金、水五种类型，每一类型又以五音的阴阳属性及左右上下各分出五类。从开篇便指出"天地之间，六合之内，不离于五，人亦应之"，这是我国的传统辩证思想——五行学说。五行学说体现了一种对立统一、相生相克的思想，它是我们古代传统文化思想中的宝贵财富。五行，即是木、火、土、金、水五种物质的运动。利用它们不同的生理特性对应着人的不同性格特质，划分木、火、土、金、水五行人。常常有人说交朋友的时候，看到第一眼便觉得情投意合，其实这也是一样的道理。比如，性格气质偏向木的人，能吸引性格气质偏向于水的人，即水对木的有天生的亲和力。通过体质分析对五行学说熟练掌握，掌握五行相生相克的概念、次序，所胜与所不胜的关系，了解五行制化与胜复，感受古代先哲的智慧思维，打破对原有中医的局限认识，使学生通过中国传统文化感悟哲学对人文的影响,引导学生热爱中国传统文化,激发其对中医的兴趣。

体质是指形成于先天,定型于后天的个体在形态结构、生理功能和心理因素方面综合的、相对稳定的特性。体质的形成与先天禀赋和后天的调养均有密切联系。这可以告诉学生,凡事"三分天注定,七分靠打拼",先天的素质固然重要,但后天的努力才是成功的关键。

从健康角度分析,体质的偏颇最简单的解释是身体上的太过与不及,而想要身体上的健康,就要付出后天的努力。为什么很多人生了病之后,医生建议去锻炼身体,其实这也是一种改善体质的方法。在了解自身体质之后,我们最起码会懂得趋利避害。从中医角度来讲,这也是"治未病"的好帮手之一。就像世界上没有两片相同的树叶,每个人的体质也各不相同,对自我体质有清晰的认识有利于我们形成良好的健康观念,并养成良好且适合的生活习惯和健康的生活方式,使身体达到相对平和、稳定的状态。每个人都是自己健康的第一责任人,只有我们对健康足够重视,才能够赢得自我的健康生活。养生,要辨体养生。同理,治病也要因人而异。在临床治疗时,体质是中医在诊治和养生保健过程中需要考虑的重要因素,不同的人有不同的体质,不同的体质适用于不同的方法。同时,在人生不同时期,体质会发生转变,应该根据这些不同体质变换提醒患者调整生活状态。

除此之外,我们也可将一个国家的发展现状比作一个人的体质。良好的体质受个人的饮食习惯、生活环境、先天禀赋等因素的影响。同样的,一个国家的繁荣昌盛也受基本国情、自然资源和人民素质等因素的影响。"少年强则国强",或许也可以说"人民强则国强"。一个国家的进步离不开国民的带动作用,我们必须坚定理想信念,不忘初心,牢记使命,为实现中华民族的伟大复兴贡献一份力量。

## 三、分析讲解

(一)重点分析:案例与本讲内容的关联度

本篇详细根据阴阳五行学说,把人体禀赋不同的各种体质归纳为木、火、土、金、水五种类型,每一类型,又以五音的阴阳属性及左右上下等各分出五类,合为二十五种人,故命名为"阴阳二十五人"。同时,根据手足三阳经脉循行人体上下部位的气血盛衰,表现于形态肤毛的征象,可从外知内,并指出不同类型的人应用的针刺原则和取穴标准以及相应的操作手法。课程思政案例体质中的阴阳五行学说、整体观念、辩证思维,以及拼搏奋斗精神与本讲课的体质之用的内容是完全契合的。课程思政案例同时也把体质的概念、辨别要点和针刺注意事项展现出来。通过学生案例前的讨论,并结合最后的总结和升华,完成了本次课的教学目标,表现在:① 学生对阴阳五行学说有了更深一步的理解,并在此基础上能初步掌握人体体质的划分,提高自身的思辨能力和整体观念,并能在生活中进行应用;② 使学生在自然科学与人文科学之间搭建桥梁,体悟国家治理中的奋斗内核;③ 学生体会了体质对治疗和防治的重要性,以及"必先明知二十五人,则血气之所在,左右上下,刺约毕也"的意义。本案例的引入非常契合本节课的教学内容和教学目标,不仅有利于提升学生对中医传统文化的认同感和自豪感,同时还有利于提升学生思维的灵活度,强化其健康观念,使其形成良好且合适的生活习惯。

(二) 如何达成课程思政预期目标:采取适宜的教学方法和教学模式

1. 通过提问和小组讨论的方式进行案例导入,启发学生思考问题,并培养其对问题多思维考虑,深入思考问题的逻辑习惯,以一种灵活的方式深刻记忆知识。问题意识既是一种心理品质,也是一种思维习惯,它的培养和形成需要不断的刺激和强化。

2. 通过对比总结图让学生对不同体质有一个基本的印象,加入体质改变和调整的生活方式指导,使学生能有切身感受。先让学生脑海中形成一个直观的认识,提升个人综合分析的能力,并利用学生感兴趣的方面来调动学习激情。

3. 使用讲授法,在案例后进行总结,即要通过体质恒动的现实体悟对于疾病的治疗和防治,要保持一种恒动且灵活的辩证思维能力。将侦探思维加入中医治疗和防病中,培养学生的分析能力和逻辑思维能力,提高其去伪存真的中医思辨能力。透过现象探查本质,用理论学习指导实践,同时用实践夯实理论基础,从疾病的真假透视社会现象的真假,从医学透视社会人文,从治病拓展到治心,不仅能加强学生的思想道德修养,还能影响病患群体,在学生以后的职业生涯中起到定海神针的作用。结合视频及图片,让学生不仅掌握了体质分辨的要点和意义,而且使其理解了体质在"治未病"中的重要性。"先天下之忧而忧,后天下之乐而乐",从传统文化中的忧患意识结合中医的"治未病"理论,让学生懂得防微杜渐之理,从而真正做到"勿以善小而不为,勿以恶小而为之"。同时,在以后的治疗中也严格执行"不治已病治未病"的上工思想。

(孟祥蕊　闫　昕)

# 第三讲 《灵枢·五味论》

## 一、教学目标

### （一）课程思政教学目标

1. 通过对原文的深度学习思考，了解五味偏嗜所造成的人体疾病，明白五味所走的道理，挖掘隐含在五味理论下的治病和养生指导思想（教学）。五味偏嗜包含着过则成灾的道理，这提示我们要秉持中庸之道，其次要坚持以人为本的思想，将理论知识运用于建设健康中国，建立健康自觉意识和责任意识，积极服务健康中国建设（思政）。

2. 通过现代科学实验案例分享，以现代科学的实践检验方式让学生深入了解五味理论的有效性，感叹古人的智慧，慨叹中医文化的魅力，强化其对中医文化自信心和自豪感。

3. 通过播放《健康之路》纪录片，切身感受五味理论的重要性，搭建知识理论与现实实践的桥梁，有利于学生中医之路的发展，提高学生的专业素养。

### （二）课程思政教学目标的体现

1. 首先，在学习原文的基础上，引入现代科学实验案例，以宋建平等人进行的关于对《黄帝内经》中偏食咸后"血与咸相得则凝"的动物实验研究为例，来证明古人智慧结晶——中医五味理论的正确性，能够提高学生对中医理论知识的认可度。现代精密的仪器和实践更能凸显古人在条件艰苦的环境下所得出的相对较为完整的医学思维体系的不易，在提高学生文化认同感的同时，也坚定了其对中医文化的自信和自豪感。

2. 本篇着重论述了"五味所病"，但是基于两面性的原理，我们可以利用"五味所走"的特性来达到治疗和养生的目的。以纪录片为引，讲述利用好五味的特性可以更好地构建健康中国。药食同源，我们在日常生活中便可以进行实践，而纪录片中的食疗就是很好的举例。除此之外，还有很多都可以让学生自主探索。这样既可以提高学生学习的趣味性,也可以达到引领学生深入学习的目的。

## 二、课程思政案例内容

### (一)案例引出

课堂活动:

> 1. 提问:在日常生活中,你了解药膳吗?
> 2. 提问:你觉得在如今的中医临床中五味理论的发展怎样?

通过学生的不同回答,引出本课的课前视频、图片资料——关于对《黄帝内经》中偏食咸后"血与咸相得则凝"的动物实验研究案例、《健康之路》纪录片——巧用五味来养生系列。

### (二)案例内容

1. 案例形式:现代科学实验案例、视频+讲授。
2. 视频、图片名称:关于对《黄帝内经》中偏食咸后"血与咸相得则凝"的动物实验研究案例、《健康之路》纪录片——巧用五味来养生系列。
3. 让我们一起来总结这些视频、图片带给我们的启示。

(1)《内经》曰:"多食咸,则脉凝泣","血与咸相得则凝"。虽然这种中医理论总被质疑,但在 20 年前,宋建平等人就已经做了动物实验来证明其可靠性。这为《内经》的五味理论提供了可靠的理论依据。我们可以坚信中医理论的可靠性,坚定文化自信。另外,我们能在没有如此发达的科学理论的年代就得出这个结论,我们应该感到自豪。五味偏嗜造成人体疾病是一种过犹不及、过则为灾的结果,其指引着我们要秉持中庸之道。而中庸之道能支撑我们建设健康中国,凭借健康自觉意识和责任意识,积极服务健康中国建设,做健康之路的引领者。

(2)本篇讲述了五味偏嗜致病的原理,按照相对论来讲,事物都有两面性,我们如果学会合理利用五味偏嗜,便可以将它应用于治疗疾病和日常养生等方面。纪录片《健康中国》也的确为我们普及了五味理论的第二面,除了我们今天所播放的片段,还有更多值得探索的用法,等待大家去探索。在探索中实践,这不仅有利于记忆知识点,还有利于培养兴趣爱好。

(3) 最后,我们应承认五味理论的实用价值。在饮食养生和疾病的预防调护方面,所有饮食五味的机理都应被当作饮食养生的禁忌。谨记这些可能产生的病症,并把握饮食五味产生养、伤作用的界限,这对强调和重视饮食养生的人来说十分重要。

总之,五味理论是中医基础理论的一部分,其所存在的问题瑕不掩瑜,其合理的部分应该得以保留并加以利用,其临床实用性毋庸置疑。用现代的认识方法去规范五味理论无疑是过于固化且机械单一的,其是一种变相的形而上学。我们应秉持理性思维去分析事物的两面性,取其精华,化为己用(思政)。

## 三、分析讲解

### (一)重点分析:案例与本讲内容的关联度

本讲的内容是"灵枢·五味论",本篇主要论述了五味各有所走,五味偏嗜、太过所出现的病理变化,以及由此引起的各种病症,故名"五味"。课程思政案例中关于对《黄帝内经》中偏食咸后"血与咸相得则凝"的动物实验研究案例和《健康之路》纪录片的内容,与本讲的五味理论的内容是完全契合的。同时,课程思政案例也将相对论及事物的两面性、中庸之道、健康理念和文化自信展现出来。通过学生案例前的讨论,并结合最后的总结和升华,让学生的五味理论应用能力和逻辑思维得到提升,表现在:① 明白五味偏嗜中深藏的过则为灾的道理,心怀中庸思想;② 深化了逻辑思维,通过相对论来讲,事物具有两面性,五味理论除了致病也可以治病。在课堂上学会巧用五味来养生及治疗,能将知识应用于日常生活,提高实践能力;③ 学生从知识中汲取力量,提高了自我能力,深化了爱国情怀和文化自信。本讲案例的引入非常契合本节课的教学内容和教学目标,不仅能够激发学生的理论学习兴趣,使其吸收中医经典之精髓,提升其知识素养和思想境界,而且能让学生利用所学的专业理论、思想,在现实生活中发挥个人价值。

(二)如何达成课程思政预期目标：采取适宜的教学方法和教学模式

1. 通过提问的方式进行案例导入，创设问题情境，启发学生思考问题，使学生能够在多人思考的背景下拓宽思考问题的角度。问题意识既是一种心理品质，也是一种思维习惯，它的培养和形成需要不断的刺激和强化。

2. 在现实生活中，可能会存在因思维僵化而质疑中医思维的现象，利用现代科学实验研究来反证中医理念的真实性，可以更有力的印证中医的可靠性，让学生切身感受中医的魅力，坚定中医文化自信，提升爱国情怀。同时，要拓宽思维，不局限于本讲内容，让学生通过纪录片和讨论了解更多以五味治病为核心的药膳。

3. 使用讲授法，在案例后进行总结。本篇主要论述了五味各有所走，五味偏嗜、太过所出现的病理变化，以及因此引起的各种病症，而我们通过案例了解了五味理论的可靠性，并能在今后将五味理论运用于生活之中。除此之外，这节课引领我们了解了中医理论的魅力，坚定了学生对中医文化的自信。当然，这种自信不是盲目自信，而是理性地看待问题的多样性而做出的判断。此外，还学会合理利用五味的利与弊，培养了健康自觉意识和责任意识。总而言之，这是寓教于乐的一堂课，希望以后越来越多人可以将五味理论应用于生活之中，这将为"健康中国2030"规划贡献一份力量。

(孟祥蕊　闫　昕)

# 第四讲 《灵枢·皮部论》

## 一、教学目标

### （一）课程思政教学目标

1. 通过原文的学习,明白"皮部以经脉为纪"的核心理论,通过以经脉为纲领治疗疾病(教学),学会把握纲领,抓准重点,掌握主动权(思政)。

2. 通过原文,强调治病时掌握"百病之始生"的规律的重要性,可以达到最优化治疗(教学);掌握客观规律,保持发展的眼光来看待问题,能顺势而为达到目的(思政)。

3. 通过对原文"百病之始生也,必先于皮毛,邪中之,则腠理开,开则入客于络脉。留而不去,传入于经,留而不去,传入于腑,廪于肠于胃"的理解,从邪气的不断传变中感悟唯物论运动观。万事万物都在运动变化着,没有绝对的静止。这告诉我们要以发展的眼光来看待一切事物,未病之时,要防治疾病,已病之后,要准确及时进行干预,避免疾病的深入(思政)。

### （二）课程思政教学目标的体现

1. 首先利用有趣的历史小故事来抓住学生的学习兴趣,讲述"擒贼先擒王"的理念,指出从整体来看找出事物的核心能大大提升效率,并掌握行动的主动权,这也是疾病治疗中我们所应做的,即辩证思维找寻核心,治病求本。与此同时,国家的发展也是这样,我们国家能在近些年来如此迅速地攀升,与掌握科技方面核心技术有着密切的关系,我们已不再受制于人,已有足够的实力在世界舞台上昂首阔步。

2. 人们建造三峡大坝,变害为利。虽然也有弊端,但是思维绝不能局限固化,僵化的思想是不利于整体发展的。依照规律做事,利用长久发展的眼光看待问题的处事原则是正确的。这其实已是一种顺势发展,寻求最优解的方法。无论是治病还是生活我们都应当如此。

## 二、课程思政案例内容

(一) 案例引出

课堂活动：

> 1. 提问：请问同学们，"擒贼先擒王"的故事为我们讲述了什么道理？
> 2. 提问："治未病"的思想在《内经》里面多次被提及，你平时生活中有运用到吗？请举例说明。

通过学生的不同回答，引出本课的课前视频、图片资料——"擒贼先擒王"成语小故事和三峡工程视频。

(二) 案例内容

1. 案例形式：故事、视频＋讲授。
2. 案例、图片名称："擒贼先擒王"成语小故事和三峡工程视频。
3. 让我们一起来总结这些案例、图片带给我们的启示。

(1) 开篇黄帝就提出了问题："余闻皮有分部，脉有经纪，筋有结络，骨有度量，其所生病各异，别其分部，左右上下，阴阳所在，病之始终，愿闻其道。"岐伯首先说"以经脉为纪"，点明了把握纲领的重要性。虽然疾病各异，但是掌握了经脉的核心要点，治疗疾病可谓是迎刃而解。

"三十六计"中的"擒贼先擒王"，也是利用辩证思维把握主要矛盾从而大获全胜。除此之外，我们可以利用阴阳学说从古代哲学角度分析。假设一支队伍为一个整体，将领和士兵看作阴、阳两个部分，无论是群龙无首的士兵，还是光杆司令的将领，都难以维持队伍的长久发展。此所谓"孤阴不长，独阳不生"，因此看问题要整体分析（思政）。

(2) 除此之外，我们要学会掌握规律，学会以发展的眼光看问题，顺势而为，以得到事半功倍的效果。

本篇中所说的疾病传病规律，即当外邪侵袭人体，邪气由表向里传变形成疾病的次序，了解了这种规律可以让我们有效防治疾病。世界上万事万物的运动变化都是有规律的,而规律则是客观的,不以人的意志为转移的。规律的客观性要求我们在想问题、办事情时必须按照客观规律办事,顺应自然与天性。只有我们以发展的眼光看问题,顺势而为,才可力挽狂澜,事半功倍。

## 三、分析讲解

(一)重点分析:案例与本讲内容的关联度

本讲的内容是《灵枢·皮部论》,本篇论述了三阴、三阳经脉在皮肤上的分布,所以篇名为"皮部论篇"。其内容有十二经脉在皮部分属的部位、名称,及如何从皮部络脉颜色的变化诊断疾病;外邪侵袭人体,由表向里传变的次序,故名为"皮部论篇"。课程思政案例中"擒贼先擒王"的成语故事和三峡工程的案例,与本讲的处事之道的内容是完全契合的。课程思政案例同时也阐释了防微杜渐的"治未病"理论和多思维辩证的思想。通过学生案例前的讨论,并结合最后的总结和升华,让学生对五味理论的应用能力和逻辑思维能力得到了提升,表现在:① 学会了把握纲领,抓准重点,掌握主动权,提高解决问题的基本思维模式;② 掌握了要尊重客观规律,保持用发展的眼光来看待问题,顺势而为以寻求最优解;③ 感悟了唯物论运动观,即万事万物都在运动变化着,没有绝对的静止。本次案例的引入非常契合本节课的教学内容和教学目标,不仅能够激发学生的理论学习兴趣,提升其知识素养和思想境界,而且能提高学生为人处世的能力。

(二)如何达成课程思政预期目标:采取适宜的教学方法和教学模式

1. 通过提问的方式进行案例导入,创设问题情境,启发学生思考问题,使学生能够在多人思考的背景下拓宽问题思考的角度。问题意识既是一种心理品质,也是一种思维习惯,它的培养和形成需要不断的刺激和强化。

2. 让学生切身感受生活中蕴含的智慧,拓宽处事思维。

3. 使用讲授法,在案例后进行总结。本篇主要论述了十二经脉在皮部分属的部位、名称,及如何从皮部络脉颜色的变化诊断疾病;外邪侵袭人体,由表向里传变的次序。古人不仅讲述了皮部治病的基本规律,还讲述了疾病的发展过程。通过今日的案例分享,提高了学生的处事能力。首先,面对问题,把握核心,抓住重点,这样才可以掌握主动性。其次,要构建完善的思维逻辑,在整体中把握事物的发展规律。最后,要顺势而为,寻求解决问题的最优解。

(孟祥蕊　闫　昕)

# 第五讲 《素问·阴阳应象大论》

## 一、教学目标

（一）课程思政教学目标

1. 通过观看材料，让学生掌握阴阳是自然界的根本规律及阴阳五行学说与象思维（教学），启发学生用心去思考"象"，留意生活中的"象"，以提高学生对中医思维的感悟。通过现象寻找本质，追寻普遍规律，让学生感受中华传统文化的魅力，增强其文化认同感（思政）。

2. 通过原文的学习，了解"治未病"和"因势利导"的思想（教学），体悟道家的"无为"思想，因势利导，防微杜渐（思政）。

3. 通过原文"治病必求于本"的学习，提示学生解决问题要抓住核心，提高效率（思政）。

（二）课程思政教学目标的体现

1. 通过本文阴阳应象、五行归类、以表知里、以常衡变、天人合一的内容与象思维的联系，再结合图片，让学生感悟古人智慧，引起学生探寻古代哲学思想的兴趣，并通过对象思维的学习得到启示，启发学生用心去感悟"象"，提高自己的感悟能力。另外，学会通过现象寻找本质，追寻普遍规律。通过人与天地相应的认识，教育学生要道法自然，遵守客观规律。

2. 原文"故邪风之至，疾如风雨，故善治者治皮毛，其次治肌肤，其次治筋脉，其次治六腑，其次治五脏，治五脏者半死半生也"，体现了未病先防思想。引入名言，加深学生对未病先防的理解，提示学生提早做好大学生涯规划，用发展的眼光看问题，培养防微杜渐的预防思想。

3. 原文"其高者，因而越之；其下者，引而竭之；中满者，泻之于内"，详细地论述了针对高、中、下三种不同病位的具体治疗方法，指出在治疗时要善于利用不同的病位顺势驱邪外出。结合名言，理解"因势利导"的思想，提示学生应把握时机,顺势而为,争做新时代"弄潮人"。

4. 原文"治病必求于本""善诊者,察色按脉,先别阴阳审清浊",告诉我们要抓住事物的根本。而与名言相呼应,提示学生解决问题要抓住核心,提高效率。

## 二、课程思政案例内容

(一)案例引出

课堂活动:观看本课的课前资料,并提问以引发学生思考。

> 1. 提问:阅读报道,思考一下,对于养生我们应该做哪些努力?
> 2. 提问:阅读文件,思考我们能为社会做些什么?
> 3. 提问:阅读名言,讨论其中的道理。

(二)案例内容

1. 案例形式:文本+讲授。
2. 展示材料:
图片:甲骨文、河图洛书。
名言:
《难经七十七难》"所谓治未病者,见肝之病,则知肝当传之于脾,故先实其脾气,无令得受肝之邪故曰治未病焉。"
《道德经》"圣人不病,以其病病,是以不病。"
《修务训》"若水之用舟,沙之用鸠,泥之用輴,山之用欙,夏渎而冬陂,因高为田,因下为池。"
《道德经》"长于治玉者,必重于理也;长于治水者,必重于导也;善行者,必重于朴。"
3. 让我们一起来总结这些材料带给我们的启示。
(1) 本文在阴阳应象、五行归类、以表知里、以常衡变、天人合一的分析上上无不以象思维为基础,象思维是中医学的核心思维,其以客观事物显现于外的现象为依据,以物象或意象为工具,运用类比、联想、推类等方法来表达对象世界的抽象意义,把握对象世界的普遍联系的思维方式。[1]阴阳作为相互对立的两个属性阐释了自然界的普遍规律,借自然界各事物的相"生"的原理说明事物间存在着密切联系,通过表面的象来推求体内病变本质,体现了整体观思想。图片中的甲骨文能轻易通过其中的象来识别文字意思,说明早在商代古人已经开始观察事物并归纳总结,通过象思维创造文字,并留下宝贵的文化遗产。第一幅图是河图和洛书,河图展示了四方四季与中央的关系,体现了中土五行的特点;洛书展示了八卦方位及其与阴阳的变化关系[1],通过河图洛书创立八卦,而八卦卦象又是事物变化规律的总结。我们可以从象思维中得出很多启示,以此启发学生要用心去思考"象",并留意生活中的"象",以提高对中医思维的感悟,要善于通过现象寻找本质,追寻普遍规律。另外,又有一种说法为从卦中观"德义"。从象中有"德义",提示学生要修养心性,心存大义,提高自身道德修养。此外,人与天地相应,人类应该遵循天地间的规则,顺应自然。《黄帝内经》中的象思维是古老文化的渗透,体现了中国古代哲学智慧,通过原文加思政的融合,让学生感受中华传统文化的魅力,增强文化认同感。以下是原文中象思维的体现及作用(思政)。

象思维贯穿于阴阳学说中,阴阳学说认为让任何事物都可以用阴阳划分,即用阴阳来解释事物对立的"象"。比如原文中水与火、静与燥、天与地、清与浊、气味的辛甘与酸苦等。运用阴阳两个有意而无形的属性,并将多个事物比喻成阴阳,就使自然而然的"阴阳之象"显现出来,那阴阳的对立统一规律就可以推及万事万物,当然也可以运用到人体,这为中医学辩证提供理论基础。通过阴阳在自然界的特点属性运动作用及天地阴阳的升降变化,对比人体,得出阴阳清浊升降出入理论,并且药食亦分阴阳,亦有升清降浊的功能,并指出可以通过药食气味的薄厚以助人体升清降浊,这既对后世药物理论的发展及治疗疾病奠定了基础,为后来的"法象药理"模式奠定了基础。

象思维渗透五行学说。原文将人的窍、体、声、志、变动与天地中的方位、季节、气候、味道、颜色运用五行的不同属性分类,并运用相生相克关系解释病理变化。

司外揣内、以常衡变的诊断思维蕴含象思维。原文"以我知彼,以表知里,以观过与不及之理,见微得过,用之不殆",体现了中医的诊断思维。通过表象来推之疾病本质,那么表象从何处而来呢?自然界中"风寒暑湿燥火"之象经过联想与患者之象类比,就得出证,如"诸风掉眩,皆属于肝";通过认识自然界的一般之象则可辨别出异常之象,通过认识人体生理之象便可辨别病理之象。

天人相应中蕴含象思维。原文中人之五脏与天地之气相通,"天有四时五行,以生长收藏,以生寒暑燥湿风,人有五脏化五气,以生喜怒悲忧恐"。

可以知道通过取象比类,人与天地相应的整体观得以成立。所以,通过象思维提示学生要道法自然,遵守自然规律,否则会带来灾害,正如原文所说的"故治不法天之纪,不用地之理,则灾害治矣"。

(2) 原文"故邪风之至,疾如风雨,故善治者治皮毛,其次治肌肤,其次治筋脉,其次治六腑,其次治五脏,治五脏者半死半生也",说明感受外邪疾病是从外向内传化,所以疾病要尽早治疗。《难经七十七难》中"所谓治未病者,见肝之病,则知肝当传之于脾,故先实其脾气,无令得受肝之邪故曰治未病焉"和《道德经》中"圣人不病,以其病病,是以不病",都体现了"治未病"的思想。只有未病先防,防微杜渐,才可以达到更好的治疗效果。因此,要提示学生应当居安思危,用发展的眼光看问题。

(3) 原文"其高者,因而越之;其下者,引而竭之;中满者,泻之于内",详细论述了针对高、中、下三种不同病位的具体治疗方法,并指出在治疗时要善于利用不同的病位顺势驱邪外出。《修务训》"若水之用舟,沙之用鸠,泥之用辇,山之用蔂,夏渎而冬陂,因高为田,因下为池",指出要充分利用有利的客观条件,顺势而为,因物而变,找到最适宜的方法,充分体现了道家顺其自然的无为思想。[2]"惟贤人上配天以养头,下象地以养足,中傍人事以养五脏",说明圣人懂得宇宙中的"道",并且顺"道"而为,体现了道家因势利导的无为思想。因此,要提示学生要在这个重视人才,支持中医药事业发展的时代,把握时机,顺势而为,奋斗创新(思政)。

(4)《道德经》"长于治玉者,必重于理也;长于治水者,必重于导也;善行者,必重于朴",意思是擅长于治玉的人一定注重玉石的纹理,擅长于治水的人,一定注重对水的疏导,善于做事的人,一定注重"朴"。这里的"朴"体现了本质的含义,与原文"治病必求于本""善诊者,察色按脉,先别阴阳审清浊"相呼应,所以要提示学生解决问题要抓住核心,提高效率。

## 三、分析讲解

### （一）重点分析：案例与本讲内容的关联度

本讲的内容是"阴阳应象大论"，因本篇用阴阳学说的理论阐述自然界具体事物及其发展变化，故名为阴阳应象大论。本讲通过学生对案例的讨论，并结合最后的总结和升华，让学生对中国古代哲学、道家思想、象思维以及治病求本的认识得到提升，表现在：① 学生能够掌握阴阳学说理论并进行实际应用；② 使学生在自然科学与人文科学之间搭建桥梁，体悟社会之国与人体"身国"的联系；③ 学生体悟到了象思维在哲学、生命及社会人文的体现及实际意义。本讲案例的引入非常契合本节课的教学内容和教学目标，不仅能够激发学生的理论学习兴趣，使其吸收古代哲学的精髓，并提升思想境界，还能使其利用所学的专业理论、思想，在现实生活中发挥个人价值。

### （二）如何达成课程思政预期目标：采取适宜的教学方法和教学模式

1. 通过案例导入并提问的方式，创设问题情境，启发学生思考问题，使学生能够在一定历史知识积累的背景下思考问题。

2. 通过案例材料的阅读，既能加深学生对中医知识的印象，又能起到立德树人的作用；既能使学生感受到中国传统文化的魅力，又能厚植家国情怀。

3. 使用讲授法，在案例后进行总结，即大医需具备"上知天文、下知地理、中知人事"的能力。根据本节象思维在中医理论的应用，在自然科学与人文科学之间搭建桥梁，体悟中医知识与古代哲学思想之间的联系。结合案例材料，学生体悟象思维在哲学、生命及社会人文中的体现及实际意义，使其更加深刻意识到生命的整体性和合而为一的功能性的价值，帮助学生厚植家国情感，奉献社会，提升自身修养，增强文化自信。

## 参考文献

[1] 孟庆岩,颜培正,相光鑫,等. 从河洛文化谈中医学象思维特点与应用

[J].时珍国医国药,2016,27(11):2697-2699.

[2] 欧阳波.《黄帝内经》道家"无为"思想研究[D].北京中医药大学,2012.

(彭旭彤 于荣霞)

# 第六讲 《素问·阴阳离合论》

## 一、教学目标

（一）课程思政教学目标

1. 通过对原文的学习，理解阴阳的对立统一是天地运动变化的根本规律（教学），以及大道至简的哲学道理，在面对现实生活中的复杂变化时，要不忘初心，专心致志，摒除杂念，用平和的心态淡然处之（思政）。

2. 通过观看视频和解读原文，让学生理解天地阴阳有序运转所带来的生机，加深其对变易思维的认识（教学）；教育学生要尊重自然，并感恩大自然对我们的给予；让学生学会适应并享受变化，顺其自然，突破自我（思政）。

3. 通过学习原文，让学生掌握三阴三阳经脉的离合及各经的起止点，以及三阴三阳经脉的作用。通过对经脉的学习，加深学生对阴阳学说的理解（教学），以及对整体观的理解，以此引导学生在团体中要团结和谐，各司其职，担负起自己的责任，以"舍小我，为大我"的精神，为社会无私奉献。从原文学习中让学生体会中医独特的思维理论，培养其中医思辨精神，并能客观看待古人的智慧，增强文化自信（思政）。

（二）课程思政教学目标的体现

1. 本文论述了阴阳的对立统一是天地运动变化的根本规律。虽然阴阳在事物中可以无穷无尽的分类，但它的规律只有一个，就是对立统一。以此引导学生要透过现象看本质，理解大道至简原则，提高学习效率。

2. 本文论述了天地四时在阴阳变化，动而不息中孕育了万物，通过观看视频让学生明白人是自然的一部分，要懂得感恩自然，遵循客观规律，保护环境；其次，面对变化，不要逃避，要适应和享受变化，在变化中寻求机遇开拓创新。

3. 本文介绍了三阴三阳经脉的离合及各经的起止点，以及三阴三阳经脉的作用，体现了中医学整体观的特点和形气阴阳的辩证关系。以此引导学生在团体中要团结和谐,各司其职,担负起自己的责任,以"舍小我,为大我"的精神,为社会无私奉献。从对原文的学习中,让学生体会中医独特的思维理论,培养其中医思辨精神,并能客观看待古人的智慧,增强文化自信。

## 二、课程思政案例内容

（一）案例引出

课堂活动：观看本课的课前资料,并提问以引发学生的思考。

> 1. 提问：通过学习原文,你感悟到哪些中医哲学思想？
> 2. 提问：观看视频,说一说你认为作品所表达的含义是什么？

（二）案例内容

1. 案例形式：视频、文本＋讲授。
2. 展示材料：名言、视频：童文敏行为艺术《草坪》。
3. 让我们一起来总结这些视频、图片带给我们的启示。

（1）原文"阴阳者,数之可十,推之可百,数之可万,万之大,不可胜数,然其要一也",说明阴阳具有相对性,事物的对立统一性在自然界是无穷无尽的,然而他们都具有对立统一的要旨,我们可以运用对立统一的规律来解释事物的千变万化,以不变应万变。所谓"万物之始,大道至简,衍化至繁"。大道至简,追本溯源,是在面对现实生活中的复杂变化时,要不忘初心,专心致志,摒除杂念,用平和的心态淡然处之。

（2）原文"天覆地载,万物方生""阳与之正,阴为之主,故生因春,长因夏,收因秋,藏因冬,失常则天地四塞""阴阳𩆜重,积传为一周",体现了阴阳的动而不息,天地交感的化生万物。阴阳的恒动变化体现了变易思维,事物都处于运动当中,恒动使事物变得生生不息,人生在于运动,既然变化是绝对的,那我们要适应变化,在变化中不断突破自我。《周易·咸彖》"天地感而万物化生",正因为天地阴阳二气的交感,生命才得以孕育,我们要对自然保持感恩之心,歌颂自然的无私与宽广。同时,也提示我们要保护自然,敬畏自然。本文将圣人融于天地之中,通过感受自然中方位的阴阳变化,以此为基础来论述阴阳的离合。课前资料中的视频内容是童文敏的行为艺术《草坪》,童文敏穿着草皮缝制的衣服躺在草坪里,像是与大地融为一体,作品让人类感受到了大地生生不息,表达了人与自然的息息相关,人是自然的一部分。细心体会天地间的规律,并与之相顺,以追求延年益寿的养生效果,以及天人合一的心境和顺势而为的道。

(3) 本文蕴含的古代哲学的思辨智慧,有利于我们对中医理论的进一步理解并为临床实践打下基础。首先,在三阳脉与三阴脉层面,本文名为"阴阳离合论",分而论之谓之离,合而论之谓之合,以此理论来分析经脉的三阴三阳。原文"是故三阳之离合也,太阳为开,阳明为阖,少阳为枢"与"是故三阴之离合也,太阴为开,厥阴为阖,少阴为枢"分别介绍了三阴经与三阳经各自的作用,分而论之为离;原文"三经者,不得相失也,搏而勿浮,命曰一阳"与"三经者,不得相失也,搏而勿沉,名曰一阴"强调了三阴经与三阳经各为一个整体不能相互脱节,只有相互协调才能发挥出应有的功能。其次,在十二经脉层面,原文"阴阳𩅥𩅥,积传为一周"论述阴阳之气在体内运行不息,周而复始。正如《灵枢·营卫生会》中所说的"阴阳相贯,如环无端",十二经脉在人体交接,运行气血,联络脏腑,沟通内外,贯穿上下,将人体连接成一个统一的有机整体。最后,在经脉表里层面,原文"外者为阳,内者为阴"与"气里形表而为相成也"论述了阴阳经脉互为表里、相辅相成的关系。脏腑经脉相互络属、表里相合的关系体现了人是一个有机整体。此外,文中也提到了形与气的辩证关系,人是一个形与气的整体,人的身体靠气的运动变化而生生不息,气只有寄托于人体才能发挥功能,正如《素问·六微旨大论》中所说:"故器者生化之宇,器散则分之,生化息矣。"形与气不仅要相辅相成,还要保持平衡。《灵枢·寿夭刚柔》载:"黄帝曰:'形气之相胜,以立寿夭奈何?'伯高答曰:'平人而气胜形者寿;病而形肉脱,气胜形者死,形胜气者危矣。'"与西医不同,中医治病的特点就是注重人体气的变化,与形体共同审查,重视形气整体协调,而西医以形为主。同样,将形与气与阴阳相联系,即阴阳也要保持协调平和,只有协调平和人体各方面功能才能保持正常。正如原文中所说"阳与之正,阴为之主",阴阳各司其职维持人体生命活动的稳定。引申到思政上来说,文中多处体现整体观的思想,以此引导学生在团体中要团结和谐,各司其职,担负起自己的责任,以"舍小我,为大我"的精神,为社会无私奉献。从原文学习中使学生体会中医独特的思维理论,培养其中医思辨精神,并能客观看待古人的智慧,增强文化自信。

## 三、分析讲解

（一）重点分析：案例与本讲内容的关联度

本讲的内容是"阴阳离合论"，本篇论述了阴阳对立统一的法则，以及其千变万化的灵活运用，并将经脉析为三阴三阳，分而论之则为离，其作用又应相互协调，并而论之则为合，故名阴阳离合论。本篇论述了阴阳的运用可以推至千万，但其要领却只有一个，即阴阳的对立和统一，三阴三阳经脉的离合和作用，以及各经的起止点。课程思政案例中的名言、视频：童文敏行为艺术《草坪》等内容，与本讲的协调之治的内容是完全契合的。通过学生案例前的讨论，并结合最后的总结和升华，让学生对"十二脏腑的主要功能"和医者的大局观、团队协作及领导力的认识得到提升。本讲案例的引入非常契合本节课的教学内容和教学目标，不仅能够激发学生的理论学习兴趣，使其吸收古代哲学的精髓，以及提升思想境界，还能使其利用所学的专业理论、思想，在现实生活中发挥个人价值。

（二）如何达成课程思政预期目标：采取适宜的教学方法和教学模式

1. 通过提问的方式进行案例导入，创设问题情境，启发学生思考问题，使学生能够在历史知识积累的背景下思考问题。问题意识既是一种心理品质，也是一种思维习惯，它的培养和形成需要不断的刺激和强化。

2. 通过案例材料的阅读，既能加深学生对中医知识的印象，又能起到立德树人的作用；既能使学生感受到中国传统文化的魅力，又能厚植其家国情怀。

3. 使用讲授法，在案例后进行总结，即大医需具备"上知天文、下知地理、中知人事"。使用讲授法，并在案例后进行总结，根据本课程内容的讲解，使学生在自然科学与人文科学之间搭建桥梁，体悟中医知识与古代哲学思想之间的联系。结合案例材料，让学生体会中医文化在社会人文中的体现及实际意义，进而使其更加深刻意识到生命的整体性和合而为一的功能性的价值，帮助学生厚植家国情感，奉献社会，提升自身修养，增强文化自信。

（彭旭彤　于荣霞）

# 第七讲 《素问·阴阳别论》

## 一、教学目标

### （一）课程思政教学目标

1. 通过原文的解读，让大家理解阴脉与阳脉及其辨别，体会以常衡变的诊断原则（教学）；感悟大道至简的智慧，教导学生在学习生活中追求简的境界，从而以不变应万变，在为人处世中学会灵活变通（思政）。

2. 通过原文的学习，掌握脉象与四时的对应关系，加深学生对中医象思维的理解（教学）；通过阅读古典诗词，感受中国传统文化的含蓄美与中医"藏"的智慧，教育学生要为人谦虚谨慎，提高道德修养，追求知行合一的境界，赞扬传统文化之美（思政）。

3. 理解原文中阴阳学说的论述，将理论与实践相融合，理解阴阳平衡在临床实践中的应用（教学），并从中感悟"中和"文化的魅力，即以不偏不倚的中庸思想对待事物，强调和谐的重要性。

### （二）课程思政教学目标的体现

1. 通过原文内容的讲解，使学生认识到阴阳的对立统一规律是诊病的根本，同时引用事例说明"简"的重要性，让学生明白大道至简的智慧。互联网时代信息的快速获取使人们的耐心降低，进一步说明现代人有从"简"的必要性，以降低杂念与欲望，保持一颗恬淡的心，有利于增强学生的抗压能力和直面困难的勇气。

2. 通过原文中对"钩""毛""弦""石""溜"脉象的形象描写，体现出中医学象思维的特点。原文中正常人的脉象有胃气，而病情危急的人真脏脉暴露于外，从中医学中这种"藏"的思想的构建，可联想到中国传统文化的含蓄之美。通过运用古诗，不仅使学生了解了中国传统文化的特点，增强了文化认同感，而且还可以引导学生从"藏"中分析道理，要求学生通过"藏德"以做到谦虚谨慎,追求知行合一的境界。

3. 原文中论述了阴阳平衡的重要性,而案例中又引用《伤寒论》条文以说明阴阳学说在遣方用药中的应用,让学生意识到中医哲学思想的重要作用,培养学生的中医思辨精神。由阴阳和合思想本是"中和"文化渗透的一种体现,进而说明"中和"文化在现实生活中的运用,引出思政目标。

## 二、课程思政案例内容

(一)案例引出

课堂活动:观看本课的课前资料,并提问以引发学生思考。

> 1. 提问:阅读资料,你能想到什么道理?
> 2. 提问:阅读诗词,思考一下古典诗词中的含蓄之美可以与什么中医理论相联系?
> 3. 提问:阅读《伤寒论》条文,谈一谈桂枝汤证的主治?

(二)案例内容

1. 案例形式:视频、文本+讲授。

2. 展示材料:

(1)事例引用:清朝乾隆年间,湖北江夏有一位叫汤云山的人,活到141岁。有人请教这位长寿者长寿的秘诀,他的回答非常简单,就是4个字"心宁善睡",意即心态平和宁静,晚上睡个好觉。而三国时的诸葛亮,众人皆知是智慧的化身,在三强纷争的时代纵横捭阖、用兵如神,创造了一个又一个军事奇迹,刘备死后,他率师远征,六出祁山,最终累死在五丈原,年仅54岁。[1]

(2)白居易《琵琶行》"千呼万唤始出来,犹抱琵琶半遮面""别有忧愁暗恨生,此处无声胜有声。"

秦观《浣溪沙》"漠漠清寒上小楼,晓阴无赖似穷秋,淡烟流水画屏幽。自在飞花轻似梦,无边丝雨细如愁,宝帘先挂小银钩"。

(3)《伤寒论》"太阳中风,阳浮而阴弱。阳浮者,热自发;阴弱者,汗自出。

啬啬恶寒,淅淅恶风,翕翕发热,鼻鸣干呕者,桂枝汤主之"。

3. 让我们一起来总结这些视频、图片带给我们的启示。

(1) 原文中"三阳在头,三阴在手,所谓一也"与"谨熟阴阳,无与众谋。所谓阴阳者,去者为阴,至者为阳;静者为阴,动者为阳;迟者为阴,数者为阳",说明只要掌握了阴阳对立统一的规律,就可以辨别阴脉与阳脉、"死生之期"、"病处"和"忌时",反映了大道至简的道理。引用事例中汤云山与诸葛亮的寿命形成对比,实质上正是简与繁的对比。简的修行使心灵纯粹,减少欲望,养心葆神。现代人处于信息发达的时代,手机上各种消息纷繁复杂,短视频花样繁多,博人眼球,长期处于这种快速而被动的信息刺激中,使人们注意力降低,长久坚持一件低快感的事变得困难,这种状况对人们来说显然是不利的。无论是对于中医理论的学习还是生活,我们应该注重追求简的境界,去繁求简,从简中寻找人生真谛。其次,简是至真的智慧,原文中"谨熟阴阳,无与众谋",说明熟知了阴阳的规律,就可以独自解决问题。正如《素问·阴阳应象大论》中所说"治病必求于本",告诉我们要善于发现事物的本质,提高效率。此外,至简则能查变,以不变应万变。原文中"别于阳者,知病处也;别于阴者,知死生之期"体现了中医诊断的基本原理:以常衡变,即在认识正常的基础上,辨别、发现太过、不及的异常变化,其告诉我们要学会举一反三,灵活变通地解决问题。

(2) 原文"鼓一阳曰钩,鼓一阴曰毛,鼓阳胜急曰弦,鼓阳至而绝曰石,阴阳相过曰溜"中"钩""毛""弦""石""溜"形象地描写了脉的特点,体现了中医独特的象思维模式,有"立象以尽意"的美感。传统象思维的认识论和方法论对中医学理论产生了深远的影响,理解掌握中医象思维对于中医学理论的学习、临床实践活动,以及未来的创新发展具有重要意义。原文"所谓阴者,真脏也,见则为败,败必死也"体现了脉象"藏"的重要性。在中医诊断中,"藏"具有重要意义,如健康面色为红黄隐隐,明润含蓄,疾病状态下病色才会显露;在自然规律的描述中,《素问·四气调神大论》"天气,清净光明者也,藏德不止,故不下也。天明则日月不明,邪害空窍,阳气者闭塞,地气者冒明",说明天要藏德自然才能正常运转,天不藏德导致四时失序,阴阳逆乱。中医中的"藏"与中国传统文化中的含蓄美有相似性,在案例材料中的诗歌将中国古典含蓄美体现得淋漓尽致,这表现出了中医思维的形成与中国传统文化的深厚渊源。因此,要提示学生行事要谦虚谨慎,要"藏德"于心,内化于行,追求知行合一的境界。此外,让学生感受传统文化"润物细无声"的智慧,传承和发扬中华优秀传统文化。

（3）原文中"阴之所生，和本曰和。是故刚与刚，阳气破散，阴气乃消亡；淖则刚柔不和，经气乃绝"，体现了阴阳和合的重要性。阴阳平衡是人体生命活动正常进行的前提，阴阳失衡会引起疾病，如原文中提到"阴争于内，阳扰于外，魄汗未藏，四逆而起""阳加于阴谓之汗"，阴阳失和导致人体出现问题，文中关于阴阳理论的介绍为后世治疗疾病提供理论依据，如桂枝汤可治疗卫强营弱的营卫不和之证，其通过调节体内的阴阳不和以治疗疾病。阴阳平衡蕴含中国传统的"中和"思想，提示我们要追求不偏不倚的中庸境界，保持中立态度以对事件进行客观分析。在这个竞争激烈的时代，学生要学会与自己和解，与他人和谐相处，实现自身对内与对外的双重和谐。此外，我国与他国相处所坚持的和平共处五项原则，也表现出"中和"文化在国家政策上的运用，体现了大国智慧。

## 三、分析讲解

（一）重点分析：案例与本讲内容的关联度

本讲的内容是"阴阳别论"，本篇所论阴阳，重在分析脉象的属性和经脉发病的病候与病理，因其有别于其他讨论阴阳的篇章，故名阴阳别论。本篇论述脉象与四时的相应关系，以及某些脉象的主病和预后，某些经脉的病理表现及其传变与预后。课程思政案例中的事例引用、中国古典诗词和《伤寒论》条文等内容，与本讲的协调之治的内容是完全契合的。同时，课程思政案例将中国传统文化与中医学理论相联系，展现了中国传统文化的魅力。通过学生案例前的讨论，并结合最后的总结和升华，让学生对中医象思维、以常衡变的诊断原则和"中和"文化的认识得到提升。本案例的引入非常契合本节课的教学内容和教学目标，不仅能够激发学生的理论学习兴趣，使其吸收古代哲学的精髓，并提升思想境界，而且还能使其利用所学习的专业理论、思想，在现实生活中发挥个人价值。

（二）如何达成课程思政预期目标：采取适宜的教学方法和教学模式

1. 通过提问的方式进行案例导入，创设问题情境，启发学生思考问题，使学生能够在一定历史知识积累的背景下思考问题。问题意识是一种心理品质，也是一种思维习惯，它的培养和形成需要不断的刺激和强化。

2.通过案例材料的阅读，既能加深学生对中医知识的印象，又能起到立德树人的作用；既能使学生感受中国传统文化的魅力，又能厚植其家国情怀。

3.使用讲授法，在案例后进行总结，即大医需具备"上知天文、下知地理、中知人事"的能力。使用讲授法，在案例后进行总结，根据本节课程内容的讲解，使学生在自然科学与人文科学之间搭建桥梁，体悟中医知识与古代哲学思想之间的联系。结合案例材料，让学生体会中医文化在社会人文中的体现及实际意义，使其更加深刻意识到生命的整体性和合而为一的功能性的价值，帮助学生厚植家国情怀，提升自身修养，增强文化自信，进而奉献社会。

## 参考文献

[1] 雷钟祥.大道至简[J].中国道教,2012(04)：54.

（彭旭彤　于荣霞）

# 第八讲 《灵枢·终始》

## 一、教学目标

### （一）课程思政教学目标

1. 通过学习原文，让学生掌握中医"因势利导"的重要思想（教学），鼓励学生要学会顺从时代趋势，抓住时机，与时俱进，以提高自身价值（思政）。

2. 通过原文的学习，让学生了解针刺达到效果的标准，治疗依据以及针刺的灵活应变（教学），体悟中医治病求本的思想，引导学生要透过现象看本质，并做到具体事情具体分析，学会举一反三（思政）。

3. 通过学习原文，让学生掌握何为平人（教学），鼓励学生思考"平"的魅力与智慧（思政）。

4. 通过案例展示与原文学习，让学生体悟古人对真理的渴求，对学问的珍重与传承，对医德医术的重视，教育学生要对古代先贤抱有感恩之心，对中国传统文化保持敬畏之心，要肩负起传承和发展中医药的责任，践行大医精诚精神。

### （二）课程思政教学目标的体现

1. 本篇原文"传之后世，以血为盟，敬之者昌，慢之者亡，无道行私，必得夭殃"，体现了古人对文化传承的态度；宣传片《我们的中医药》梳理了中医药从古至今的发展历史，讲述了国家对中医药发展的大力支持，绘制了中医药发展的宏伟蓝图，让学生体会到我们正处于中医药发展的黄金时期，我们有良好的发展环境，要抓住机遇，迎接挑战，推动中医药事业向前发展。

2. 本篇原文"必先通十二经脉之所生病，而后可得传于终始矣""深居静处，占神往来""粗工勿察，是谓伐身"，体现了古代对医者职业素养的重视程度；从课上所引出的一些中国中医药大学的校训，发现很多学校都重视对学生仁医仁术的培养，由此以引导学生提高自己的专业素养与道德素养，践行大医精诚精神。

## 二、课程思政案例内容

（一）案例引出

课堂活动：观看本课的课前资料，并提问以引发学生思考。

> 1. 提问：观看视频，谈一谈感想。
> 2. 提问：阅读原文，从校训中我们可以看出学校注重培养什么样的中医药人才。

（二）案例内容

1. 案例形式：视频、文本＋讲授。
2. 展示材料：

（1）视频：国家级中医药宣传片——《我们的中医药》。

（2）部分中国中医药大学校训：北京中医药大学"勤求博采，厚德济生"；广州中医药大学"厚德博学、精诚济世"；天津中医药大学"进德修业，继承创新"；成都中医药大学"厚德、博学、精思、笃行"；黑龙江中医药大学"勤奋求真、博采创新"；河南中医药大学"厚德博学，承古拓新"；山东中医药大学"厚德怀仁、博学笃行"；辽宁中医药大学"厚德博学、继承创新"；长春中医药大学"启古纳今、厚德精术"。

3. 让我们一起来总结这些视频、图片带给我们的启示。

（1）本篇论述涉及"因势利导"的中医思想，通过掌握病情状况，借助天时达到治疗目的。原文"故泻者迎之，补者随之，知迎知随，气可令和""阴盛而阳虚，先补其阳，后泻其阴而和之。阴虚而阳盛，先补其阴，后泻其阳而和之"，体现了顺应其病性的治疗理念，通过确定疾病的虚实来确定针刺的补泻方法。原文"病痛者阴也，痛而以手按之不得者阴也，深刺之；痒者阳也，浅刺之"，体现了顺病位治疗的理念，即病在里者，用深刺的方法，病在表者，用浅刺的方法。原文"谨奉天道，请言终始""春气在毫毛，夏气在皮肤，秋气在分肉，冬气在筋骨。刺此病者,各以其时为齐",体现了针刺治疗顺应天时的思想,人与天地相参,在治疗时,要顺应自然规律,以达到天时地利人和的效果,正如《道德经·第二十五章》所言:"人法地,地法天,天法道,道法自然"。我们要善于利用自然规律,把握当今时代推动中医药文化发展的大势,抓住机遇,与时俱进,以加快自身价值的实现,推动中医药文化的传承发展。

(2) 原文论述了针刺治疗要以脉象调和、针下得气为治疗标准,以终始的内涵、脉象的虚实、疾病初起的部位为治疗依据,并在此基础上根据病人的体质、病位、季节的不同采用相应的治法。由此,告诉学生要善于挖掘事物的本质,并学会具体问题具体分析,灵活处理,达到举一反三的效果。

(3) 原文中"所谓平人者不病,不病者,脉口人迎应四时也,上下相应而俱往来也,六经之脉不结动也,本末之寒温之相守司也。形肉血气必相称也,是谓平人",描述了平人的脉象的具体状况。从中我们可以看出一种"平"的智慧,其是一种没有张扬的舒适美,恰如《道德经》中所说的"挫其锐,解其纷,和其光,同其尘,湛兮,似或存"。同样,当我们与他人相处时,也要学会以温和谦逊的态度对待每个人,追求令人"如沐春风"的境界,力求达到"润物细无声"的效果,这是一种甘于隐匿、平凡和谐的艺术,没有特立独行,没有有意炫耀,没有刻意讨好,是一种自信自强的生活状态。

(4) 原文"传之后世,以血为盟,敬之者昌,慢之者亡,无道行私,必得夭殃",体现了古人传承优秀文化的态度和决心,启示我们要努力继承和发扬中医药文化,以感恩敬畏的心态学习经典,对待中国文化遗产,以不辜负先辈们一代代的薪火传承。原文"必先通十二经脉之所生病,而后可得传于终始矣""深居静处,占神往来""粗工勿察,是谓伐身",论述了医生要具备渊博的知识、精湛的医疗技术,以及高度的专注力和谦虚谨慎的诊疗态度,其告诉我们要认识和践行大医精诚精神,以患者的生命为重,践行仁医仁术,提升自身道德修养。

## 三、分析讲解

(一) 重点分析:案例与本讲内容的关联度

本讲的内容是"终始",论述了在针刺治疗时要认识到终始的含义、脉象的变化,并根据病位体质季节等不同情况确定针刺手法。本讲的课程思政案例是国家级中医药宣传片——《我们的中医药》，以及部分中医药大学的校训，其和本讲课的内容是完全契合的。本讲案例的引入非常契合本节课的教学内容和教学目标，不仅能够激发学生的理论学习兴趣，使其吸收古代哲学的精髓，并提升思想境界，而且还能使其利用所学的专业理论、思想，在现实生活中发挥个人价值。

（二）如何达成课程思政预期目标：采取适宜的教学方法和教学模式

1. 通过提问的方式进行案例导入，创设问题情境，启发学生思考问题，使学生能够在一定历史知识积累的背景下思考问题。问题意识既是一种心理品质，也是一种思维习惯，它的培养和形成需要不断的刺激和强化。

2. 通过案例材料的阅读，既能加深学生对中医知识的印象，又能起到立德树人的作用；既能使学生感受到中国传统文化的魅力，又能厚植其家国情怀。

3. 使用讲授法，在案例后进行总结，即大医需具备"上知天文、下知地理、中知人事"的能力。使用讲授法，并在案例后进行总结，根据本节课程内容的讲解，使学生在自然科学与人文科学之间搭建桥梁，体悟中医知识与古代哲学思想之间的联系。结合案例材料，让学生体会中医文化在社会人文中的体现及实际意义，使其更加深刻意识到生命的整体性和合而为一的功能性的价值，帮助学生厚植家国情怀，提升自身修养，增强文化自信，进而奉献社会。

（彭旭彤　于荣霞）

# 第三篇　古圣贤哲学文化篇

## 第一讲　《素问·至真要大论》(一)

### 一、教学目标

(一)课程思政教学目标

1. 通过视频观看和讨论,让学生掌握"脉从而病反"的诊治原则、临床表现,通晓气的分类与人体的对应关系,进一步领会胜气、复气对疾病发生的影响(教学),感悟中医"至道在微"的思想和"细节决定成败"的理念,在通晓"贵以贱为本,高以下为基"的基础上,脚踏实地,注重积累,在实践过程中提升个人思想境界(思政)。

2. 通过原文的学习,使学生掌握自然变化之道,学习三阴三阳划分的依据与治病准则,体会"其终可见,其始可知"的意义。在掌握药物的阴阳和配方原则的基础上使学生学会用药性与五脏、五气的关系来治病(教学),引导并培养其观察能力,以及了解天人合一、心神相应理念,激发其对自然的敬畏感(思政)。

(二)课程思政教学目标的体现

1. 通过对原文内容的观看和讲解,让学生感悟在诊治患者过程中观察微细之处的重要性,若医生不用心体察病情的话,可能出现误治、错治的现象,延误病情,罪过甚大。同时,对学生来讲能使其更加深刻意识到具备中医思维和良好修养的价值,有利于其知行合一理念的践行和致虚守静等崇高、澄明境界的培养,使其在感悟古人"视患为亲""大医精诚"情怀的同时,坚定个人信念,促进专业能力的提升。

2. 通过对自然环境的细心观察和对相关知识的学习,提升学生个人对气候变化的把握程度和预测能力,以此让学生感悟自然的玄秘奥妙和中医"天人合一,人神相应"的理念,激发其对自然的敬畏和感恩之心。在此基础上,中医在临床上可灵活应用气候知识起方开药,根据个人体质制定合适的治疗方案,做好疾病预测,提醒患者注意防范。除此之外,中医还可根据相应气候和历法知识对异常气候和灾难的预测提供有效帮助。这有利于帮助学生坚定我们的文化自信,培养其对传统文化的求知精神。

## 二、课程思政案例内容

(一)案例引出

课堂活动:

> 1. 提问:请各位同学思考生活中有哪些"细节决定成败"的案例。
> 2. 提问:具有良好的个人修养在工作生活中有什么优势?
> 3. 提问:在生活中你曾经是否观察到有趣或奇妙的自然现象,有的话是什么?

通过学生的不同回答,引出本课的课前视频、图片资料——明朝御医薛立斋反治法医案、"大树将军"冯异的故事、二十四节气对生活的指导实践。

(二)案例内容

1. 案例形式:视频、图片+讲授。

2. 视频、图片名称:明朝御医薛立斋反治法医案、"大树将军"冯异的故事、二十四节气对生活的指导实践。

3. 让我们一起总结这些视频、图片带给我们的启示。

(1) 从历史上明朝御医薛立斋给韩州用反治法治病的案例,认真探查其病因病机,用心感悟患者临床表现的细微之处。薛立斋对其脉象的描述正应文中"脉至而从,按之不鼓,诸阳然",结合"知标与本……不知是者,不足以言诊,足以乱经",理解在"伏其所主,而先其所因"基础上诊治方有疗效的事实,掌握并熟练运用"细节之处见成败"的哲理,以促进学生中医思维的建立和个人境界的提升(思政)。

(2)感悟"故治病者,必明六化分治,五味五色所生,五藏所宜,乃可以言盈虚病生之绪也""上淫于下,所胜平之,外淫于内,所胜治之""高者抑之,下者举之,有余折之,不足补之……同者逆之,异者从之"等治疗原则中蕴含的哲学智慧和岐伯为黄帝解惑时所处的虚静状态。

"致虚极,守静笃"(《道德经》),"虚静"二字都是形容心境的空且静。但诱惑所在,私欲渐起,由此心灵便不安,这时应注意"致虚"和"守静",以平复心灵。身为医者,只有在心空明宁静之时对患者病情的体察才更为准确,诊治才有更高的疗效。因此,医者更应修身养性,保持内心的空灵,开启更高时空的智慧,如此才不负为医之道。

(3)"其终可见,其始可知",这是对度察自然气候所具之效的概括。而二十四节气正是古人在观察自然气候基础上总结的规律,是劳动人民智慧的结晶,至今已有千年,它反映了气候、物候、时令的变化,对百姓的农作和生活具有极其重要的指导意义。身为中医,应当传承并发扬中国传统文化,徜徉在浩瀚古籍中,细心观察自然气候变化所对应的人身发生的变化,从"司岁备物,则无遗主矣""司气者主岁同,然有余不足也""天地之专精也""散也,故质同而异等也……此之谓也"中,体会得岁气、司岁运及不得司岁之气所生化药物的差别,结合"身半以上,其气三矣……皆如复气为法也"感悟"天人合一,人身相应"理念,坚定我们的文化自信。

(4)读简要之语,悟精微之理。无论是岐伯对黄帝"脉从而病反者,其诊何如"等问题的回答,抑或是对诸如《大要》等经典的引入,其共通之点便是语言精简,字字珠玑,不乏自然对称之美。因此,要引导学生体会原文中"病机十九条"的核心思想,以及其在阐释六气致病机理、指导临床辨证的同时所蕴含的语言智慧。

## 三、分析讲解

(一)重点分析:案例与本讲内容的关联度

本讲的内容围绕致虚守静、用心感应、至道在微及细节决定成败的思政点展开。《至真要大论》中黄帝与岐伯之间关于脉证从反等问题的探讨,对反治法临床应用的描述以及经典中对气候的表述,作者认为这些内容至关重要,乃以《至真要大论》冠之。本讲课程思政的案例有明朝御医薛立斋反治法医案、"大树将军"冯异的故事、二十四节气对生活的指导实践,这些内容与本讲的自我提升的内容是完全契合的。通过学生案例前的讨论,并结合最后的总结升华,让学生对"至道在微"的理念和为医者的专业素养、个人能力和传统文化的认识得到提升,表现在:① 学生能够认识到致虚守静的重要性并在工作生活中加以实践;② 学生能够从医案古籍里获取经验,提升个人专业能力;③ 学生能够体悟传统文化中"天人合一"理念对社会生产生活的指导意义。本案例的引入非常契合本节课的教学内容和教学目标,不仅能够激发学生的理论学习兴趣,使其吸收古代哲学的精髓和古人智慧,以及提升思想境界,坚定文化自信,而且还能使其利用所学的专业理论、思想,在现实生活中发挥个人价值。

(二)如何达成课程思政预期目标:采取适宜的教学方法和教学模式

1. 通过提问的方式进行案例导入,创设问题情境,启发学生思考问题,使学生能够在具有历史知识积累的背景下思考问题。

2. 使用视频《二十四节气》,让学生能切身感受到古人对气候时令的观察能力和顺应自然的生活智慧。同时,观看视频也能让学生在脑海中先形成一个直观意识,有利于提高其对传统文化的认同感,坚定学生的文化自信心。

3. 使用讲授法,在案例后进行总结,即大医具备"上知天文,下知地理,中知人事"的能力。通过"脉至而从,按之不鼓,诸阳皆然""脉至而从,按之鼓甚而盛也""彼春之暖,为夏之暑,彼秋之忿,为冬之怒,谨按四维,斥候皆归,其终可见,其始可知。此之谓也""热因寒用,寒因热用,塞因塞用,通因通用,必伏其所主……可使必已"这些内容,在现代生活与传统文化之间搭建桥梁,使学生体会古人的智慧和哲学思维。结合视频及图片,使学生感受恬淡虚无的思想及传统文化在哲学、生命及社会人文中的体现和实际意义,使其更加深刻认识到具备中医思维和良好修养的价值,帮助学生践行知行合一的理念,培养其致虚守静的崇高、澄明境界,使学生在感悟古人"视患为亲""大医精诚"情怀的同时,坚定个人信念,促进专业能力的提升。

(林 荣 贾永森)

# 第二讲 《灵枢·病本》

## 一、教学目标

（一）课程思政教学目标

1. 通过视频观看和讨论，让学生掌握"治病必求于本"的基本原则，并列举了七种先病和后病的情况，根据治标和治本的先后，阐明中医标与本的重要治疗原则（教学）；感悟标本中的唯物论思想、辩证法思想，以及先后的哲学内涵，加强学生对于标本的认识，强调主要矛盾的存在和发展，规定或影响着次要矛盾的存在和发展，对次要矛盾起着主导及决定性的作用，表明抓住主要矛盾是解决次要矛盾的关键（思政）。

2. 通过原文的学习，掌握治疗过程中恒变的作用，让学生体会"谨详察间甚，以意调之，间者并行，甚为独行"的意义（教学）；对于国家、集体、团队等管理方面的智慧，领导者的领导力，对主次、本质与现象、因果、轻重与缓急、标本等诸种关系而言，要分清轻重缓急，设计优先顺序，先优急务，优先速度，应权通变，有条有理，轻重缓急（思政）。

（二）课程思政教学目标的体现

1. 本篇论述"治病必求于本"，并列举了七种先病和后病的情况，根据治标和治本的先后，阐明中医标与本的重要治疗原则。通过对这些内容的观看与讲解，帮助学生深刻理解标本中的唯物论思想、辩证法思想以及先后的哲学内涵。同时，标本包含了矛盾的主次关系。本，即指主要矛盾，即对事物内部起主要作用的矛盾。标，即次要矛盾，即处于从属地位的矛盾。抓住主要矛盾是解决次要矛盾的关键，所以要善于抓主要矛盾。

2. 强调治理过程中恒变的作用，深刻认识"谨详察间甚，以意调之，间者并行，甚为独行"的恒变思维，让学生感受治疗的灵活性。在治疗当中要"谨察病机"，即谨慎地观察病情变化的深浅、轻重等情况，根据客观的具体情况，"随证治之"。病情轻缓者,可标本同治;病情深重者,则"优先根本",要从主要矛盾的一个主要方面着手。对于标与本的判断,要因人而变,灵活自如,随机应变,具备恒变思维。恒变思维告诉我们,要认识到事件中的紧急要素,分清轻重缓急,设计优先顺序。由此,从而引出民众在国家里的重要地位,体现了"以人为本"的思想。"以人为本"是充分尊重民意,是坚持依靠群众,坚信群众的智慧、认知水平和判断能力。

## 二、课程思政案例内容

（一）案例引出

课堂活动：

> 1. 提问：标本理论在治疗方面有哪些应用？
> 2. 提问：中国古代民本思想。
> 3. 提问：治疗中的标本的原则是什么？

通过学生的不同回答,引出本课的课前视频、图片资料以及相关文学资料——标本原则分析、古代民本思想举隅、标本理论在治疗方面的应用。

（二）案例内容

1. 案例形式：视频、图片+讲授、PPT展示。
2. 视频、图片名称：标本原则分析、古代民本思想举隅、标本理论在治疗方面的应用。
3. 让我们一起来总结这些视频、图片带给我们的启示。

（1）强调治理过程中恒变的作用,尤其是对于国家、集体、团队等管理方面的智慧,通过领导者的领导力来深刻认识"谨详察间甚,以意调之,间者并行,甚为独行"的恒变思维,让学生感受治理的灵活性（思政）,了解中医标本理论及治疗原则,以及什么是先病和后病（教学）。

（2）古代民本思想

"以人为本"作为贯穿中国传统文化始终的重要思想,处处体现着中国古代的治理思想,千百年来,生生不息,薪火相传,并一步一步渗透,传递着岁月无法消磨的内在价值和生命力。从古代思想到现代理念,从心之所向到治国理政,从传统文化到人类文明,"以人为本"的大道,息息相通、脉脉相连。这也是当今社会共建人类命运共同体的题中应有之义(思政)。

(3) 治疗过程中的标本原则

① 先治本病,缓则治本

缓则治本,即在病情缓和、病势迁延,暂无急重病的情况,着眼于疾病的本质治疗。一般地说,"治病必求于本",先将根本性疾病消除,后病者自然就消除。如痨病肺肾阴虚之咳嗽,应滋养肺肾以治本;气虚自汗,应补气以治本。先病旧疾为本,后病新感为标。对于新感已愈而转旧疾,均缓则治本。

② 急则治标

标本先后的治疗原则亦有所取舍,即标病急重,则当先治急治标。"先热而后生中满者治其标""先病而后生中满者治其标""小大不利治其标"等均揭示出在疾病的发展转归过程中,在标病成急成重,标病成为主要矛盾或矛盾的主要方面时,当治标治急,正如"盖二便不通,乃危急之候,虽为标病,此所谓急则治其标也"。如大出血患者应紧急止血以治标。有时标病虽不危急,但若不治标,将影响本病治疗,也应先治其标。由此,提示我们在诊治疾病过程中要分清主要矛盾和次要矛盾,并能及时解决疾病问题中的主要矛盾。

③ 间者并行

间者并行,即标本并重或标本均不太急,当标本同治兼治。从临床实际情况看,病证属纯阳阴虚实者少之又少,虚实夹杂、表里同病、新旧同病者较多。在这些情况下,应标本同治。此外,还应分析标本成分,或治标顾本,或治本顾标,或标本齐顾。如扶正祛邪、表里双解等(教学)。

## 三、分析讲解

(一) 重点分析:案例与本讲内容的关联度

病本是指疾病的根本。文中指出"治病必求于本",并列举了七种先病和后病的情况,根据治标和治本的先后,阐明中医标与本的重要治疗原则,故篇名为"病本"。课程思政案例中对标本原则的分析、古代民本思想举隅、标本理论在治疗方面的应用,与本讲的协调之治内容是完全契合的。同时,课程思政案例也把"治病必求于本"及所列举的七种先病和后病的情况,以及根据治标和治本的先后,所阐明的中医标与本的重要治疗原则展现了出来。通过学生案例前的讨论,并结合最后的总结和升华,让学生的恒变思想和医者的唯物论思想、辩证法思想以及先后的哲学内涵均得到提升,表现在:① 学生能够掌握治疗过程中恒变的作用,能体会"谨详察间甚,以意调之,间者并行,甚为独行"的意义;② 使学生在自然科学与人文科学之间搭建桥梁,能体悟国家治理中的"以人为本"的内在思想;③ 学生能体悟主次、本质与现象、因果、轻重与缓急、标本等诸种关系,在哲学、生命及社会人文的体现及实际意义。本案例的引入非常契合本节课的教学内容和教学目标,不仅能够激发学生的理论学习兴趣,使其吸收古代哲学的精髓,并提升思想境界,而且能使其对于"恒变思维""以人为本""标本理论"的认识具有指导意义。

(二)如何达成课程思政预期目标:采取适宜的教学方法和教学模式

1. 通过提问和小组讨论的方式进行案例导入,创设问题情境,启发学生思考问题,使学生能够在具有历史知识积累的背景下思考问题。

2. 让学生们观看情景剧,使学生能切身感受到"以人为中心"思想的重要性。同时,观看视频也能让学生在脑海中事先形成一个直观的认识,从而提升个人综合分析的能力。

3. 使用讲授法,在案例后进行总结,即大医具备"上知天文、下知地理、中知人事"的能力。根据学生所掌握的治疗过程中的恒变作用,让同学体会"谨详察间甚,以意调之,间者并行,甚为独行"的意义。使学生在自然科学与人文科学之间搭建桥梁,体悟国家治理中的"以人为本"的内在思想。结合视频及图片,让学生体悟主次、本质与现象、因果、轻重与缓急诸种关系,在哲学、生命及社会人文的体现及实际意义。

# 参考文献

[1] 史伟,杨德光. 试论《素问·标本病传论》的标本辩证法思想[J]. 医学与哲学,1985(04):20-22.

[2] 杨文.读《素问·标本病传论》一得[J].辽宁中医药大学学报,2011,13(09):94-95.

[3] 张伟.《黄帝内经》标本先后理论探讨[D].南京中医药大学,2010.

(张雅宁 马会霞)

# 第三讲 《灵枢·癫狂》

## 一、教学目标

（一）课程思政教学目标

1. 通过视频观看和讨论，让学生掌握癫病的类别、证治机理、治法及如何判断死证等，继而讲述狂病、风逆病和厥逆病的病因、见证和治法，对于当今精神类疾病的治疗有重要的指导性意义（教学）；在把握疾病病因病机的基础上，灵活辨证，法随证立，方从法出；在诊治疾病过程中，坚持"以人为本"、以患者为中心的思想（思政）。

2. 通过原文的学习，掌握对于机体而言，在治疗过程中情志的作用，让学生体会"狂始生，先自悲也，喜忘、苦怒、善恐者，得之忧饥"的意义（教学）。情志病在预防上，一要保持心神宁静，二要树立正确的人生观。在治疗上，强调了心理疗法在情志病证治疗中的重要作用，主张从谈心、开导、讲解、移情四方面给予患者更多的关心。把握情志疗法应用的基本原则，即辨病辨证论治、三因制宜、形神共养、防治为主（思政）。

（二）课程思政教学目标的体现

1. 本篇首先论述癫病的类别、证治机理、治法及如何判断死证等，继而讲述狂病、风逆病和厥逆病的病因、见证和治法，对于当今精神类疾病的治疗有重要的指导性意义，并告诉我们要用针灸方法治疗癫狂，强调了"天人相应"的治疗原则。同时，对于学生来讲能更加深刻理解辨证论治思想，坚持"以人为本"思想，以患者为中心的价值的原则。

2. 通过论述癫狂等多种疾病，意在表达情志对疾病的消极影响。养生要注重对神的保养，提高自身的修养，避免过极的情志刺激，保持心态平和。七情致病，非药物所能治疗，强调疗身先疗心，要清心寡欲，情志调和；告诫世人"怒易伤肝"，养肝之道，在于戒怒；提出睡眠要先睡心，后睡眼，重视静心宁志在睡眠中的作用;对于妇女的特殊生理心理,认为应先调其情志,再调理疾病。

## 二、课程思政案例内容

(一)案例引出

课堂活动:

> 1. 提问:情志病的病因病机防治。
> 2. 提问:论述情志病的治疗方法。
> 3. 提问:情志养生思想。

通过学生的不同回答,引出本课的课前视频、图片资料以及相关文学资料——癫狂病病因病机分析、情志治疗图谱、癫狂痫三者的分析脉络图。

(二)案例内容

1. 案例形式:视频、图片+讲授、PPT展示。
2. 视频、图片名称:癫狂病病因病机分析、情志治疗图谱、癫狂痫三者的分析脉络图。
3. 让我们一起来总结这些视频、图片带给我们的启示。

(1) 情志养生思想从"主观"上讲,是要发挥人的主观能动性,保持良好心态,积极自我调整,及时自强、自察、自调、自乐,强调"自养",并树立正确的疾病观与生死观;从"客观"角度讲,则强调在发挥主观能动性的同时,创造适宜的客观条件(思政)。对于癫证与狂证,了解病因、病机、治疗和预防(教学)。

(2) 治疗情志病的方法:

养阴清热法:百合病、虚劳虚烦不得眠病证;

顺气降逆法:梅核气;

降逆平冲法:肝郁化火所致冲气上逆的奔豚症;

和里缓急法:虚劳病脾胃阴阳两虚证;

益气养血安神法:心气血两虚证;

镇静安神法:心神浮越证;

和中缓急法：脏躁脏阴不足,心脾两虚证；

温肾补虚法：肾阳虚致心烦诸证；

行气散结法：气血郁滞而化热证；

活血破瘀法：瘀血内结上扰心神致神志异常；

调和少阳法：瘀血互结,热入血室证；

清热祛湿法：中焦蕴湿蕴热,心神被扰致各种情志异常；

清热泻火法：实热扰心神所致心烦懊恼不适之证；

祛痰化饮法：痰饮阻滞气机,心神所扰之烦躁不安、坐不得眠等症(教学)。

在情志病诊治中,应因人、因病、因病机,不同而异,切忌千篇一律。如果脱离辨证论治,则将误治、错治,后果不堪设想(思政)。

## 三、分析讲解

（一）重点分析：案例与本讲内容的关联度

本篇论述了癫证和狂证的病因、证候和治疗方法等,故名"癫狂"。课程思政案例癫狂病病因病机分析、情志治疗图谱、癫狂痫三者的分析脉络图,和本讲的协调之治的内容是完全契合的。课程思政案例同时也把癫证和狂证针刺的治疗原则展现出来。通过学生案例前的讨论,并结合最后的总结和升华,让本次课的内容得到提升,表现在：① 对于机体而言学生能够掌握,在治疗过程中情志的作用,并体会"狂始生,先自悲也,喜忘、苦怒、善恐者,得之忧饥"的意义；② 学生生命科学精神得以提升,能体悟治疗疾病过程中的"情志"的重要意义；③ 能体悟灵活辨证,法随证立,方从法出的思维,以及坚持"以人为本"、以患者为中心的民本思想,在哲学、生命及社会人文的体现及实际意义。本案例的引入非常契合本节课的教学内容和教学目标,不仅能够激发学生的理论学习兴趣,使其吸收古代哲学的精髓,提升思想境界,而且在学生对于情志病的认识具有指导意义。

（二）如何达成课程思政预期目标：采取适宜的教学方法和教学模式

1. 通过提问和小组讨论的方式进行案例导入,创设问题情境,启发学生思考问题,使学生能够在一定历史知识积累的背景下思考问题。

2. 通过让学生观看情景剧,使学生能切身感受到"以人为中心"思想的重要性。同时,观看视频也能让学生在脑海中事先形成一个直观的认识,以提升个人综合分析的能力。

3. 使用讲授法,在案例后进行总结,即大医具备"上知天文、下知地理、中知人事"的能力。根据学生能够掌握对于机体而言,治疗过程中情志的作用,让同学体会"狂始生,先自悲也,喜忘、苦怒、善恐者,得之忧饥"的意义。使学生的生命科学精神得以提升,体悟治疗疾病过程中的"情志"的重要意义。结合视频及图片,使学生体悟灵活辨证,法随证立,方从法出的思维以及坚持"以人为本"、以患者为中心的民本思想,在哲学、生命及社会人文的体现及实际意义。

## 参考文献

[1] 魏东生,邵卫,张忠文,等.《金匮要略》情志病治法[J].河南中医,2018,38(04):495-498.

[2] 赵慧英.癫狂病的辨证治疗体会[J].内蒙古中医药,2006(01):19-20.

[3] 邱义勇,熊永法.情志病研究概述[J].江西中医药,2023,54(02):78-80.

[4] 武翠.中医老年情志养生思想与方法研究[D].中国中医科学院,2018.

(张雅宁　马会霞)

# 第四讲 《灵枢·厥病》

## 一、教学目标

（一）课程思政教学目标

1. 通过视频观看和讨论，让学生掌握因经气上逆而致头痛、心痛等病的见证、诊治和预后等内容（教学）；在把握病因病机，诊治原则的基础上，强化疾病治疗的整体观念和反变思想，培养学生的团队协作能力以及灵活自如、随机应变的能力（思政）。

2. 通过原文的学习，掌握对于机体而言，治疗过程中厥气的位置作用，让学生体会"肾心痛""胃心痛""脾心痛""肝心痛""肺心痛"五种与脏器有关的厥心痛的见证及其相关取穴（教学）；对于国土、民众和国君三方而言，只有三方相和才能海晏河清，创造太平盛世。从而指出"各安其位，和谐共处"的道理，进而引出责任意识的重要性（思政）。

（二）课程思政教学目标的体现

1. 通过这些内容的观看与讲解，帮助学生深刻理解因经气上逆引起的头痛、心痛等病的症状、治疗和预后。同时，对于学生来讲，能使其更加深刻意识到生命的整体性的功能性价值，在学习过程中帮助学生培养团队协作能力以及灵活自如、随机应变的能力。对于医患关系的强调，从"心痛不可刺者，中有盛聚，不可取于腧"不难发现，心痛病禁用针刺的证候是内有瘀血和积聚等有形实邪的实证。本句提示我们在治疗疾病过程中，要认真诊察疾病的表现情况，如是实是虚是寒是热等基本情况，以便帮助我们做出重要结论，切不可粗心大意。

2. 通过论述五种厥心痛的见证和治法，尤其是对于国土、民众和国君三方的关系来深刻认识"各安其位，和谐共处"的道理，让学生感悟自身的使命感和责任感。《抱朴子·内篇》："故一人之身，一国之象也……夫爱其民所以安其国,养其气所以全其身。民散则国亡,气竭则身死……"可见,国土、百姓和国君三者是相互依存、相互关联的整体。富有责任感和位置感,既是一种品格、一种志向,也是一种美德。

## 二、课程思政案例内容

（一）案例引出

课堂活动：

> 1. 提问：关于责任意识,谈谈你的感悟。
> 2. 提问：厥心痛、真心痛取穴。

通过学生的不同回答,引出本课的课前视频、图片资料以及相关文学资料——新冠疫情期间支援海报、取穴方法及原则、五种厥病选释。

（二）案例内容

1. 案例形式：视频、图片＋讲授、PPT 展示。
2. 视频、图片名称：新冠疫情期间支援海报、取穴方法及原则、五种厥病选释。
3. 让我们一起来总结这些视频、图片带给我们的启示。

（1）根据对于国土、百姓和国君三者的关系来深刻认识"各安其位,和谐共处"的道理,让学生感悟自身的使命感和责任感：事物间没有单向关系,一定是双向的,只有各安其位,才能有序发展（思政）。

（2）在抗击新冠疫情期中,从年过八旬仍为抗疫奋战第一线的钟南山院士,到临危不惧、不分日夜、不辞辛劳开展防控科研的陈薇,再到奋不顾身、勇往直前的众多最美逆行者们,是他们用自身行动诠释了什么是奋斗者的勇毅,什么是胜利者的宣言。在实现中华民族伟大复兴的历史征程上,党员干部要勇担历史重任,就必须加强"打铁必须自身硬"的责任感和使命感,在各种问题处理过程中增长胆力和才力,铸造尽职尽责、克己奉公的奉献精神,练就奋发图强的过硬本领,不断增强政治判断力、政治领悟力、政治执行力,提高应对风险挑战、识变应变求变的能力,提高解决切实问题的能力(思政)。

## 三、分析讲解

(一)重点分析:案例与本讲内容的关联度

本篇详细讨论了因经气上逆而致头痛、心痛等病的见证、诊治和预后等内容,故名曰"厥病"。课程思政案例新冠支援海报、取穴方法及原则、五种厥病选释等内容,与本讲的协调之治内容是完全契合的。同时,课程思政案例也把针刺的治疗原则展现出来。通过学生案例前的讨论,并结合最后的总结和升华,让学生"各安其位,和谐共处"的思想和为医者的整体观念、随机应变、责任意识、医患关系及反变思维得到提升,表现在:① 学生能够理解对于机体而言,治疗过程中厥气的位置与作用,让学生体会"肾心痛""胃心痛""脾心痛""肝心痛""肺心痛"五种与脏器有关的厥心痛的见证及其相关取穴;② 使学生在自然科学与人文科学之间搭建桥梁,体悟国家治理中的"各安其位,和谐共处"的内在思想;③ 学生能够体悟整体观及古代位序思想,在哲学、生命及社会人文的体现及实际意义。本案例的引入非常契合本节课的教学内容和教学目标,不仅能够激发学生的理论学习兴趣,使其吸收古代哲学的精髓,并提升思想境界,而且对学生对于责任意识的认识具有指导意义。

(二)如何达成课程思政预期目标:采取适宜的教学方法和教学模式

1. 通过提问和小组讨论的方式进行案例导入,创设问题情境,启发学生思考问题,使学生能够在一定历史知识积累的背景下思考问题。

2. 通过让学生观看情景剧,使学生能切身感受到"以人为中心"思想的重要性。同时,观看视频也能让学生在脑海中预先形成一个直观的认识,以提升个人综合分析的能力。

3. 使用讲授法,在案例后进行总结,即大医具备"上知天文、下知地理、中知人事"的能力。根据学生能够掌握,对于机体而言,在治疗过程中厥气的位置与作用,让学生体会五种与脏器有关的厥心痛的意义。使学生在自然科学与人文科学之间搭建桥梁,体悟国家治理中的"各安其位,和谐共处"的内在思想。结合视频及图片,使学生体悟整体观及古代位序思想在哲学、生命及社会人文的体现及实际意义。

## 参考文献

［1］陈士玉,谢鑫.《内经》厥病选释［J］.中华中医药学刊,2012,30(05)：1105-1106.

［2］谢慎,刘雨儿,胡薇,等.《灵枢·厥病第二十四》学术思想探源［J］.中医药学报,2015,43(02)：142-143.

（张雅宁　马会霞）

# 第五讲 《灵枢·逆顺肥瘦》

## 一、教学目标

### (一)课程思政教学目标

1. 通过视频观看和讨论,让学生掌握经脉走向的运行规律、气血滑涩以及形体的肥瘦壮幼,并以此来作为施治的依据(教学);感悟中医的整体观及古人的哲学文化思想,在把握宇宙生命、万物规律的基础上,强化辨证论治,因地制宜,因时制宜,培养家国情怀(思政)。

2. 通过原文的学习,掌握对于形体肥瘦壮幼而言,如何施治,让学生体会"年质壮大,血气充盈……刺此者,深而留之,多益其数也""瘦人者,皮薄色少……刺此者,浅而疾之"等的临床意义(教学);对个人、社会、国家治理的医学智慧和辩证思维所借鉴的中医因人制宜的思想,以及"年质壮大,血气充盈……此肥人也""瘦人者,皮薄色少……刺此者,浅而疾之"等所体现社会人文(思政)。

### (二)课程思政教学目标的体现

1. 本篇论述经脉的顺逆,以"临深决水""循掘决冲"类比,阐述了经脉运行的顺逆变化,通过对这些内容的观看与讲解,用深处决堤放水和循地下孔洞放水的类比来说明气滑涩之异,血清浊之别,经脉运行有顺逆之变化,所以应当掌握其顺逆的特点,因势利导地治疗。同时,对于学生来讲,能使其更加深刻意识到生命的整体性和合而为一的功能性的价值。

2. 通过对据形体的肥瘦壮幼而采用的不同针刺方法的讲授,来深刻认识"年质壮大,血气充盈……此肥人也""瘦人者,皮薄色少……刺此者,浅而疾之"等知识;通过邓小平"一国两制"方针成功解决香港问题的事例,让学生感受我们国家制度的优势。此外,还要让学生明白作为一名医生,不光要掌握治病救人的基本技能,还要因人、因地、因时制宜,传递给学生病人应因人而异、应体而调的健康理念,帮助学生培养中医思维,提升整体观、功能观认识,以及对人体和疾病的认识,坚定学生的中医文化自信。

## 二、课程思政案例内容

（一）案例引出

课堂活动：

> 1. 提问：请各位同学思考自然规律与人道社会规律有何联系？
> 2. 提问：邓小平"一国两制"给我们什么启发？
> 3. 提问：我们应如何运用辨证论治的方法,应如何建立辩证思维？

通过学生的不同回答,引出本课的课前视频、图片资料——邓小平"一国两制"、建立辩证思维的措施。

（二）案例内容

1. 案例形式：视频、图片＋讲授。
2. 视频、图片名称：邓小平"一国两制"方针、运用辨证论治的方法、建立辩证思维的措施。
3. 让我们一起来总结这些视频、图片带给我们的启示。

（1）通过邓小平"一国两制"方针的提出,成功解决了香港问题,来理解"年质壮大,血气充盈……此肥人也""瘦人者,皮薄色少……刺此者,浅而疾之"等知识,增强学生的制度自信（思政）。同时,让学生思考肥瘦壮幼的针刺方法有何不同？古人是如何看待生命的？（教学）

（2）经脉的走向规律是什么？自然科学与人文科学的桥梁是什么？在之前《中医基础理论》中学到的经脉,与本节内容有何联系？在学习过程中要求学生重点掌握"临深决水,不用功力,而水可竭也。循掘（别本作掘）决冲,而经可通也。此言气之滑涩,血水清浊,行之逆顺也"（教学）。

（3）对于形体肥瘦壮幼而言,不同的施治方法就是辨证论治,建立辩证思维。第一,分析矛盾：辩证思维的核心是矛盾。通过分析矛盾,可以找到事物发展的瓶颈和矛盾点,从而提出解决问题的方案。第二,综合思考：辩证思维要求我们不仅要看到问题的局部,还要看到整体。通过综合思考,可以找到事物的本质和内在联系,从而得出更全面的结论。第三,归纳总结:辩证思维要求我们要从具体的实践中总结规律和经验。通过归纳总结,可以发现事物的发展趋势和规律,从而指导实践。第四,反思批判:辩证思维要求我们应对已有的知识和观点进行反思和批判。通过反思批判,可以发现知识和观点的不足和错误,从而推动思想的更新和进步(思政)。

## 三、分析讲解

(一)重点分析:案例与本讲内容的关联度

本讲的内容是"逆顺肥瘦",逆顺,指经脉循行走向之顺逆及气血的上下运行之顺逆。肥瘦,指形体的肥瘦壮幼。由于本篇重点讨论了经脉的运行规律、气血滑涩以及形体的肥瘦壮幼,并以此作为施治的依据,故以"逆顺肥瘦"命名。课程思政案例中运用辩证论治的方法、建立辩证思维的措施等内容,与本讲的协调之治内容是完全契合的。通过学生案例前的讨论,并结合最后的总结和升华,让学生对经脉的走向规律、气血滑涩以及形体的肥瘦壮幼,并以此作为施治的依据和为医者的大局观以及哲学认识得到提升,表现在:① 学生能够掌握经脉的走向规律、气血滑涩以及形体的肥瘦壮幼,并以此作为施治的依据;② 使学生在自然科学与人文科学之间搭建桥梁,体悟社会之国与人体"身国"的联系;③ 学生能够体悟辨证论治及古代哲学文化在生命及社会人文的体现及实际意义。本案例的引入非常契合本节课的教学内容和教学目标,不仅能够激发学生的理论学习兴趣,使其吸收古代哲学的精髓,以提升思想境界,而且能使学生利用所学的专业理论、思想,在现实生活中发挥个人价值。

(二)如何达成课程思政预期目标:采取适宜的教学方法和教学模式

1. 通过提问的方式进行案例导入,创设问题情境,启发学生思考问题,使学生能够在具有历史知识积累的背景下思考问题。

2. 通过观看视频《一国两制》,让学生切身感受这种辩证思维的重要性。同时,观看视频也能让学生在脑海中预先形成一个直观的认识。

3. 使用讲授法,在案例后进行总结,即大医具备"上知天文、下知地理、中知人事"的能力。根据本节"年质壮大,血气充盈……此肥人也""瘦人者,皮薄色少……刺此者,浅而疾之"等内容在自然科学与人文科学之间搭建桥梁,使学生体悟社会之国与人体"身国"的联系。结合视频及图片,使学生体悟整体观及古代序文化在哲学、生命及社会人文的体现及实际意义,使其更加深刻意识到生命的整体性和合而为一的功能性的价值,感悟中医整体观及古人的哲学文化思想,并在把握宇宙生命、万物规律的基础上,强化辨证论治,因地制宜,因时制宜,培养家国情怀,坚定为医者为患者服务,为医者要医者仁心,"仁者爱人",视病人为至亲的大爱(思政)。

(刘嘉怡　王　萌)

# 第六讲 《素问·咳论》

## 一、教学目标

### （一）课程思政教学目标

1. 通过视频观看和讨论，让学生掌握咳嗽的机理以及五脏六腑咳的症状、病机以及治疗方法（教学），感悟中医整体观，在把握宇宙生命、万物规律的基础上，强化整体思维，培养家国情怀（思政）。

2. 通过原文的学习，让学生掌握咳嗽的机理以及五脏六腑咳的症状和病机以及治疗方法，并体会"五脏六腑，皆令人咳"的意义以及对"六腑之咳奈何？安所受病？""治之奈何"的学习（教学）；对于学生个人思想上的指导，主要是培养其整体思维，以普遍联系、相互制约的观点看待世界（思政）。

### （二）课程思政教学目标的体现

1. 本篇论述咳的机理，以"肺之令人咳"为引，指出了五脏六腑有病都能使人产生咳嗽的事实，同时在说明咳嗽症状时又指出"皮毛者，肺之合也""五脏之久咳乃移于六腑"。由此，指出十二脏腑之间相互协调的重要性。对于学生来讲，能更加深刻意识到生命的整体性，帮助学生厚植家国、团队的归属情感，树立团队合作意识，强化整体思维，培养家国情怀。

2. 通过五脏六腑之间相互传变联系导致机体的功能生命活动发生异常的讲授，通过蜜蜂实验让学生来深刻认识整体思维的重要性，不能用片面的眼光看问题，让学生感受到《黄帝内经》对中医整体思维的影响。此外，让学生明白作为一名医生，不仅要掌握基本的治病救人的技能，更要认识到神形合一的整体观，要传递给病人调神的健康理念。

## 二、课程思政案例内容

（一）案例引出

课堂活动：

> 1. 提问：请各位同学思考日月运行的天道规律与人道社会规律有何联系？
> 2. 提问：蜜蜂的故事给我们什么启发？

通过学生的不同回答，引出本课的课前视频、图片资料——蜜蜂的故事。

（二）案例内容

1. 案例形式：视频、图片＋讲授。
2. 视频、图片名称：蜜蜂的故事。
3. 让我们一起来总结这些视频、图片带给我们的启示。

（1）根据蜜蜂实验（有人做过这样一个实验，将一群蜜蜂放进一个敞开口的瓶子里，并将瓶底对准阳光。遗憾的是，这些蜜蜂竟没有一个能够飞出来。因为它们不懂得换一个角度看问题，只想飞向有阳光的地方，以为那样就能出来，却对稍稍黯淡的敞开的瓶口不理不睬，全部撞死在了瓶底）所得出的结果，理解十二脏腑之间相互协调的重要性，以增强学生对整体思维重要性的理解（思政）。

（2）肺咳、心咳、肝咳、脾咳、肾咳、胃咳、胆咳、大肠咳、小肠咳、膀胱咳、三焦咳，分别的症状和机理是什么？它们之间有什么联系？自然科学与人文科学的桥梁是什么？在之前《中医基础理论》中学到的各脏腑的功能特点，与本节内容有何联系？在学习过程中要求大家重点掌握咳嗽的机理与五脏六腑咳的症状和病机，以及"治脏者治其俞，治腑者治其合，浮肿者治其经"（教学）。

## 三、分析讲解

### （一）重点分析：案例与本讲内容的关联度

本讲的内容是"咳"，主要论述了咳嗽的机理以及五脏六腑咳的症状和病机以及治疗方法，强调咳是可以由十二脏腑联系协调失常所产生的问题，课程思政案例蜜蜂实验和本讲的协调之治内容是完全契合的，通过学生案例前的讨论，并结合最后的总结和升华，让学生对为医者的大局观、团队协作及整体思维的认识均得到提升，表现在：① 学生能够掌握咳在诸脏中的发生机理及咳是可以由十二脏腑联系协调失常所产生；② 使学生在自然科学与人文科学之间搭建桥梁，体悟社会之国与人体"身国"的联系；③ 整体观的体现及实际意义。本讲案例的引入非常契合本节课的教学内容和教学目标，不仅能够激发学生的理论学习兴趣，使其吸收古代哲学的精髓，提升思想境界，而且能使学生利用所学习的专业理论、思想，在现实生活中发挥个人价值。

### （二）如何达成课程思政预期目标：采取适宜的教学方法和教学模式

1. 通过提问的方式进行案例导入，创设问题情境，启发学生思考问题，使学生能够在具有知识积累的背景下思考问题。

2. 通过视频蜜蜂实验，让学生切身感受整体思维的重要性。同时，观看视频也能让学生在脑海中预先形成一个直观的认识，体会整体思维的重要性，知道要用整体的思维看问题。

3. 使用讲授法，在案例后进行总结，即大医具备"上知天文、下知地理、中知人事"的能力。根据本节"肺咳之状，咳而喘息有音……甚则咳涎""五脏之久咳，乃移于六腑……使人多涕唾，而面浮肿气逆也"。使学生在自然科学与人文科学之间搭建桥梁，体悟社会之国与人体"身国"的联系；结合视频及图片使学生能更加深刻意识到整体性和合而为一的功能性的价值，帮助学生厚植家国、团队的归属情感，树立团队合作意识，强化整体思维，培养家国情怀。

（刘嘉怡　王　萌）

# 第七讲 《素问·刺要论》

## 一、教学目标

(一)课程思政教学目标

1. 通过视频观看和讨论,让学生掌握疾病所在的部位,确定适宜进针深度的针刺要领(教学),感悟中医整体观及古人的哲学文化思想,在把握宇宙生命、万物规律的基础上,强化做事有度,人生有度,过则为灾的意识(思政)。

2. 通过原文的学习,掌握针刺的要领,让学生体会"病有浮沉,刺有浅深……后生大病"的临床意义(教学),体会"各至其理,无过其道"对于个人、社会和国家的意义,体会"病有浮沉,刺有浅深……后生大病"所体现的传统医学文化(思政)。

(二)课程思政教学目标的体现

1. 本篇通过论述疾病所在部位以确定适宜的进针深度的针刺要领,以黄帝"愿闻刺要"为引,阐述了针刺方面的要领。"病有浮沉,刺有浅深……后生大病",通过对这些内容的观看与讲解,对学生来讲能更加深刻意识到"度"的重要性,即当我们决心做一件事时,往往会充满激情,全力以赴投入其中。但是,这样的方式往往会使我们在前期就消耗过多的精力,导致后期失去了应有的耐心和决心。所以,做事时我们应该适度地投入,既要保持一种从容不迫,又要有坚定不移的态度,还要保持一定的节奏和力度。

2. 通过针刺有"度"及秦国灭国(秦国虽然统一六国,但是在统一之后,大兴土木,搜刮民财,建阿房宫,使得天下百姓处于水深火热之中,最终戍卒叫、函谷举,楚人一炬,可怜焦土,令人悲哉)来深刻认识"病有浮沉,刺有浅深……后生大病""病有在毫毛腠理者……有在髓者"。秦国超过了治国准则的限度,才会一败涂地。由此可见,我们做事也要有"度"。

## 二、课程思政案例内容

(一)案例引出

课堂活动:

> 1. 提问:秦国灭国的事例给我们什么启发?
> 2. 提问:在日常生活中,如何把握"度"?

通过学生的不同回答,引出本课的课前视频、图片资料——秦国灭国、把握"度"措施。

(二)案例内容

1. 案例形式:视频、图片+讲授。
2. 视频、图片名称:秦国灭国、把握"度"措施。
3. 让我们一起来总结这些视频、图片带给我们的启示。

(1) 根据秦国灭国的事例,理解"病有浮沉,刺有浅深……后生大病",增强学生的制度自信(思政)。在人体的"小身国"中,刺过会有什么损伤?针刺的要领如何把握(教学)?

(2) 皮伤、肉伤、脉伤、筋伤、骨伤、髓伤,分别有什么后果?人文科学与社会哲学的桥梁是什么?在之前《中医基础理论》中学到的各脏腑的功能特点,与本节内容有何联系(教学)?

(3) 针刺要有"度"。同样,在日常生活中,做事也要把握事情的"深度"。人的精力有限,做事要学会适可而止,比如进行体育锻炼,若进行过高过强的运动反而会伤身。学习工作也是这个道理,要让生活有劳有逸,才能产生更大效能。

## 三、分析讲解

(一)重点分析:案例与本讲内容的关联度

本讲的内容是"刺要论",所谓的刺要,即刺之要,就是施刺术时的关键点。

刺要的名字来自篇首黄帝的问话"愿闻刺要"。课程思政案例秦国灭国、把握"度"措施，和本讲的内容是完全契合的。通过学生案例前的讨论，并结合最后的总结和升华，让学生在知识及思想方面得到了明显的提升，表现在：① 学生能够掌握依据疾病所在部位而确定适宜的进针深度的针刺要领；② 使学生在人文科学与社会哲学之间搭建桥梁，体悟人体"身国"与社会哲学的联系；③ 学生能够体悟古代医学文化在哲学、生命及社会人文的体现及实际意义。本讲案例的引入非常契合本节课的教学内容和教学目标，不仅能够激发学生的理论学习兴趣，使其吸收古代哲学的精髓，提升思想境界，而且能使学生利用所学的专业理论、思想，在现实生活中发挥个人价值。

（二）如何达成课程思政预期目标：采取适宜的教学方法和教学模式

1. 通过提问的方式进行案例导入，创设问题情境，启发学生思考问题，使学生能够在一定历史知识积累的背景下思考问题。问题意识既是一种心理品质，也是一种思维习惯，它的培养和形成需要不断的刺激和强化。

2. 使用视频资料《秦国灭国》，让学生切身感受在治国中"度"的重要性。同时，观看视频也能让学生在脑海中预先形成一个直观的认识。

3. 使用讲授法，在案例后进行总结，即大医具备"上知天文、下知地理、中知人事"的能力。根据本节"是故刺毫毛腠理无伤皮，皮伤则内动肺……刺骨无伤髓，髓伤则销铄䯒酸，体解㑊然不去也"，使学生在人文科学与社会哲学之间搭建桥梁，体悟人体"身国"与社会哲学的联系。结合视频及图片，使学生体悟古代医学文化在哲学、生命及社会人文的体现及实际意义，使其更加深刻意识到生命的整体性和合而为一的功能性的价值，帮助学生厚植家国、团队的归属情感，强化做事有度，人生有度，过则为灾的意识。

（刘嘉怡　王　萌）

# 第八讲 《素问·太阴阳明论》

## 一、教学目标

### （一）课程思政教学目标

1. 通过学习原文，让学生了解"同气相求"思想在中医学理论与临床实践中的运用（教学）；通过注重培养学生的哲学思辨精神，激发学生对传统文化的兴趣，培养其团结协作的能力（思政）。

2. 通过原文的学习，掌握脾"为胃行其津液"的生理功能（教学），并从中体悟《黄帝内经》的智慧，以激励学生重视对中医典籍的学习，使学生能更多地接触传统中医，以获得更多的感悟（思政）。

3. 通过学习原文，掌握脾主四时的原因以及脾的特性（教学）；从土之特性中学习道理，让学生在学习医学知识的同时提升个人道德修养（思政）。

### （二）课程思政教学目标的体现

1. 原文论述了脏腑邪气的阴阳相属，体现了中医学"同气相求"的思想。案例以"同气相求"思想在诊疗疾病中的应用来展示古代哲学思想在诊疗疾病中的重要作用，从而培养学生的哲学思辨精神，传承和发扬传统中医药文化。同时，从"同气相求"思想引申出的团结协作的精神，也能让学生感知到合作带来的必然力量。

2. 本篇原文描述了脾"为胃行其津液"的生理功能，与《伤寒论》中因"脾病不能为胃行其津液"而形成的脾约证相应，体现了内经理论的实用性，既有利于激发学生对《黄帝内经》的学习兴趣，又有利于提高其文化认同感，增强其专业使命感。

3. 原文通过论述脾土的特性，进而论述脾主四时的原因，从而引出土具有承载、收纳、生化的特性，并引用名言进一步说明土的特性，以达到教育学生要追求宽容、负责、无私、公正的优良品质的目的。

## 二、课程思政案例内容

### （一）案例引出

课堂活动：观看本课的课前资料，并提问以引发学生思考。

> 1. 提问：阅读原文，谈一谈你对中医"同气相求"思想的理解？
> 2. 提问：阅读原文与材料，谈一谈麻子仁丸证的证治机理与本文有什么联系？
> 3. 提问：阅读原文与材料，谈一谈脾为何不独主于时？

### （二）案例内容

1. 案例形式：文本＋讲授。
2. 展示材料：《伤寒论》麻子仁丸证、名言。
3. 让我们一起来总结这些材料带给我们的启示。

（1）原文"故犯贼风虚邪者，阳受之；食饮不节起居不时者，阴受之""故伤于风者，上先受之；伤于湿者，下先受之"，从病因方面体现了阴阳相属、"同气相求"的思想。原文"故阴气从足上行至头，而下行循臂至指端；阳气从手上行至头，而下行至足。故曰阳病者上行极而下，阴病者下行极而上"，从病机方面体现了"同气相求"的思想。"同气相求"思想是古代一种哲学思想，早在《周易》中已经出现，体现了古人对世界的思考与探索。中医学理论将"同气相求"思想吸收转化利用，运用在诊疗疾病的诸多方面，如诊断疾病时，常将人体之病象与自然界气候之象相通应，以了解病人的病因病机。再如，中药的药性与功效常蕴含"同气相求"思想，如丹参色红入心经、忍冬藤藤状似经络有通络止痛的作用。因此提示我们古代哲学思想在学习中医学理论与临床实践中的重要作用，要注重培养学生的哲学思辨能力，加固中医文化底蕴，增强文化自信，打好传统中医学习根基。"同气相求"思想有抱团取火的意思，它提示我们要学会团结协作，在与他人互助分享中获得更大的能量，"人类命运共同体"意识是"同气相求"思想在世界层面的具体体现，是在中华文化的积淀中产生的中国智慧。

（2）本篇论述了脾主为胃行其津液的生理功能,脾胃为气血生化之源,脾将胃腐熟的食物运化成水谷精微并传输至全身,以供人体的正常生命活动,与《伤寒论》所述的脾约证相应,脾运化水液功能失常,胃中干燥,大便则硬。脾约证用麻子仁丸治疗,以泄热润肠通便,改善津液不足的问题。因此可知,本篇论述的脾与胃之间的关系问题意义重大,具有临床实用性。《黄帝内经》作为中医学发展的奠基之作,论述了很多重要的医疗理论与经验,具有重要的指导意义。在本篇中,我们学习了太阴与阳明两经的关系问题,可从中体会到学习中医典籍对于培养医学生的中医思维和打实理论基础的必要性,以激励学生重视经典的学习。

（3）原文"脾者土也,治中央,常以四时长四藏,各十八日寄治,不得独主于时也",阐述了脾主四时的思想,脾主运化,脾气生化的水谷精微输布四周以维持人体正常生命活动,四时不歇止,脾气健运,则四脏得养,不易得病。正如《尚书·洪范》云:"一曰水,二曰火,三曰木,四曰金,五味土。水曰润下,火曰炎上,木曰曲直,金曰从革,土爱稼墙"。这表明了土具有承载、收纳、生化的特性。又如原文"土者生万物而法天地"说明了土为万物之母,万物生生化化又归于土。再如《伤寒论》中云:"万物所归,无所复传"。脾土治中央,体现了脾胃为气机升降之枢纽的特性。我们要向土之性学习,学会包容,心胸宽广,无私奉献,处事公正,肩负起自己的责任。

## 三、分析讲解

### （一）重点分析：案例与本讲内容的关联度

本讲的内容是"太阴阳明论",论述了太阴阳明两经的关系及脾胃病的异名异状等内容。课程思政案例中麻子仁丸证的记载和关于土的名言等内容,与本讲的内容是完全契合的。本讲案例的引入非常契合本节课的教学内容和教学目标,不仅能够激发学生的理论学习兴趣,使其吸收古代哲学的精髓,提升思想境界,而且还能使其利用所学的专业理论、思想,在现实生活中发挥个人价值。

(二)如何达成课程思政预期目标：采取适宜的教学方法和教学模式

1. 通过提问的方式进行案例导入，创设问题情境，启发学生思考问题，使学生能够在一定历史知识积累的背景下思考问题。问题意识既是一种品格，也是一种思维习惯，它的培养和形成需要不断的刺激和强化。

2. 通过案例材料的阅读，既能加深学生对中医知识的印象，又能起到立德树人的作用；既能使学生感受到中国传统文化的魅力，又能厚植其家国情怀。

3. 使用讲授法，在案例后进行总结，即大医需具备"上知天文、下知地理、中知人事"的能力。根据本节课程内容的讲解，使学生在自然科学与人文科学之间搭建桥梁，体悟中医知识与古代哲学思想之间的联系。结合案例材料，使学生体会中医文化在社会人文中的体现及实际意义。让学生深刻意识到生命的整体性和合而为一的功能性的价值，帮助学生在提升自身修养，增强文化自信的同时，厚植家国情感，进而奉献社会。

(彭旭彤　于荣霞)

# 第九讲 《灵枢·师传》

## 一、教学目标

（一）课程思政教学目标

1. 通过视频观看和讨论，感悟中医的整体思想，即人是一个有机的整体，内在脏腑、经络、气血及津液等生理状态和病理变化，必然会通过外在的形式表现反映出来。理解"望而知之谓之神"的意义，并在实操中熟练运用望诊（教学）；在社会实践中，要学会把握事物的内在联系，透过现象看本质并进行综合分析（思政）。

2. 通过原文的学习，培养学生在临床诊病中的应变能力，在客观条件缺乏的情况下，要能以现有资源迅速准确地诊断病情（教学）；在解决实际问题时，要灵活变通，具体问题具体分析，杜绝思想僵化（思政）。

（二）课程思政教学目标的体现

1. 文章认为，身体的外在表现，是五脏六腑的"信号"，通过身体的外形肢节可以探知人五脏六腑的情况。望诊基于"视其外应，以知其内脏，则知所病矣"的理论基础，能通过对人体头面、五官、躯体等方面进行有目的的视觉观察，以了解身体状况，推测病情。同时，中医藏象学说是一种独特的生理病理学理论体系，其中脏腑并不单纯是一个西医认为的解剖学的概念，更是一个概括了人体某一系统的生理和病理学的功能性概念。它认为可以通过内脏之气反应于面部五官上的五种颜色来测知病情，即望五色来观察五脏的精气。同时，五脏与五窍、五体的密切联系，构成了藏象五系统，为临床提供了指导基础。

通过对中医藏象理论的学习，理解现象与本质的辩证关系，即本质是现象的理论依据，而现象总是依靠一定的本质而存在。因此，若要正确把握本质和现象的关系，我们就要准确辨别真象和假象，透过现象把握本质，由表及里，由浅入深，不断深化对事物的认识。

2. 文章言，通过对身体外形肢节的观察可以测知人体五脏六腑的健康情况。在古代，王公大臣和临朝即位的君主的身体是不能任人随意捏摸的，医者如何准确诊断呢？答案是可以根据藏象理论，通过观察与五脏关联的五窍来判断病情。这也启示学生，作为一名医生，在掌握治病救人的基本技能的同时，也要能够发散思维进行"举一反三"的实践，具体问题具体分析，在科学的基础上，尽最大的努力去帮助患者诊断病情。由此，帮助学生培养中医思维，提升用整体观、功能观认识人体和疾病的认识，坚定学生的中医文化自信。

## 二、课程思政案例内容

（一）案例引出

课堂活动：

> 1. 提问：谈一谈你所知道的从现象分析本质的医案故事。
> 2. 提问：谈一谈为什么中国共产党人历来重视"具体问题具体分析"。

通过学生的不同回答，引出本课的课前视频、图片资料——《扁鹊见蔡桓公》、中国共产党人历来重视"具体问题具体分析"。

（二）案例内容

1. 案例形式：视频、图片＋讲授。
2. 视频、图片名称：《扁鹊见蔡桓公》、中国共产党人历来重视"具体问题具体分析"。
3. 让我们一起来总结这些视频、图片带给我们的启示。

（1）《扁鹊见蔡桓公》讲的是蔡桓公讳疾忌医，最后病入骨髓，无药可医的故事，其意在告诫世人应敢于正视现实，当机立断，及时止损。同时，故事也从正面称赞了扁鹊医术之高超，可以快速从蔡桓公的表象推测出病情的实质，亦将中医望诊的魅力展现得淋漓尽致，增强了中医文化自信。

（2）世界上一切事物不仅充满矛盾，而且每一事物的矛盾又各有特点，如不具体分析,不仅不能正确认识世界,改造世界更是无从谈起。具体问题具体分析是马克思主义的一个重要原则和活的灵魂,也是工作中必须遵守的基本方法,中国共产党在解决一切实际问题的过程中坚决反对把马克思主义的矛盾学说变成不解决任何实际问题的空洞的僵化理论的错误做法。

## 三、分析讲解

（一）重点分析：案例与本讲内容的关联度

《师传》参考四诊中的望诊,从表象推测本质,深刻理解了中医的藏象理论思想。同时,临床实际操作的复杂性,要求我们要灵活运用诊断方法来判断病情。课程思政案例《扁鹊见蔡桓公》、中国共产党人历来重视"具体问题具体分析"等内容,和本讲课的内容是完全契合的。本节课的教学内容和教学目标,不仅能够激发学生的理论学习兴趣,使其吸收古代哲学的精髓,提升思想境界,而且能使学生利用所学的专业理论、思想,在现实生活中发挥个人价值。

（二）如何达成课程思政预期目标：采取适宜的教学方法和教学模式

1. 通过提问的方式进行案例导入,创设问题情境,启发学生思考问题,使学生能够在一定历史知识积累的背景下思考问题。问题意识既是一种心理品质,也是一种思维习惯,它的培养和形成需要不断地刺激和强化。

2. 通过视频观看和讨论,掌握中医的整体思想,即人是一个有机的整体,内在脏腑、经络、气血及津液等生理状态和病理变化,必然会通过外在的形式表现反映出来。因此,要理解"望而知之谓之神"的意义,并在实操中熟练运用望诊。同时,培养学生在临床诊病中的应变能力,在客观条件缺乏的情况下,能以现有资源迅速准确地诊断病情；在解决实际问题时,要能灵活变通,具体问题具体分析,杜绝思想僵化。

（苏雯博　于荣霞）

# 第十讲 《素问·水热穴论》

## 一、教学目标

### （一）课程思政教学目标

1. 通过对原文的学习，掌握治病求本中治标治本基本治则的概念、内涵，深化中医思维（教学），体悟中医治疗思想中的两点论和重点论相统一的哲学观念，防范学生做事本末倒置，认清自己的定位，树立合理的理想和目标（思政）。

2. 通过视频和教学，理解中医治则中的三因制宜方针，充分体会其中所蕴含的整体观念和辨证论治，学会制定个体诊疗方法（教学），强化思想意识，将中医思维灵活实际应用，共同构造美好未来（思政）。

### （二）课程思政教学目标的体现

1. 通过对成语故事的讲解，坚定求本的重要性，不论是治病，还是解决其他问题，多角度分析疾病的病机，这不仅可以拓展思维，形成"条条大路通罗马"的思维逻辑，以便治疗复杂多样化的疾病，而且可以帮助我们深刻认知"求本"的重要意义。"透过现象看本质"是解决问题的重要法则。最后可以帮助大学生，树立梦想，找准定位，不偏离作为大学生的第一要务，即学习。

2. 通过对针刺治法中蕴含的天人合一的观念，不仅使学生对中医治法法则有了更加全面的了解，而且还可以衍生出对生态和发展的重要意义。如今，中医作为我国灿烂文化的重要组成部分，为我国美好生态建设和可持续发展做出了巨大贡献。这不仅可以强化同学对中医的认同感，还可以增强学生的民族自信和文化自信。

## 二、课程思政案例内容

（一）案例引出

课堂活动：

> 1. 提问：请同学们思考并用自己的理解解释一下成语"本末倒置"。
> 2. 提问：根据"本末倒置"这个成语，发挥思维的灵动性，你能联想到什么？
> 3. 提问：请同学们举出几个"天人相应"在现实中的应用。

通过学生的不同回答，引出本课的课前视频、图片资料——"本末倒置"成语故事、中国关于天人相应的发展的视频。

（二）案例内容

1. 案例形式：视频、图片＋讲授。
2. 视频、图片名称：中国关于天人相应的发展的视频。
3. 让我们一起来总结这些视频、图片带给我们的启示。

（1）成语"本末倒置"中，本是指树根，末是指树梢，置是放的意思，比喻把主次、轻重的位置弄颠倒了。《礼记·大学》有言："物有本末，事有终始，知所先后，则近道矣"。做一件事情，掌握本末终始、先后次序是非常重要的。

面对水液代谢疾病，本篇从两个角度深入思考。"肾者，至阴也；至阴者，盛水也。肺者，太阴也，少阴者，冬脉也。故其本在肾，其末在肺，皆积水也"。治病求本还是求标，是辩证思维的体现。习近平总书记也曾多次指出，辩证思维能力就是承认矛盾，分析矛盾，解决矛盾，抓住问题的关键、找准重点、洞悉事物发展的规律的能力。"治病求本"是现如今治疗中常用的方法之一，是指在治疗疾病时，必须寻求出疾病的根本原因，并针对其根本原因进行治疗，这是辩证论治的根本原则（教学：辩证思维能力）。

作为大学生，应该以学习为本。有很多学生对大学生活存在一种误解，认为到了大学，学习就不是主业了，而把很多休闲娱乐活动放在主要位置，认为自己已经学了很多年了,应该放松了。殊不知,大学阶段学习的内容,与日后的工作息息相关,还不能放松学习,切记不要"本末倒置"(思政)。

(2) 面对水肿的治疗,岐伯表明在不同的季节有不同的针刺治疗原则,这体现了因时制宜的基本原则和天人相应的观念。以四时变换而言,五行的交替产生了季节间气候和物候的大幅度变化,同时对人体机能水平也带来了一定影响。面对这种基本的规则,人类要顺其自然地适应自然变化规律,树立天人相应、天人合一的观念,做到真正的人与自然和谐统一。这既是中国传统自然观的体现,也是古今中医个体化诊疗方法制定的标准之一。只有全面考虑把握疾病和天时气候等因素,才能达到良好的治疗结果。

"天人相应,道法自然"是中国古代生态智慧的集中体现。因为中华民族是典型的农业民族,所以天人合一要求人类行为一定要按照自然规律进行,做到不违天时。生物与环境的有机联系在时间上的表现和表征形成了生态学季节节律。中国古代用"时"来表达这一规律,即天时、农时。依照四时更替的变化规律,合理安排人类活动,如果不杀鸡取卵、竭泽而渔,发展将永无止境。如孟子言:"不违农时,谷不可胜食也;数罟不入洿池,鱼鳖不可胜食也;斧斤以时入山林,材木不可胜用也。"

如今,"天人相应"的思想被国家所重视,并广泛应用于国家可持续发展。面对统筹人与自然关系的时代课题,习近平总书记提出的生态文明思想采纳了中国古代生态智慧,坚持绿水青山就是金山银山,着力推动形成人与自然和谐共生的现代化建设新格局,即中国传统文化是美好中国建设的指导方针之一。

在对中国传统文化的现代应用下,更加坚定了学生对于中医的自信心,和对中国传统文化的自豪感和认同感。举例来讲,实现双碳目标——二氧化碳排放力争于2030年前达到峰值,努力争取2060年前实现碳中和,便是一项"天人相应"的生态战略。双碳目标的实现既是一个循序渐进的过程,也是一项涉及全社会的系统性工程。携手"天人相应"的观念积极推动技术创新,充分调动科技、产业、金融等要素,通过全社会的齐心协力,我们一定能够推动能源变革、实现"双碳"目标,将绿色发展之路走得更远更好。

## 三、分析讲解

### （一）重点分析：案例与本讲内容的关联度

本讲的内容是《素问·水热穴论》，本篇主要讨论水病的病因、病机和水病、热病的治疗穴位，故名"水热穴论"。课程思政案例中的"本末倒置"成语故事、中国关于天人相应的发展的视频等内容，与本讲课的追求本质和天人相应理念是完全契合的。同时，课程思政案例对理念进行了深入挖掘，将理念与个人和国家相联系。通过学生案例前的讨论，并结合最后的总结和升华，让学生对中医的多种治则有了深入的思考，提升了其思维的灵活性，表现在：① 学生能够明白治病求本的重要性，并树立追求本质、深入思考的良好习惯；② 学生从中医治则中得到启示，强化了品德，坚定了意志，树立了梦想，将课本与生活联系起来；③ 天人相应的思想将中国传统思想与实际相结合，构建美好生态，既促进了中国的发展，又坚定了学生对传统文化的自豪感和认同感。

### （二）如何达成课程思政预期目标：采取适宜的教学方法和教学模式

1. 通过提问的方式进行案例导入，创设问题情境，启发学生思考问题，使学生能够在多元化思维背景下开拓思维，对问题进行丰富。

2. 使用播放美好中国视频的形式，让学生能切身感受到国家在中国传统文化的指引下正蒸蒸日上，深化了其对传统文化的认同感。同时，观看视频也能让学生在脑海中预先形成一个直观的认识，用美好生活提升学生对中医的学习趣味。

3. 使用讲授法，在案例后进行总结，即本篇文章对临床实践依旧起着指导意义：一是"其本在肾，其末在肺，皆积水也"和"肾者胃之关也。关门不利，故聚水而从其类也"等经文，是对水液相关疾病病机的高度概括总结，对现代治疗依然具有分析价值；二是本篇有着诸多治则指导，这对拓宽思维有着很大的作用，有利于拉近学生和临床治疗的距离，并且这些治则也对学生的未来起到教育作用，使学生认清自己的定位，明白做事切勿本末倒置。同时，对国家的可持续发展也起到了指导作用，为我们构架了良好的生态观念。

（孟祥蕊　闫　昕）

# 第四篇 "碳中和"专项篇

## 第一讲 《素问·玉机真脏论》

### 一、教学目标

（一）课程思政教学目标

1. 通过对视频的观看和讨论，让学生感悟人体五脏之间的相互联系，以及疾病的发生发展具有的规律性（教学）。同时，感悟中医整体观及古人的序文化思想，在把握宇宙生命、万物规律的基础上，增强问题意识，聚焦实践发展，强化团结合作、团队意识，培养家国情怀（思政）。

2. 通过原文的学习，掌握四时五脏脉象由于病邪侵袭和正气虚实的变化，形成太过与不及的现象及病症（教学），体悟中医讲究的阴阳平衡和天人合一理念，感受"以平为期"，帮助明确发病机理，指导临床对疾病的治疗（思政）。

（二）课程思政教学目标的体现

1. 本篇论述了"五脏之气，皆相贯通"，说明心、肝、脾、肺、肾五脏虽各有其不同的生理功能和特有的病理变化，但各脏之间存在着紧密的联系。"五脏相通，移皆有次"则阐释了在病理变化上，五脏传变具有一定规律性，即以经络为枢纽来实现脏腑之间的整体性。通过对这些内容的观看与讲解，让学生深刻认识生命的整体性和顺序性，帮助学生树立团队合作意识，培养家国情怀。同时，让学生认识到事情发展是一个循序渐进的过程，所以应该坚持问题导向，强化问题意识，及时发现问题，科学分析问题，正确解决问题。

2. 原文中提到四时五脏脉象的不同，是受到气候影响产生的，但因为病邪侵袭和正气虚实的变化,可以形成太过与不及的脉象,并可产生太过与不及的疾病,所以需要保持身体阴阳平衡,以推动健康稳序前行。此外,让学生明白在践行中庸之道的过程中,要学会利用整体观念和辩证思维看待"以平为期"理念,只有这样才能真正领略中庸思想的魅力所在。

## 二、课程思政案例内容

（一）案例引出

课堂活动：

> 1. 提问：请各位同学思考习近平同志的整体观都体现在什么地方？
> 2. 提问：我们从问题意识和问题导向中学到了什么？
> 3. 提问：请以"以平为期"的理念对中医养生进行探讨。

通过学生的不同回答,引出本课的课前视频、图片资料——习近平同志的整体观、问题导向、以平为期。

（二）案例内容

1. 案例形式：视频、图片＋讲授。

2. 视频、图片名称：习近平同志的整体观、问题导向、以平为期。

3. 让我们一起来总结这些视频、图片带给我们的启示。

（1）根据习近平主席在多次会议、集体学习中提到的整体观念,让学生认识整体观的重要意义（思政）。五脏之间有着什么样的联系？应如何管理（教学）？

（2）问题意识具有鲜明的价值导向。问题既是发展的起点,又是实践的起点。只有抓住问题,才能抓住社会发展的"牛鼻子"。纵观人类发展史,发现问题、研究问题、解决问题,始终是推动社会发展、民族进步的重要动力（思政）。

（3）在人体与外部环境之间,在人体各脏腑组织之间,需要维持相对的动态平衡,推进各种生理活动正常进行,保证人体处于健康状态；反之,就会发生疾病。在中医养生的大体系之下,情志活动的正常产生、四时的变化、脏腑之间的相互协调都应处于平衡状态,顺应"以平为期"的理念。人禀天地之气而生,居于自然之中,所以人体若想达到上述平衡的基础,便需顺应自然变化,与天地之间达到协调平衡,方能延年益寿。

## 三、分析讲解

（一）重点分析:案例与本讲内容的关联度

本讲的内容是"玉机真脏论"。课程思政案例习近平同志的整体观、问题导向,与本讲的整体观念内容是完全契合的。同时,课程思政案例也把"以平为期"在中医养生中发挥的作用展现了出来。通过学生案例前的讨论,并结合最后的总结和升华,让学生的整体观念、问题意识和对"以平为期"理念的认识得到提升,表现在:① 学生能够深入理解五脏之间的相互联系、相互贯通的重要性;② 学生能够体悟问题意识和问题导向;③ 学生能够认识到"以平为期"理念的重大意义。本案例的引入非常契合本节课的教学内容和教学目标,不仅能够激发学生的理论学习兴趣,使其吸收古代哲学的精髓,提升思想境界,而且能使学生利用所学的专业理论、思想,在现实生活中发挥个人价值。

（二）如何达成课程思政预期目标:采取适宜的教学方法和教学模式

1. 通过提问的方式进行案例导入,创设问题情境,启发学生思考问题,使学生能够在历史知识积累的背景下思考问题。

2. 使用视频"中央会议",加深学生的切身感受。同时,观看视频也能让学生在脑海中预先形成一个直观的认识,理解整体观念的重要性。

3. 使用讲授法,在案例后进行总结,即大医具备"上知天文、下知地理、中知人事"的能力。根据原文,让学生理解五脏之间相互联系、相互贯通的重要性;同时,使学生树立问题意识,坚持问题导向。结合视频及图片,帮助学生们树立整体观,提升领导者的管理智慧。此外,不仅要使学生认识到"以平为期"理念的重大意义,把它应用于我们的生活中,而且更要使其感悟生活中的中庸之道,并在中医文化上发扬传承。

（单双宇　马会霞）

# 第二讲 《素问·骨空论》

## 一、教学目标

### （一）课程思政教学目标

1. 通过原文的学习和观看视频,理解"调和阴阳"的治病原则,坚持"以平为期"的指导思想(教学);体悟黄帝内经中蕴藏的中和思想,坚定理想信念,助推国家的和谐发展,将中和理念融入碳中和(思政)。

2. 通过原文的学习,掌握施灸时因人制宜的治疗方法,整体考虑,辨证施灸(教学);把握因人制宜的方法,强化团体合作能力,发展自我优势,坚定个人自信,同时,理解国家发展也要把准因人制宜的方针,只有这样才能实现人才强国战略(思政)。

### （二）课程思政教学目标的体现

1. 以今日国家的和谐安定为例,贴近学生生活,便于学生理解和合思想的重要性,进而提出碳中和的问题,将碳中和的"和"与和合思想进行联系,从中吸取经验和方案来促进碳中和的实现。在学习过程中,为学生根植爱国情怀,坚定理想信念,并且提供解决问题的新思路。

2. 通过对于原文"以年为壮数"的理解,提出因人制宜的理念,以唐太宗李世民善用贤才达到贞观之治的鼎盛时期,强调因人制宜的重要性,来提高学生灵活运用因人制宜方法的能力。首先,用以指导自我的发展,坚定个人自信,加强团队意识。其次,指出因人制宜的道理适用于国家发展的人才战略,引用习近平同志的话来证明其重要性。最后激励学生学习,坚定个人理想信念。

## 二、课程思政案例内容

（一）案例引出

课堂活动：

> 1. 提问：你觉得我们所处的时代是否和平？
> 2. 提问：你了解你身边的同学吗，举例说说身边同学的长处。

通过学生的不同回答，引出本课的课前视频、图片资料以及相关文学资料——"向和平致敬"的视频、房谋杜断的成语故事。

（二）案例内容

1. 案例形式：视频、故事+讲授、PPT展示。
2. 视频、图片名称：房谋杜断的成语故事。
3. 让我们一起来总结这些视频、故事带给我们的启示。

（1）"治在风府，调其阴阳，不足则补，有余则泻。"这是将"以平为期"作为指导思想，平衡阴阳，以维持人体各脏腑之间相对稳定的动态平衡。阴阳是对立统一的矛盾体，是一切事物发生发展的根源，疾病也是如此，阴阳的失调高度概括了病变的各种机理，涵盖了各种病机，因此《黄帝内经》中将"阳平阴秘"之人称为"平人"，强调了阴阳平衡的重要性，所以治疗时将调整阴阳作为治疗的最终目标。主要采取的手段是"泻有余，补不足"（教学）。

新时代新挑战，面对碳中和的难题，我们也要秉持着"补不足，损有余"的理念。在补齐不足上，我们还有许多方面需要不断优化与改进。在观念上，我们要大力宣传绿色生活观念，提高公民环保意识；在生产上，我们调整能源结构，采用清洁能源，推动产业结构转型；在技术上，我们提高能源利用率，研发推广低碳技术；在面对过量的碳排放时，我们要加强森林资源培育，开展国土绿化行动，不断增加森林面积和蓄积量，加强生态保护修复，增强草原、绿地、湖泊、湿地等自然生态系统固碳能力。中和的思想为我们实现"碳中和""碳达峰"的目标提供了良好的方案（思政）。

（2）因人制宜是三因制宜的重要组成部分，广泛应用于生活的方方面面，具有深远的历史意义。古时候，唐太宗慧眼识珠，让独具特色的偏才珠联璧合，留下了一段历史佳话——房谋杜断，这使得他统治的时期，成为中国封建社会少有的升平时期，出现了有名的"贞观之治"。作为一个君主，因人制宜的能力为他的帝业奠定了良好的基础。

今日之中国，同样重视因人制宜，打造人才强国。习近平同志强调"没有一支宏大的高素质人才队伍，全面建成小康社会的奋斗目标和中华民族伟大复兴的中国梦就难以顺利实现"，从战略和全局的高度说明人才的重要性；"谁能培养和吸引更多优秀人才，谁就能在竞争中占据优势"，从国际竞争的角度展示人才工作的重要作用；"树立强烈的人才意识，寻觅人才求贤若渴，发现人才如获至宝，举荐人才不拘一格，使用人才各尽其能"，从尊重人才的视角阐发了深化人才机制改革的现实路径。习近平同志求贤若渴的呼声，是对各级领导干部的提醒，也是对天下英才的深沉呼唤。

这对于我们个人来说也是很好的一课，"因人制宜"对我们的发展有着强有力的指导作用。首先，我们要明确自身的长处和短处，扬长避短，发展自我能力。每个人都是独立的个体，世界上不存在两片相同的树叶，找寻自身发光点，坚定自信心，为成为国家发展中所需要的人才而努力。其次，理解掌握因人制宜的方针，可以提高团队合作能力，各居其位，达到事半功倍的效果（思政）。

## 三、分析讲解

（一）重点分析：案例与本讲内容的关联度

本讲的内容是《素问·骨空论》。课程思政案例，与本讲的和合思想和因人制宜的内容是完全契合的。同时，课程思政案例也把碳中和理念和坚定理想信念展现出来。通过学生案例前的讨论，并结合最后的总结和升华，让学生的临床诊断能力和思想认识得到提升，表现在：① 学生能够掌握调和阴阳的治疗手段，为今后临床奠定思想基础，理解和合思想；② 使学生能够坚定自信心，守好本心，不忘初衷，根植爱国主义情怀；③ 让学生懂得了因人制宜的理念要整体考虑，辩证看待，提高了学生思考能力。本讲案例的引入非常契合本节课的教学内容和教学目标，不仅能够激发学生的理论学习兴趣，提升思想境界,对临床实践和生活具有指导意义,并能在现实生活中发挥个人价值。而且也能为学生的未来指引方向。

(二)如何达成课程思政预期目标:采取适宜的教学方法和教学模式

1. 通过提问的方式进行案例导入,创设问题情境,启发学生思考问题,使学生能够在具体问题下积累思考问题的逻辑方向。问题意识既是一种心理品质,也是一种思维习惯,它的培养和形成需要不断的刺激和强化,同理逻辑思维也需要强加锻炼。

2. 利用视频讲解,让学生对国家和平有直观的印象和深入的思考,深入理解和合思想,并且将书本知识与现实生活建立联系,激发学生学习兴趣,便于其更好地掌握知识。

3. 使用讲授法,在课堂最后进行整体思维总结。本文虽然主要讲述的是周身骨节孔穴的重要性,需要加强日常防护,保护腧穴之气,但是其中的治疗原则值得我们更加深入地学习。调和阴阳的和合思想,强调以和为贵,以平为期,为解决问题提供了很好的思路。因人制宜的理念与国家人才强国战略相吻合,能激励学生内在学习动力,提高学生自信心和团队合作能力。

(孟祥蕊 闫 昕)

# 第三讲 《灵枢·根结》

## 一、教学目标

### （一）课程思政教学目标

1. 通过阅读材料和原文，让学生掌握三阴三阳脉的根结部位、穴位名称以及根、流、注、入的腧穴，体会中医学因人制宜的治疗原则（教学），感悟个体化医疗的特点，认识和践行"大医精诚"精神、"以人为本"思想（思政）。

2. 通过原文的学习，掌握针刺治疗的补泻原则（教学），了解中国传统文化"调和"思想的智慧，厚植家国情怀，提高文化认同感（思政）。

### （二）课程思政教学目标的体现

1. 原文介绍了三阴三阳脉的根结部位、穴位名称以及根、流、注、入的腧穴，结合《大医精诚》原文学习，更加深刻地了解为医者医术精湛的必要性，激励学生努力学习。阅读《大医精诚》原文，让学生深刻体会"大医精诚"精神的内涵，引导学生面对患者要一视同仁，具有同理心，专心致志，以"普救含灵之苦"为己任。此外，加深对中医学因人制宜治疗原则及"以人为本"思想的理解，全心全意为患者服务。

2. 针刺治疗的补泻原则体现了中医学治病的调和思想，通过材料引出中国源远流长的和文化，通过讲授和文化在行为中的运用，展现中和文化的智慧，从而提升学生的文化自信，厚植家国情怀。

## 二、课程思政案例内容

### （一）案例引出

课堂活动：观看本课的课前资料，并提问以引发学生思考。

> 1. 提问：阅读《大医精诚》，谈一谈你对"大医精诚"精神的理解。
> 2. 提问：欣赏《步辇图》，了解其历史背景，谈一谈其中蕴含的中国传统文化。

（二）案例内容

1. 案例形式：视频、文本＋讲授。
2. 展示材料：《大医精诚》原文、唐代画家阎立本《步辇图》卷。
3. 让我们一起来总结这些视频、图片带给我们的启示。

（1）文中介绍了三阴三阳脉的根结部位、穴位名称以及根、流、注、入的腧穴，并体现了中医个体化医疗的特色，强调医术的精湛对于诊疗疾病的重要性，结合《大医精诚》原文进行学习，认识和践行"大医精诚"精神。

1）为医者应具备渊博的知识和精湛的医疗技术，这是为医的基本条件。原文说明上工、中工、下工因医疗技术的用功程度不同而导致不同的治疗结果，表明了医技对于挽救病人生命的必要性，正如《大医精诚》中所说："故学者必须博极医源，精勤不倦，不得道听途说，而言医道已了，深自误哉。"医术不精只求名利，为人诊病最终只会害人害己。本篇提示我们要认真学习专业知识，严谨治学，充分认识医学专业的特殊性，做到"干一行爱一行"，以精诚之心对待患者，为患者负责也是为自己负责。

2）为医者应培养因人制宜、"以人为本"的思想。原文说明王公大人与劳动人民因饮食居处等不同而影响到个人的体质也不同，则针刺的深浅徐疾也应不同，体现了中医学因人制宜的治疗原则，为中医学诊治疾病的一大特色。这种针对性的个体化医疗体现了"以人为本"的思想。《大医精诚》中"凡大医治病，必当安神定志，无欲无求，先发大慈恻隐之心，誓愿普救含灵之苦"同样蕴含了医者治病"以人为本"的思想，教育我们要珍重生命，精诚济世，全心全意为患者服务。

（2）原文"有余者泻之，不足者补之"，说明针刺时要用补法和泻法调其虚实，体现了中医治病"以平为期"的调和思想。"调和"体现了中国传统文化的魅力，唐代画家阎立本创作的《步辇图》卷描绘唐太宗李世民在宫内接见松赞干布派来的吐蕃使臣禄东赞的情景，展现了古代汉、藏民族的友好交往。另外，中国"和平共处五项原则"的提出，周恩来总理"求同存异"的倡议等都体现了中华文化的"天下大同"思想。中华文化自古的"和为贵"的理念为治国理政提供了思想指导,渊源流长的历史基因也促成了中国人民广阔包容的民族性格,充分展现了中国的大国智慧、文化自信。我们要厚植家国情怀,传承和发扬中国传统文化。

## 三、分析讲解

（一）重点分析：案例与本讲内容的关联度

本讲的内容是"根结",本篇主要论述了三阴三阳各经的根结部位与穴位名称和手足三阳经根、流、注、入的腧穴,并指出针法的运用要因人制宜。课程思政的案例《大医精诚》原文、唐代画家阎立本《步辇图》卷等内容,与本讲所授协调之治内容是完全契合的。本讲案例的引入非常契合本节课的教学内容和教学目标,不仅能够激发学生学习理论的兴趣,使其吸收古代哲学的精髓,提升思想境界,而且能使其利用所学的专业理论、思想,在现实生活中发挥个人价值。

（二）如何达成课程思政预期目标：采取适宜的教学方法和教学模式

1. 通过提问的方式进行案例导入,创设问题情境,启发学生思考问题,使学生能够在具有历史知识积累的背景下思考问题。问题意识既是一种心理品质,也是一种思维习惯,它的培养和形成需要不断的刺激和强化。

2. 通过案例材料的阅读,既能加深学生对中医知识的印象,又能起到立德树人的作用；既能使学生感受到中国传统文化的魅力,又能厚植其家国情怀。

3. 使用讲授法,在案例后进行总结,即大医需具备"上知天文、下知地理、中知人事"的能力。使用讲授法,在案例后进行总结,根据本节课程内容的讲解,使学生在自然科学与人文科学之间搭建桥梁,体悟中医知识与古代哲学思想之间的联系。结合案例材料,使学生体会中医文化在社会人文中的体现及实际意义,使其更加深刻意识到生命的整体性和合而为一的功能性的价值,帮助学生在提升自身修养,增强文化自信的同时,厚植家国情怀。

（彭旭彤　于荣霞）

# 第四讲 《灵枢·官针》

## 一、教学目标

### （一）课程思政教学目标

1. 通过观看视频和分组讨论，让学生掌握九种针具的适应证和各自的性能（教学）；从《黄帝内经》中感悟针刺知识为后世治疗疾病所带来的宝贵财富，从非遗的申请中感悟古人的智慧，在诊病时灵活应对变化，培养学生的专业自信，文化自信、引导学生增强传承和弘扬中医药文化的责任感（思政）。

2. 通过原文的学习，掌握整体观思想（教学）；从材料中感悟整体观在国家层面的运用，引导学生强化团结合作、团队意识，培养家国情怀，为社会奉献自己的力量（思政）。

### （二）课程思政教学目标的体现

1. 本篇通过论述九种针具的适应证和各自的性能，不同的病情变化和不同的病位运用不同的针刺手法，从而告诉学生诊疗疾病要具体问题具体分析，要掌握理论知识的本质并灵活运用。通过原文的学习与讲解，展现古人对针灸治病的丰富总结为后世针灸学的发展提供了宝贵财富，从而使学生对经典的学习产生敬畏之心。同时，观看有关针灸非遗传承的宣传片，帮助学生更加深刻地感受到传承和发展中医药文化的使命感，进而激发学生学习中医药知识的动力，增强文化自信。

2. 通过学习原文，了解本篇将施针与五运六气、人体气血盛衰联系起来，将针刺五体与五脏相对应，进而让学生理解中医学整体观的特点。同时，引入材料里国家倡导中体现的整体观思想，让学生在自然科学与人文科学之间搭建桥梁，体悟社会之国与人体"身国"的联系，理解中医的学习过程是一个修行的过程，进而体会中医学中的哲学思想，并将其运用于社会实践，从而加强团结合作、强化团队意识，培养家国情怀，为社会奉献自己的力量。

## 二、课程思政案例内容

（一）案例引出

课堂活动：观看本课课前资料，并提问以引发学生思考。

> 1. 提问：通过观看视频，谈一谈你对中医药发展的感悟。
> 2. 提问：观看材料，思考中医整体观与人类卫生健康共同体的联系。

（二）案例内容

1. 案例形式：视频、文本＋讲授。

2. 展示材料：

（1）视频：宣传片《千年针迹，金石为开——人类非物质文化遗产"中医针灸"》。

（2）助力构建人类卫生健康共同体。积极参与全球卫生健康治理，推进中医药参与新冠肺炎等重大传染病防控的国际合作，分享中医药防控疫情经验。在夯实传播应用基础上，推进中医药高质量融入"一带一路"建设，实施中医药国际合作专项，推动社会力量提升中医药海外中心、中医药国际合作基地建设质量，依托现有机构建设传统医学领域的国际临床试验注册平台。指导和鼓励社会资本设立中医药"一带一路"发展基金。在相关国家推进实施青蒿素控制疟疾项目。（中国政府网《国务院办公厅关于印发"十四五"中医药发展规划的通知》）

3. 让我们一起来总结这些视频、图片带给我们的启示。

（1）本篇介绍了九种针具的适应证和各自的性能，反映了我国古代针刺技术的成熟程度，并为后世针刺手法的发展奠定了基础。原文根据适应证的不同运用了不同的针刺方法，告诉我们要具体事情具体分析，掌握理论知识的本质，并灵活应对诊疗过程中发生的变化。宣传片《千年针迹，金石为开——人类非物质文化遗产"中医针灸"》以中国针灸的发展历史为线索，阐述了针灸源远流长的文化传承和发展成就，介绍了国家级传统医药类非物质文化遗产传承人及其精湛技艺。2020年11月,在世界针灸周"中医针灸"申遗10周年暨世界针灸学会联合会2020国际针灸研讨会主会场上,宣传片再次向世界展示了中医针灸的历史纵深和文化传承。这一具有中国特色的医疗技术,受到了世界上越来越多的关注与认可,展现了中医针灸文化的智慧。作为中医学专业的学生,应努力学习专业知识,并将理论运用到实践上去,认识和践行"大医精诚"精神,为针灸文化的传承与发展做出自己的贡献。

(2) 本文将施针与五运六气、人体气血盛衰联系起来,将针刺五体与五脏相对应,体现了中医学整体观的特点,材料中提出构建人类卫生健康共同体的建设,在为全球医疗卫生事业做贡献的同时,也推动了中医药文化在世界的传播。目前,世界各国的联系日益密切,各国相互依存,休戚与共,构建"人类命运共同体"体现了中国公平、开放、包容、共赢的发展观,为世界和平与发展不断贡献中国智慧、中国方案、中国力量,展现了中国自古以来整体观思想的魅力。我们应从中医整体观中寻找哲理,体会中医修行的智慧,并运用于社会实践,进而加强团结合作、强化团队意识,培养家国情怀,为社会奉献自己的力量。

## 三、分析讲解

(一) 重点分析:案例与本讲内容的关联度

本讲的内容是"官针",本篇介绍了九种针具的适应证和各自的性能。篇中详细谈到为适应不同的病情变化,不同的经脉病患,不同的脏器病患,邪气的深浅程度等而应采取的各种针刺方法。课程思政案例中的宣传片和国家"十四五"中医药发展的部分规划等内容,与本讲课的协调之治内容是完全契合的。本讲案例的引入非常契合本节课的教学内容和教学目标,不仅能够激发学生的理论学习兴趣,使其吸收古代哲学的精髓,提升思想境界,而且能使学生利用所学的专业理论、思想,在现实生活中发挥个人价值。

(二) 如何达成课程思政预期目标:采取适宜的教学方法和教学模式

1. 通过提问的方式进行案例导入,创设问题情境,启发学生思考问题,使学生能够在一定历史知识积累的背景下思考问题。问题意识既是一种心理品质,也是一种思维习惯,它的培养和形成需要不断的刺激和强化。

2.通过案例材料的阅读,既能加深学生对中医知识的印象,又能起到立德树人的作用;既能让学生感受到中国传统文化的魅力,又能厚植其家国情怀。

3.使用讲授法,在案例后进行总结,即大医需具备"上知天文、下知地理、中知人事"的能力。使用讲授法,在案例后进行总结,根据本节课程内容的讲解,使学生在自然科学与人文科学之间搭建桥梁,体悟中医知识与古代哲学思想之间的联系。结合案例材料,让学生体会中医文化在社会人文中的体现及实际意义,使其更加深刻意识到生命的整体性和合而为一的功能性的价值,帮助学生在提升自身修养,增强文化自信的同时,厚植家国情怀。

(彭旭彤　于荣霞)

# 第五讲 《素问·生气通天论》

## 一、教学目标

### (一)课程思政教学目标

1. 通过观看图片病例,了解名言和我国治国理政的智慧,让学生掌握阴阳平衡的重要性、形神一体观、外界环境对人体生理病理的影响以及五味摄取不当对五脏的影响(教学),感悟中医整体观及中和文化,进而体会中医哲学思想的魅力,增强文化自信,培养家国情怀(思政)。

2. 通过原文的学习,了解为医者医术精湛的重要性,培养学生未病先防的思想,并掌握情志为人体致病的重要因素(教学),坚持以人为本,并践行大医精诚精神,提高自身道德修养,从而实现人生价值(思政)。

### (二)课程思政教学目标的体现

1. 本文多处内容体现了中医整体观的特点,散发了中和文化的魅力。本文所引用的例句如《礼记·中庸》"中也者,天下之大本也,和也者,天下之达道也,致中和,天地位焉,万物育焉"和《老子》"道生一,一生二,二生三,三生万物。万物负阴而抱阳,冲气以为和"反映了中华民族"和为贵"的精神,能让学生更加深刻地感受道家、儒家等学派的优秀思想与中医理论的融合,以激发学生探索传统文化的兴趣,并且通过讲解我国的一些政策,让学生感悟了中和文化的智慧,增强了文化自信。

(1) 天人合一体现中和文化。通过展示环境治理对比图,让学生明白人与自然的统一性,人们需要遵守客观规律,保护自然。

(2) 形神一体观体现中和文化。《尚书》"非知之艰,行之惟艰"和《左传》"非知之实难,将在行之"体现知行合一的内涵。

(3) 阴阳学说体现中和文化。由阴阳的对立统一可联想到《老子》"祸兮,福之所倚。福兮,祸之所伏"。事物往往具有两面性,所以要以平和的心态看待生活中的人和事。此外,通过用阴阳学说分析病例,让学生体会阴阳辨证的重要性,激发学生的学习兴趣,使其树立文化自信,体现了中医辨证论治对立统一整体观的原则。

(4)调和五味,平衡饮食,安定居处,体现中和文化。原文表现出过犹不及的中庸思想,教育学生要合理降低欲望,抵制金钱名利的诱惑。

2.通过对原文"故病久则传化,上下不并,良医弗为""不亟正治,粗乃败之"的讲解,让学生明白为医者的责任和使命,要努力学习以增进自己的医术,追逐梦想,实现人生价值。

## 二、课程思政案例内容

### (一)案例引出

课堂活动:观看本课的课前资料——环境治理对比图、名言、病例、治国思想,并提问以引发同学们思考。

> 1.提问:通过观看环境治理对比图,请同学思考"天人合一"思想在现实生活中的应用。
> 2.提问:阅读名言,讨论其中的道理。
> 3.提问:中国治国思想中有什么智慧?
> 4.提问:怎样从阴阳学说的角度分析病例?

### (二)案例内容

1.案例形式:文本,图片+讲授。

2.图片内容:环境治理前后对比图。

3.治国思想:

20世纪80年代,邓小平同志提出:一部分人或一部分地区先富起来,先富带动后富,最终达到共同富裕。

2012年党的十八大明确提出"要倡导人类命运共同体意识,在追求本国利益时兼顾他国合理关切"。

党的十八大提出"倡导富强、民主、文明、和谐,倡导自由、平等、公正、法治,倡导爱国、敬业、诚信、友善,积极培育和践行社会主义核心价值观"。

4. 病例:患者,女,32岁,咳嗽1周余,咽干,吐黄痰,舌红、苔薄黄,脉浮略数,阴阳辨证属阳证,风热外袭,肺失清润,治以疏风清热、润燥化痰,用桑菊饮合桑杏汤加减,水煎服,每日1剂,分早晚2次服用。患者服用1剂后,咳嗽基本消失。

5. 让我们一起来总结这些名言、图片带给我们的启示。

(1) 我国的治国理念体现"贵中尚和,以和为贵"思想。在世界层面上,提出"人类命运共同体",促进世界和平与发展;在国家层面上,提出共同富裕的倡导,即消除两极分化和贫穷基础上的普遍富裕。社会主义核心价值观在社会层面上的和谐,个人层面的公正、平等,都提现了中和文化。教育学生调和人际关系,厚植家国情怀。

(2) 根据环境对比图,遭到人类破坏的环境与治理后的环境对比明显,提示人类行为与自然环境的密切关系。保护环境,人人有责。通过学习原文,体悟"天人合一"的思想和中医整体观特点,从天人和谐的角度体悟中和文化。

(3) 首先,中和,又称"中庸""中行""中道",是中国古代重要的哲学思想,是中国传统文化的特征之一。中,即不偏不倚,无太过、无不及的平衡状态;和,是一切有内在联系的事物之间协调、和谐、稳定的状态。在中国古代,几乎所有的哲学家都推崇"中和"思想的哲学精华。与本章阴阳的和谐统一,"天人合一"思想、五味和调等产生联系,从人体中和之道理解更大的中和文化。其次,深刻理解"知行合一"的思想内涵。所思、所想与所行保持一致是一件困难的事情,需要提升道德修养和自制力。比如很多大学生都有"拖延症",立下目标不能立刻行动。对于这些情况,学习"知行合一"思想很有必要。教育学生摒弃安逸心理,做好大学规划,勤奋学习,实现自身价值。另外,祸福相依的思想与原文"凡阴阳之要,阳密乃固,两者不和,若春无秋,若冬无夏,因而和之,是谓圣度"相联系,即阴与阳互根互藏,对立统一,不可分割,祸与福相互转化,对立平衡。由此,告诉我们要以平和的心态看待事物,增强抗压能力。

(4) 用阴阳学说分析病例,体会阴阳辨证的重要性。阴阳辨证是八纲辨证的总纲领,从中感受传统中医药的哲学思辨精神,以增强文化认同感,传承与弘扬中医药文化。

## 三、分析讲解

（一）重点分析：案例与本讲内容的关联度

本讲的内容是"生气通天论"，主要论述了人的生命活动与自然界息息相通的道理。课程思政案例中的环境治理对比图、我国治国思想的中和智慧、体现中和文化的名言等内容，与本讲的中和文化内容是完全契合的。通过学生的讨论并结合最后的总结和升华，让学生对中医的传统哲学思想、中和文化和自我价值的认识都得到提升，表现在：① 学生能够理解人与自然息息相通的关系，以及外界环境是人体治病的重要因素；② 使学生在自然科学与人文科学之间搭建桥梁，体悟社会之国与人体"身国"的联系；③ 学生能够体悟整体观及古代中和文化在哲学、生命及社会人文的体现及实际意义。本讲案例的引入非常契合本节课的教学内容和教学目标，不仅能够激发学生的理论学习兴趣，使其吸收古代哲学的精髓，提升思想境界，而且能使学生利用所学的专业理论、思想，在现实生活中发挥个人价值。

（二）如何达成课程思政预期目标：采取适宜的教学方法和教学模式

1. 通过案例展示及提问的方式导入，创设问题情境，启发学生思考问题，使学生能够在一定历史知识积累的背景下思考问题。问题意识既是一种心理品质，也是一种思维习惯，它的培养和形成需要不断地刺激和强化。

2. 使用环境治理对比图，让学生切身感受遵守客观规律的重要性，凡事都要顺势而为。同时，通过图片对比可以让学生更加直观地理解内容，从而引出对"天人合一"思想的认识，引起学生注意。

3. 使用讲授法，在案例后进行总结。根据本节原文内容与哲学道理的联系，帮助学生在自然科学与人文科学之间搭建桥梁，使其体悟社会之国与人体"身国"的联系。结合案例资料，让学生体悟整体观及古代中和文化在哲学、生命及社会人文的体现及实际意义，并注重培养传统中医药的哲学思辨精神，以增强文化认同感，传承与弘扬中医药文化。此外，鼓励学生努力学习，实践工匠精神，用自己的才学奉献社会。

（彭旭彤　于荣霞）

# 第六讲 《素问·汤液醪醴论》（一）

## 一、教学目标

### （一）课程思政教学目标

1. 通过观看视频和讨论，了解水肿的发病机制、症状及治疗方法，确立"平治于权衡，去宛陈莝"的治则，通过"缪刺""温衣""微动四极"的方法，使精气正常地运行周身，五脏阳气得精气之濡养而能输布化水，使其郁积的水液得以疏涤排泄（教学）；掌握"平治于权衡"治疗学理论的核心，知道其是临床确定疾病治法的基本出发点，无论是"寒者热之，热者寒之"，还是"虚则补之，实则泻之"，都必须以恢复机体阴阳气血的动态平衡为最终目的（思政）。

2. 通过原文的学习，掌握汤液和酒剂的制作要求，以及汤液和酒剂在社会功效价值方面的变迁（教学），反映"大医弃药"是最理想的医疗境界，其体现了"药食同源"的理念，帮助学生树立中医文化的自信（思政）。

### （二）课程思政教学目标的体现

1. "阴平阳秘，精神乃治"既是对阴阳平和协调关系的表述，也是对人体最佳生命活动状态的高度概括。阴阳双方只有保持动态平衡，才能使人精气旺盛，才能维持正常的生命活动，若阴阳的动态平衡被破坏，任何一方出现偏盛或偏衰，即为病态。原文指出水肿的发病机制是阴盛阳竭，水液停聚。根据"平治于权衡，去宛陈莝"的治则，运用"开鬼门""洁净府""缪刺"，加之"温衣""微动四极"的方法，得"精以时服"，能让精气按时布行周身，发挥其正常作用。

2. 本篇首先立足于自然环保医学的思维，论述了汤液醪醴的制作，体现了"药食同源"的理念，对指导人们健康生活具有长远意义，体现了中医文化的博大精深。同时，通过对汤液醪醴在社会功效价值方面的变迁描述，反映出上古时期是最理想的"大医弃药"的境界。当今社会因身心病俱多，所以治疗需综合，尤其强调"针石，道也"，治神是关键，进而引发人们对医生的第一职责问题

(能让人不生病),即如何保持"大医弃药"的境界问题的思考,其核心理念是:防微杜渐的治未病思想。

## 二、课程思政案例内容

(一)案例引出

课堂活动:

> 1. 提问:刘畊宏健身直播间出圈意味着什么?
> 2. 提问:谈一谈你对中医养生运动中所体现的对传统文化的传承与发扬的看法?

通过学生的不同回答,引出本课的课前视频、图片资料——刘畊宏健身直播间出圈、健康中国战略、传承与发扬中医养生运动传统文化。

(二)案例内容

1. 案例形式:视频、图片+讲授。
2. 视频、图片名称:刘畊宏健身直播间出圈、健康中国战略、传承与发扬中医养生运动传统文化。
3. 让我们一起来总结这些视频、图片带给我们的启示。

(1) 刘畊宏健身直播间的走红意味着全民健身时代的来临,人们的健身意识和需求被激发出来,健身内容的价值也被越来越多的人所发现。同时,刘畊宏在直播间中所传达的正能量,如对生活的乐观、热爱,奔放的热情等,也是每个人都喜欢看到的灿烂的一面,具有积极向上的正能量意义。

当前人们对健身的认识已不再拘泥于"健身房"和少数群体,健身已走出健身房,走进了家家户户的客厅,锻炼身体已变成一种触手可及的大众化行为。

(2) 食疗的萌芽。相传商代人伊尹善烹调,有时可以用烹调的食物治病,并由此开创了食疗,故有"药食同源"之说。最早的药物都是食物,最早的医疗正是饮食疗法。又有《说文解字》中解释:"酒,所以治病也。《周礼》有医酒。"可见,古人已经知道借助酒的"通血脉,温肠胃,御风寒"功效来治疗和预防疾病。酒的出现也进一步促进了食疗的发展。

据孙思邈所论："食疗不愈，然后命药。"他认为一些病可以先用很安全的五谷或果蔬等食物治疗，若不见效，再考虑用药。当然，孙思邈也指出："救疾之速，必凭于药。"除此之外，他还说"食能排邪而安脏腑，悦神爽志，以资血气"，提出合理饮食的重要性，"安身之本，必资于食""不知食宜者，不足以存生也"，选择合理的膳食来保障健康，无论何时都是人们生存之要务。同时，在当前西药广泛应用于临床治疗的情况下，滥用药物、重复用药等不合理的用药现象时有发生，合理使用食疗的理念尤其值得重视。

## 三、分析讲解

（一）重点分析：案例与本讲内容的关联度

本讲的内容是汤液醪醴的制备、使用和用途，通过对汤液醪醴在社会功效价值方面的变迁描述，来反映上古时期是理想的"大医弃药"的境界。当今社会因身心病俱多，所以治疗需综合，尤其强调"针石，道也"，治神是关键。此节课程思政案例和本讲课的内容是完全契合的。随着科学技术的发展，医学思维以及诊疗手段日趋完善以及精细化，然而人体的复杂性，意味着我们的认识不能仅仅局限于微观世界，宏观思维也应补充进来，这两种意识思维的结合正是中医与西医的结合。中医与西医并不是对立的，二者应相互补充、相互发展，共同促进中国医药事业的发展。同时，在医学宣教中要重视药食同源的思想，每个人都是自身健康的第一责任人，保持健康最重要的在于自己的生活方式，其核心理念是防微杜渐的"治未病"思想。

（二）如何达成课程思政预期目标：采取适宜的教学方法和教学模式

1. 通过提问的方式进行案例导入，创设问题情境，启发学生思考问题，使学生能够在具有历史知识积累的背景下思考问题。问题意识既是一种心理品质，也是一种思维习惯，它的培养和形成需要不断地刺激和强化。

2. 紧跟时事，了解"刘畊宏男孩""刘畊宏女孩"的故事，帮助学生树立正确的健康观念，坚持运动养生，保持自律，让全民健身走进家家户户。

3. 使用讲授法,在案例后进行总结,即中医运动养生不仅具有强身健体的实效性,也兼具"立德树人"的思政价值,紧紧聚焦于爱国教育研究视角,讲好中国传统体育运动项目中的"中医药故事",向世界展现中华传统文化魅力,为文化自信的建立与"中国梦"提供力量支撑,是新时代的使命。

(苏雯博　张雅宁　于荣霞)

# 第七讲 《素问·异法方宜论》

## 一、教学目标

（一）课程思政教学目标

1.《异法方宜论》论述了人体和地理环境的关系，体现了"人与天地相参"的观点。五方之民，居处衣食，包括习俗，各有不同，这些差别必然影响人们的体质，影响其生理和病理（教学），理解一方水土养一方人的内涵，了解不同地域物产与人们生活习惯的联系，深刻认识祖国河山的幅员辽阔与地广物博，热爱祖国的大好河山（思政）。

2.《异法方宜论》论述了治疗须根据地理环境、气候等差异，而采取不同的治疗方法。同病可异治，异病亦可同治，应当因时、因地、因人施治（教学）。由此，教导医者应有丰富的临床思维，做到"得病之情，知治之大体"，并能因地制宜分析问题，还应有宽广的治疗思路与方法，实现"一病而治，不同皆愈"。只有一切从实际出发、充分反映客观规律的认识，才是正确的认识；只有以正确的认识为指导，才能形成正确的行动（思政）。

（二）课程思政教学目标的体现

1. 文章对于地气有生动的描述，这些记载基本符合我国地理气候特点，丰富的地形地貌、地理环境造就了我国文化千姿百态的繁荣景象。生活在不同地区的人们衣食住行也均有差别，这种差别是由地理、环境、气候、物产、民族、宗教、习俗等多种因素造成的，如在饮食方面，北人以面食为主，南人以大米为粮，西北之人尚食乳酪、牛羊肉，东南之人多食鱼鲜海味等。

通过这些内容的讲解，我们不禁感叹祖国的地大物博、江河广阔，既可以是"江南古镇兼细雨，吴侬软语惹相思"的温柔，也可以是"大漠追鹰草上飞，万里草原一日回"的肆意。山河壮丽，岁月峥嵘。时代的接力棒终将传到我们手中，我们有责任去继承实现国家的百年目标，建设远大理想，贡献青春力量，不负韶华,去冲去闯,去乘风破浪。

2. 东、西、南、北、中五方地理环境的差异,造成人们衣食住行的不同,以及各地易患病症的不同,医学治疗须根据地理环境、气候等差异,采取不同的治疗方法。同病可异治,异病亦可同治,医者应当因时、因地、因人施治。上工往往能依据病人的实际情况灵活选择治疗方法,而不拘泥于何方治何法。对此,清代张志聪在其《黄帝内经素问集注》中曾言:"所以治异而病皆愈者,得病之情者,知病之因于天时、或因于地气、或因于人之嗜欲,得病之因情也;或因五方之民,而治以五方之法,或因人气之生长收藏,而宜于针砭艾焫,或宜于毒药按蹻,是知治之大体,而又不必胶执于东方之治宜砭石、西方之治宜毒药也,是以圣人杂合以治而皆得所宜。"

## 二、课程思政案例内容

(一)案例引出

课堂活动:

> 1. 提问:请各位同学介绍自己的家乡。
> 2. 提问:国家因地制宜的措施有哪些?
> 3. 提问:请谈谈中国共产党的思想路线。

通过学生的不同回答,引出本课的课前视频、图片资料——中华民族共同体意识、南水北调工程、中国共产党实事求是的思想路线。

(二)案例内容

1. 案例形式:视频、图片+讲授。

2. 视频、图片名称:中华民族共同体意识、南水北调工程、中国共产党实事求是的思想路线。

3. 让我们一起来总结这些视频、图片带给我们的启示。

(1)费孝通先生言,中国的本质是乡土性的。一方水土养一方人,丰富的地域特征造就了千姿百态的乡土文化。乡土文化的实质是流淌在国人灵魂深处的文化意识——乡土情结,这是国人与生俱来的文化情怀。家是最小国,国是千万家,热爱自己的家乡,热爱我们的祖国,是当代青年坚定不移的理念,家国同构,青年要厚植家国情怀,铸牢中华民族共同体意识。文化认同提供的精神感召和意义追寻是使中华民族团结一心聚在一起,众志成城,共克时艰的根本所在。

（2）南水北调工程是中华人民共和国优化水资源配置、促进区域协调发展的重大战略性工程,其建设管理的复杂程度远大于以往的工程建设,东、中、西调水三线涉及范围广,具有显著的区域差异性。水资源调配要兼顾调水区与受水区的动态平衡；调水区在保护水资源的同时,还要考虑如何促进当地经济社会的进一步发展；受水区覆盖范围要考虑城市与农村布局。因此,在工程政策的制订上,既要考虑政策的整体性,又要研究不同地区不同对象情况的特殊性,因地制宜、结合实际、合理安排。

（3）实事求是是毛泽东同志对党思想路线的集中概括。坚持实事求是,就是坚持一切从实际出发,探求事物的内在联系及其发展的客观规律性,把握事物的"是",从而认识事物的本质。

党的十八大以来,习近平同志反复强调"实事"的重要性。只有努力掌握全面、真实的第一手材料,真正搞清楚本单位的实际情况,真正搞清楚影响发展的突出问题,才能真正掌握社会客观中的"实事",做到心有成算,这始终是我们进行一切科学决策所必需的也是唯一可靠的前提和基础。

## 三、分析讲解

（一）重点分析：案例与本讲内容的关联度

《素问·异法方宜论》融医学和地理学于一炉,阐述了由于地区不同、生活环境和习俗各异、其生理病理和发病情况悬殊,故治疗亦当遵循"因地制宜"的基本思想。诚如张志聪所说:"治病之法,各有异同。无方之民,居处衣食,受病治疗,各有所宜。"从本论中的内容及临床实践看,其精神实质是因时、因地、因人施治,体现的是中医疗法的多样性、实用性、有效性。课程思政案例中华民族共同体意识、南水北调工程、中国共产党实事求是的思想路线等内容,与本讲的内容是完全契合的。

（二）如何达成课程思政预期目标：采取适宜的教学方法和教学模式

1.通过提问的方式进行案例导入，创设问题情境，启发学生思考问题，使学生能够在一定历史知识积累的背景下思考问题。问题意识既是一种心理品质，也是一种思维习惯，它的培养和形成需要不断地刺激和强化。

2.使用讲授法，在案例后进行总结，即教导医者应有丰富的临床思维，做到"得病之情，知治之大体"，并能因地制宜分析问题，且应有宽广的治疗思路与方法，实现"一病而治不同皆愈"。坚持一切从实际出发、充分反映客观规律的认识，才是正确的认识；只有以正确的认识为指导，才能形成正确的行动。总而言之，我们要听党话，跟党走，高举坚持实事求是的旗帜，增强民族自豪感，民族荣誉感，树立休戚与共、荣辱与共、生死与共、命运与共的共同体理念，夯实中华民族共同体思想基础，为实现中华民族的伟大复兴而不懈奋斗。

（苏雯博　于荣霞）

# 第八讲 《灵枢·经筋》

## 一、教学目标

### (一)课程思政教学目标

通过对各经筋的学习,了解经筋约束骨骼的机理以及经筋的循行特点、病症的症状特征、病名以及治疗原则(教学)。人心齐,泰山移。只有各个国家齐心协力,才能缔造人类命运共同体,实现互利共赢。由此,要求学生在把握宇宙生命、万物规律的基础上,强化团结合作、团队意识,培养家国情怀。只有政府和全社会共同努力,才能更快实现中华民族的伟大复兴(思政)。

### (二)课程思政教学目标的体现

1.《灵枢·经筋》将人体筋按照十二经部划分,这种划分体系以形态学为基础,更侧重于功能的分类,这种划分体系不但有前后左右的分部,而且有内外的深浅分层。因此,以手足六经对人体筋进行分类的分类系统,比较目前常用的屈伸分类系统而言,具有更高的统一性、更复杂的结构性,以及更实际的应用性。《素问·皮部论》:"筋有结络",经筋结络的地方是在肘腕关节周围,其连于肌肉,不仅有"刚力",还有"柔力",筋的力量的刚柔是顺应外界刺激而决定,"刚力"主维持关节的稳定,"柔力"主维持人体伸展,刚柔并济,和合与共。

人体经筋由十二经部来划分,经筋结络刚柔并济,既维持关节的稳定,又保持人体的伸展运动,其体现人体系统的统一性与协调性,由此启示学生厚植家国、团队的归属情感,树立团队合作意识。在国际社会中,只有各个国家齐心协力,才能共同缔造人类命运共同体,实现互利共赢,要求学生强化团结合作、团队意识,培养家国情怀。

2.《素问·生气通天论》:"阳气者,精则养神,柔则养筋。"阳气意为卫气,阳气温养筋使其柔软有度。从功能上提出"筋为刚",意为筋的力量为刚劲。

《灵枢·筋别》曰:"筋者,束肉骨而利机关。"筋具有约束关节活动的作用,可以防止关节过度活动,稳定关节的作用。

筋的刚力约束关节,防止关节过度活动;柔力稳定关节,保持关节的灵活运动。在经筋的约束下,骨骼得以发挥正确作用。在国家治理中,依法治国作为治国方针与策略,具有统领性,其覆盖所有领域和人群。国无法不治,民无法不立。我们不仅要有法可依,更要做到有法必依。人人守法纪,则社会安定,经济发展。只有在政府和全社会共同努力下,才能实现政通人和,才能保证国家的长治久安,让人民生活幸福美满。

## 二、课程思政案例内容

(一)案例引出

课堂活动:

> 1. 提问:新型经济全球化秩序给我们带来了什么启示?
> 2. 提问:浅述淄博烧烤出圈。

通过学生的不同回答,引出本课的课前视频、图片资料——新型经济全球化秩序、淄博烧烤出圈。

(二)案例内容

1. 案例形式:视频、图片+讲授。
2. 视频、图片名称:新型经济全球化秩序、淄博烧烤出圈。
3. 让我们一起来总结这些视频、图片带给我们的启示。

(1)经济全球化不仅是必要的,也是必然的。正如习近平同志所说,我们无法回避"世界经济的大海",经济全球化已是不可逆转的必然趋势。那么,我们应该做的就是对当前的经济全球化模式做出变革,解决经济全球化存在的问题,构建新的经济全球化秩序,让经济全球化惠及所有人。人类命运共同体是中国领导人提出的处理国际关系的价值理念,其核心要义是宇宙只有一个地球,地球是人类唯一赖以生存的家园,人类早已经成为"你中有我,我中有你"的命运共同体。因此,各国应该摒弃冲突对抗的冷战思维,通过互帮互助、互利互惠的合作共赢之道实现全人类的共同发展和共同繁荣。

(2)今年以来,老工业基地淄博因烧烤而火爆全网,成为城市营销的一个成功典范。淄博烧烤出圈反映了地方政府同样可以灵活应用流量密码,拥有拥抱数字经济的能力。

淄博赢得全国人民好感的背后,得益于当地人民的高素质和纯粹的善意。并非仅仅在于其美味佳肴,更在于人与人之间所流露的浓厚人情味和国泰民安的氛围。在淄博这座城市及其市民的带动下,人们感受到了生活的另外一种形态。淄博烧烤的成功不仅是旅游业的成功,更是一种生活方式和文化的胜利。这种成功的理念值得在全国范围内推广,其将成为推动中国商业文化发展的新思路。

## 三、分析讲解

(一)重点分析:案例与本讲内容的关联度

本讲讲述了经络理论体系中经筋的循行特点、病症的症状特征、病名以及治疗原则。课程思政案例新型经济全球化秩序、淄博烧烤爆火等现象的背后是政通人和下的国泰民安。通过学生案例前的讨论,并结合最后的总结和升华,让学生从人身之国十二经筋为切入点,充分认识国家"以人为本"的治理理念,了解国际局势,共同建设人类命运共同体,树立大局观。本案例的引入非常契合本节课的教学内容和教学目标,让学生对为医者的大局观、团队协作及领导力的认识得到提升,不仅能够激发学生的理论学习兴趣,使其吸收古代哲学的精髓,提升思想境界,而且能使其利用所学的专业理论、思想,在现实生活中发挥个人价值。

(二)如何达成课程思政预期目标:采取适宜的教学方法和教学模式

1.通过提问的方式进行案例导入,创设问题情境,启发学生思考问题,使学生能够在具有历史知识积累的背景下思考问题。问题意识既是一种心理品质,也是一种思维习惯,它的培养和形成需要不断的刺激和强化。

2. 使用讲授法,在案例后进行总结,即本讲以新型经济全球化秩序为切入点,展现了国际发展态势下的中国态度,以及摒弃冲突对抗的冷战思维。其中,以和为贵,谋求互利共赢,协同发展的理念,与人身之国各经筋各守其位的序文化思想不谋而合,由此强化学生团结合作、团队意识,培养家国情怀。此外,淄博政府灵活应用流量密码,拥抱数字经济,成就淄博烧烤爆火,展现了这座城市真诚的待客之心和迷人的烟火味;而当地官员"为官一任,造福一方"的积极态度正是体现了我们中国共产党人"为中国人民谋幸福,为中华民族谋复兴"的初心和使命!

(苏雯博　马会霞)

# 第五篇　天文地理合人事篇

## 第一讲　《素问·六节藏象论》

### 一、教学目标

（一）课程思政教学目标

1. 通过视频观看和讨论，让学生掌握五脏与精神活动、体表组织和四时的联系，以及十一脏取决于胆的知识点（教学），体悟中医整体观念，古人的位序文化思想以及"与天地同纪"的道理，引导学生敬畏自然、尊重生命，培养学生勇于探索、求真务实的职业精神。在把握当时封建王朝的政治制度的基础上，强调立法治国的重要性，以培养学生的家国情怀，强化团队合作意识和法律意识（思政）。

2. 通过原文的学习，掌握对机体而言，胆对于其他脏腑以及脾的作用，让学生体会"凡十一脏取决于胆也"的意义以及"故曰不知年之所加，气之盛衰，虚实之所起，不可以为工矣"的深层含义（教学）。对于国家、集体、团队等管理的智慧，领导者的领导力，体会"凡十一脏取决于胆也"的社会人文体现；对于五气的太过或不及，则要求我们把握"不偏不倚"的中庸之道；从处理医患关系以及诊治疾病角度，则要求我们坚持两点论和重点论，重视医患关系，以患者为中心，坚持以人为本，强化自身的进取精神，不断探索生命真理（思政）。

（二）课程思政教学目标的体现

1. 本篇论述了五脏与精神活动、体表组织和四时的联系以及十一脏取决于胆的认识，以胆之阳气升发喻立法为治国之本；以胆肝调节人体气机升降出入喻正纲纪为安邦之策,阐述了胆与其他脏腑的联系,强调了胆的重要性及十二脏腑之间相互配合的重要意义。通过对这些内容的观看与讲解,强调了五脏与精神活动、体表组织和四时的联系,也表明诸脏腑的相关属性和它们的协调性。同时,对于学生来讲能更加深刻意识到生命的整体性和合而为一的功能性的价值,在学习过程中帮助其树立团队合作意识,感悟古人的各守其位,各司其职,各尽其责、精诚合作的情怀,保持认真严谨的治学态度,抓住现象看本质,发扬自身责任感使命感;坚持两点论和重点论,重视医患关系,以患者为中心,坚持以人为本,强化自身的进取精神。提示医生要重视病人对治疗的态度,感悟古人的"以病人为父母"的高尚情怀,坚定地为患者服务,考虑患者的切身利益,为医者要医者仁心,秉承"大医精诚""以人为本"的理念思想。

2.通过论述胆和其他脏腑的联系,来表明胆的中正之性在当时封建王朝政治制度的重要性。国家之昌盛,取决于法纪的严明,其正所谓是"治国之本"。要使"主明"则肃纪,以正上下。国有中正无私之刑吏,有法可依,依法而治,官吏百姓守法乐业则天下大昌。胆之少火升发犹国之立法,疏泄有度犹执法刚正无私。胆肝同为风本之脏,调疏人体气机升降出入,气从以顺,五脏安和。故曰"凡十一脏取决于胆"。此外,五气太过与不及所导致的结果无不体现"中和"的思想,在把握万物化生和人事发展的基础上,认识古代"不偏不倚,折中调和"的中庸思想,从而教育学生要随时自省,努力成长为理想的自己。

## 二、课程思政案例内容

（一）案例引出

课堂活动:

1.提问:谈一谈你对"凡十一脏取决于胆也"的辨析。
2.提问:请谈谈六节藏象论中的术数文化。
3.提问:谈一谈你对"不知年之所加,气之盛衰,虚实之所起,不可以为工矣"的理解。
4.提问:你是如何理解位序文化的。

通过学生的不同回答,引出本课的课前视频、图片资料——四时五藏阴阳图、依法治国、胆的病理机转图。

(二)案例内容

1. 案例形式:视频、图片+讲授。
2. 视频、图片名称:四时五藏阴阳图、依法治国、胆的病理机转图。
3. 让我们一起来总结这些视频、图片带给我们的启示。

(1) 以胆之阳气升发喻立法为治国之本;以胆肝调节人体气机升降出入喻正纲纪为安邦之策。作者从当时封建王朝的政体制度,十二官的职务及相互关系来比喻人体脏腑的相互关系,限于历史条件,也是有一定道理的。国家之昌盛,取决于法纪的严明,其正所谓是"治国之本"。要使"主明"则肃纪,以正上下。国有中正无私之刑吏,有法可依,依法而治,官吏百姓守法乐业则天下大昌。胆之少火升发犹国之立法,疏泄有度犹执法刚正无私。胆肝同为风本之脏,调疏人体气机升降出入,气从以顺,五脏安和。故曰"凡十一脏取决于胆"(思政)。胆的生理功能有哪些?胆与其他脏腑的关系是怎样的(教学)?

(2) 以胆之阳气升发喻立法为治国之本;以胆肝调节人体气机升降出入喻正纲纪为安邦之策,依法治国就是用依照能体现人民意志和社会发展规律的法律治理国家,而不是以个人意志为转移;要求国家的政治、经济运作、社会各方面的活动通通依照法律进行。同时,也强调规则的重要含义:在家,有家规;在校,有校规;在企业,有规章制度;在国,有国法……这一切无不体现着法和规的重要意义以及不可或缺性(思政)。

(3) 位序文化:

大到天地,小到分子、原子,其无不有自身存在的规律。由把握天地运行规律,从而过渡到国家治理中,规则对于人民的约束,使得国家处于安定之中;而纲纪对于统治者本身的约束则能使其成为明君,使国家昌盛繁荣(思政)。

(4) 何为"工"?

不知当年客气加临、气的盛衰、虚实的起因等情况,就不能做个好医生。这就要求医者把握天地运行之理,气候之变化和病人的情况,做到"谨察病机",小心谨慎地行医治病,体悟"大医精诚"之理,处理好医患关系,与患者和谐相处;保持认真严谨的治学态度,抓住现象看本质,发扬自身责任感使命感;

坚持两点论和重点论,重视医患关系,以患者为中心,坚持以人为本,强化自身的进取精神;体悟天地变化规律,参悟人生至真之理。培养正确的人生观,价值观和世界观(思政)。

## 三、分析讲解

（一）重点分析：案例与本讲内容的关联度

本讲的内容是"六节藏象论",六节：节,次也,度也,这里有周期的意思。藏象：藏(脏),藏也,指藏于体内的脏腑。象,征象、形象之意,此二字首见于本篇,指脏腑居于体内,而形象表现于外,从外而知内,故名为"六节藏象论"。课程思政案例依法治国的内容与本讲的协调之治的内容是完全契合的。通过学生案例前的讨论,并结合最后的总结和升华,让学生对"凡十一脏取决于胆也"和为医者的大局观、团队协作及领导力的认识得到提升,表现在：① 学生能够掌握五脏与精神活动、体表组织和四时的联系,以及十一脏取决于胆的重要性,并把握"脾为至阴"；② 使学生在自然科学与人文科学之间搭建桥梁,体悟胆的中正之性在当时封建王朝政治制度的重要性；③ 学生能够体悟中医整体观念,中庸之道,古人的位序文化思想以及"与天地同纪"的道理及实际意义。本案例的引入非常契合本节课的教学内容和教学目标,不仅能够激发学生的理论学习兴趣,使学生吸收古代哲学的精髓,提升思想境界,而且能够使学生利用所学的专业理论、思想,在现实生活中发挥个人价值。

（二）如何达成课程思政预期目标：采取适宜的教学方法和教学模式

1. 通过提问的方式进行案例导入,创设问题情境,启发学生思考问题,使学生思考问题。

2. 使用讲授法,在案例后进行总结,即大医具备"上知天文、下知地理、中知人事"的能力。根据本节教学内容,帮助学生在自然科学与人文科学之间搭建桥梁,体悟胆的中正之性在当时封建王朝政治制度的重要性。结合视频及图片,让学生体悟中医的整体观念、中庸之道、古人的位序文化思想,以及"与天地同纪"的道理及实际意义。

## 参考文献

[1] 何庆淮."凡十一藏取决于胆也"辨析[J]. 医药世界,2006(11):106-107.

(张雅宁 马会霞)

# 第二讲 《素问·汤液醪醴论》(二)

## 一、教学目标

### (一)课程思政教学目标

1. 通过视频观看和讨论以及相关资料的查询,让学生重视医患关系,关注医生行为和患者行为在诊治疾病中的作用(教学),感悟中医的医德医道以及"大医精诚"的思想理念,在把握中医医德医道的基础上,注重培养学生坚持人民至上、以人为本的价值观(思政)。

2. 通过原文的学习,对于掌握中医中的医患关系,学生体会"病为本,工为标,标本不得,邪气不服"(教学);对于培养学生坚持人民至上、以人为本的价值观,则从"病为本,工为标,标本不得,邪气不服"来体现民本思想(思政)。

### (二)课程思政教学目标的体现

1. 本篇论述了汤液醪醴的制备、使用和用途,通过古今对照,体现了疾病发生与"生物—心理—社会"因素密切相关。以"形弊血尽,而功不立"突出"神机"重要性。此外,又通过论述"标本不得,邪气不服"及"病为本,工为标"的重要意义来正确认识医患关系。通过这些内容的观看与讲解,以医生和患者为喻来帮助学生理解标本之间的关系。同时,提示医生要重视病人对治疗的态度,感悟古人的"视患为亲"的高尚情怀,坚定地为患者服务,考虑患者的切身利益,秉承"大医精诚""以人为本"的思想理念。

2. 通过本篇"时移病异,治法宜变"的讲授,尤其是对标与本之间的理解,将人民喻为本,将领导者喻为标来深刻认识"病为本,工为标,标本不得,邪气不服",让学生感受我国的"以人为本"制度优势性。此外,让学生明白作为一名医生,不光要掌握相应的医疗方法和措施,还要学会要与病人同频共振,真正关注病人的心理状态,使双方达到同气相求的地步。针对中医中标与本的不同看法,帮助学生培养以病人为中心的观念,提升医者的思想境界,在让医者刻苦学习,躬身实践的同时厚植济世情怀,涵养医者仁心。

## 二、课程思政案例内容

(一) 案例引出

课堂活动:

> 1. 提问:谈谈你对于标与本的认识。
> 2. 提问:从"水能载舟,亦能覆舟"这句话中我们能学习到什么(结合本篇)?
> 3. 提问:就人民与领导者的关系,谈谈你的看法(结合本篇)?

通过学生不同的回答,引出本课的课前视频、图片资料——标本防治图(标与本的重点分析)、领导者明德之风范、治标与治本、古代民本思想。

(二) 案例内容

1. 案例形式:视频、图片+讲授。
2. 视频、图片名称:标本防治图(标与本的重点分析)、领导者明德之风范、治标与治本、古代民本思想。
3. 让我们一起来总结这些视频、图片带给我们的启示。

(1) 首先要明白"何为标,何为本",标与本之间的关系,在何种情况下标重要,何种情况下本重要;对于国家政治体制,"何为标,何为本",重点讨论以"标与本"为喻的领导者与人民之间的关系(思政)。学生需了解古代各医家对"标本"的理解,扩展思维联系。结合《灵枢·本神》篇,讨论"凡刺之法,必先本于神"这句话与"标本"之间的联系,体悟其中"以病人为本"的疾病治疗观(教学)。

(2) 标与本是相对的概念,"标本不得"即病人与医生不配合,若"标本不得"则邪气不服,疾病难以痊愈。疾病的发生,是由于外邪侵袭,正邪相争,或由于正气不足以抵抗病邪,或先天禀赋有所缺失等原因。愈病之关键仍在于养慎,即养正慎邪。另外,更重要一点也就是医患关系,即患者对医者信任与否,提示我们要重视病人的心理,强调形神共治思想。"以人为本"思想,表明为医者应谦卑低调,以病人为中心,考虑病人的切身利益,这对当代的医患关系具有重要的指导意义(教学、思政)。

(3) 古有"水能载舟,亦能覆舟"的谚语,其蕴含的哲学道理是:矛盾是对立统一的,主要矛盾对事物的发展起决定作用。同样,人民与君王亦是对立统一的,人民能成就君王,更能推翻君王的统治。"水能载舟,亦能覆舟"说明了统治者好比船只,老百姓好比水,若统治者治理有度,水则能护船安稳,从而国泰民安;若统治者治理不力,使人民处于水深火热之中,水也可以将船吞没,使其沉于历史的洋流中。这不仅表明了事物用之得当则有利,反之则必有弊害的道理,还说明了"以人为本""民贵君轻""仁"思想的重要性(思政)。

(4) 从治国来看,"标"好比领导者;"本"好比人民;若"本于人民,则可万全",领导者应始终遵循"以民为本"思想,一刻也不脱离群众,一切以人民利益为先,从人民的利益出发,更要有舍己为民的思想——"以天下为己任";时刻保持向人民负责和向党的领导机关负责的一致性态度,这是领导者的出发点。而人民也应以大局为要务,只有这样才能真正做到共赢。

(5) 古代民本思想的体现(思政)。《尚书·泰誓》中"天视自我民视,天听自我民听。百姓有过,在予一人,今朕必往"。《史记·殷本纪》记载"人视水见形,视民知治否"。孔子讲:"因民之所利而利之。"孟子更是提出"民贵君轻"的观点,指出百姓最重要,其次是社稷,再者为君。这些无疑都是我国古代民本思想的体现,而这些同时又与现代"以人为本"的思想相契合。

## 三、分析讲解

### (一)重点分析:案例与本讲内容的关联度

本讲的内容是"汤液醪醴论","汤液醪醴"是指五谷所制的酒;其中清稀而薄的叫作"汤液",稠浊而味厚的叫作"醪醴"。课程思政案例中标与本的重点分析、领导者明德之风范、治标与治本等内容,与本讲的内容是完全契合的。同时,课程思政案例也使得标与本的含义得以扩大。通过学生案例前的讨论,并结合最后的总结和升华,让学生对"标与本之间的关系"和为医者的大局观、医患观念及医德医道的认识得到提升,表现在:① 学生掌握标与本的含义、二者之间的关系及临床医患关系,体会了"病为本,工为标,标本不得,邪气不服"当中的哲理;② 使学生在自然科学与人文科学之间搭建桥梁,体会人民至上、以人为本的价值观。本案例的引入非常契合本节课的教学内容和教学目标,不仅能够激发学生的理论学习兴趣,使其吸收古代哲学的精髓,提升思想境界,而且对于处理临床医患关系具有指导意义。

(二)如何达成课程思政预期目标:采取适宜的教学方法和教学模式

1. 通过提问和小组讨论的方式进行案例导入,创设问题情境,启发学生思考问题,使学生能够在具有历史知识积累的背景下思考问题。

2. 让学生观看情景剧,使学生切身感受以人为中心思想的重要性。同时,观看视频也能让学生在脑海中预先形成一个直观的认识,提升其个人综合分析的能力。

3. 使用讲授法,在案例后进行总结,即大医具备"上知天文、下知地理、中知人事"的能力。根据"病为本,工为标,标本不得,邪气不服",说明医患之间存在着标本关系。"病为本"的"病",指病人的病情,也包含病人的神机。"工为标"的"工",指医生的治疗方法和措施。"标本不得",一是指病人的病情与医生的治疗不相契合。作为医生,要"得其法,守其数",具有高超的诊疗技术和认真的医疗态度,从而把握病变发展规律,全面掌握病情,准确进行诊断。二是指病人的神机与医生的治疗不相契合,神机即病人机体的反应性,在此着重于精神意识的调节控制作用。由此,使学生体会标与本的含义以及标与本的联系。同时,使学生明白"以人为本"的思想,知道为医者应谦卑低调,切不可高高在上,要以病人为中心,考虑病人的切身利益,切不可为利益所驱使。

(张雅宁　马会霞)

# 第三讲 《灵枢·本输》

## 一、教学目标

### （一）课程思政教学目标

1. 通过视频观看和讨论，让学生掌握脏腑经络腧穴功能的特点及其相互关系（教学），感悟中医系统思维及古人推源求本的思想，在把握宇宙生命、万物规律的基础上，强化团结合作、团队意识，培养家国情怀（思政）。

2. 通过原文的学习，明白经络学习对学习针刺的重要性，让学生体会"凡刺之道，必通十二经络之所终始，络脉之所别处"的意义（教学），学会具体问题具体分析，顺应规律，因地因时制宜。

### （二）课程思政教学目标的体现

1. 通过本篇的论述，使学生对经络的重要俞穴有了更深入的了解。这些知识对于针灸和推拿等疗法的实践具有重要的指导意义。同时，对于学生来讲能更加深刻意识到生命的整体性和合而为一的功能性的价值，帮助学生厚植家国、团队的归属情感，树立团队合作意识，感悟古人的守序守位、各司其职、精诚合作的情怀，坚定为医者要为患者服务，为医者要医者仁心，要"仁者爱人"，要视病人为至亲的大爱无疆的理念和立场。

2. 通过对经络循行以及穴位的描述，让学生明白经络学习对于学习针刺的重要性，并体会"凡刺之道，必通十二经络之所终始，络脉之所别处"的意义（教学）；学会具体问题具体分析，顺应规律，因地因时制宜，帮助学生培养中医思维，提升整体观、功能观，以及对人体和疾病的认识，坚定中医文化的自信。

## 二、课程思政案例内容

（一）案例引出

课堂活动：

> 1. 提问：各位同学知道点穴吗？点穴是怎么样对我们的身体产生影响的呢？
> 2. 提问：同学还知道经络有哪些神奇功效？

通过学生的不同回答，引出本课的课前视频、图片资料——走进点穴、人体经络循行图。

（二）案例内容

1. 案例形式：视频、图片＋讲授。
2. 视频、图片名称：走进点穴、人体经络循行。
3. 让我们一起来总结这些视频、图片带给我们的启示。

（1）尽管"经络是什么""经络存在于人体何处""经络有哪些作用""这些作用是通过什么途径实现的"，这些问题在现在还没有得到有效而合理的解释，但是它的切实疗效却得到广泛认可。《内经》上说："经脉者，所以能决死生，处百病调虚实，不可不通。"又说："十二经脉者，人之所以生，病之所以成，人之所以治，病之所以起，学之所始，工之所止也，粗之所易，上之所难也。"经络学说，源于远古，服务当今，在两千多年的医学长河中，其一直为保障中华民族的健康发挥着重要的作用。甚至，有人将经络学说看作和"指南针""火药""造纸术""印刷术"一样重要的中国古代发明。作为一名中医学子，应该为我们能够有幸学习中医而感到骄傲和自豪，要有身为一名中医学子的自豪感和荣誉感。因此要努力学习，将我国的中医药文化发扬光大，担负起救死扶伤的神圣使命（思政：文化自信）。

（2）迄今为止，对于经络的研究已经取得了相当丰硕的成果，也取得了重要的进展。然而，无论是实验研究还是理论论证，总体而言，对经络学说的研究仍处于不断积累、百家争鸣的阶段。因此,我们仍需进行长期而深入的探索和研究,以获得更多关于经络的科学结论。

在这个过程中,每个人都可以从自己做起,积极参与到经络研究中来。我们可以通过实践和实验,不断探索经络的奥秘和规律。同时,我们可以运用经络学说来指导自己在养生、保健、预防疾病和治疗疾病等方面的实践。通过这种方式,我们可以更好地理解和应用经络学说,为自己和他人的健康做出贡献。

## 三、分析讲解

（一）重点分析：案例与本讲内容的关联度

本篇论述了经络的重要俞穴,通过推求揭示了它们的起源和路径。课程思政案例从学生感兴趣的"点穴"问题谈起,并结合中央电视台科教频道"走进科学"栏目对点穴的专题报道,列举被点穴者的症状表现和解穴效果,来阐明经络的神奇效果。此外,还可以提问学生还知道经络有哪些神奇功效。通过学生案例前的讨论,并结合最后的总结和升华,让学生对"经络腧穴源流"和医者的大局观、团队协作及领导力的认识得到提升,表现在：① 学生能够掌握经络腧穴的分布及脏腑相和的关系；② 帮助学生在自然科学与人文科学之间搭建桥梁,体悟经络腧穴与人类社会的共通之处；③ 学生能够体悟整体观及古代序文化在哲学、生命及社会人文的体现及实际意义。本案例的引入非常契合本节课的教学内容和教学目标,不仅能够激发学生的理论学习兴趣,使其吸收古代哲学的精髓,提升思想境界,而且能够使学生利用所学的专业理论、思想,在现实生活中发挥个人价值。

（二）如何达成课程思政预期目标：采取适宜的教学方法和教学模式

1. 理论与实践相结合：课程思政的预期目标旨在培养学生的思想道德素养和人文素质,这需要将理论知识与实际问题相结合,使学生在实践中理解和应用所学的思想政治理论。教师可以通过案例分析、问题导向等教学方式,引导学生将所学的理论知识与实际问题相结合,以培养学生的综合分析和解决问题的能力。

2. 教学：课程思政的预期目标要求学生积极参与思考和讨论，教师可以采取互动式教学方法，如小组讨论、角色扮演、辩论等，激发学生的思考和表达能力。通过互动式教学，能促进学生之间的交流和合作，培养学生的团队合作和沟通能力。

3. 教学资源：为了达成课程思政的预期目标，教师可以利用多元化的教学资源，包括文献资料、多媒体教具、实地考察等，丰富教学内容，激发学生学习的兴趣和积极性，提高学习效果。

4. 个性化辅导：学生的思想政治素养和人文素质发展存在差异性，教师可以根据学生的特点和需求，进行个性化的辅导。通过与学生的面谈、小组讨论等方式，了解学生的学习困难和需求，有针对性地给予指导和帮助，帮助每个学生实现课程思政的预期目标。

（高志翔　徐　静）

# 第四讲 《灵枢·经脉》《灵枢·经别》

## 一、教学目标

### （一）课程思政教学目标

1. 通过视频观看和讨论，引起学生对经络、穴位的兴趣，使其了解经络的循行及十二正经、奇经八脉的生理意义（教学）；感悟中医整体观及古人的序文化思想，在尊重天人合一，顺应自然和人体的变化规律的基础上，强化以人为本、强化团结合作、团队意识（思政）。

2. 通过原文的学习，掌握十二正经的循行路线（教学）；经络学说，源于远古，服务当今。在两千多年的医学长河中，其一直为保障中华民族的健康发挥着重要的作用。作为一名中医学子，应该为我们能够有幸学习中医而感到骄傲和自豪，要有身为一名中医学子的自豪感和荣誉感。我们要努力学习，将我国的中医药文化发扬光大，担负起救死扶伤的神圣使命（思政）。

### （二）课程思政教学目标的体现

1. 本篇通过黄帝和雷公的对话，详细介绍了人体十二正经的循行走向，以及因经脉受阻而导致的病症和处理方法。篇首即着重指出经脉在决死生、处百病、调虚实等方面的重要作用。通过对这些内容的观看与讲解，引导学生明白行医治病不仅需要有丰富的知识，还需要深刻理解中医的整体观念及"天人合一"的理论内涵，让学生深刻感知中医的无穷魅力。同时，对于学生来讲能更加深刻意识到生命的整体性和合而为一的功能性的价值，帮助学生厚植家国、团队的归属情感，树立团队合作意识，感悟古人的各司其职、精诚合作的情怀，坚定为医者要为患者服务，要医者仁心，要"仁者爱人"，要视病人为至亲的大爱无疆的理念和立场。

2. 通过讲解十二经脉的命名原则和具体名称、十二经脉的走向和交接规律、十二正经和奇经八脉等内容的生理意义和功能，让学生明白作为一名医生,不光要掌握治病救人的基本技能,还要顺应万物生化、变化自然的规律,以及知晓天地人系统运动的相应关系。由此,帮助学生培养恒动思维,树立和谐理念,感受天人合一的整体观,增强对人体和疾病的认识,坚定我们的文化自信。

## 二、课程思政案例内容

（一）案例引出

课堂活动：

> 1. 提问：请同学们思考自然界的江河湖海与人体有什么联系？
> 2. 提问：经络和穴位有被现代科学所发现吗？

通过学生的不同回答,引出本课的课前视频、图片资料——中央电视台"走近科学"栏目、"点穴"专题报道、经络循行图。

（二）案例内容

1. 案例形式：视频、图片＋讲授。
2. 视频、图片名称：中央电视台"走近科学"栏目"点穴"专题报道、经络循行图。
3. 让我们一起来总结这些视频、图片带给我们的启示。

（1）人亦有四海、十二经水。经水者,皆注于海,海有东、西、南、北,命曰："四海"。自然界有江河湖海,人体内亦有江河湖海。这既体现出人与自然高度统一的特点,又集中体现了中医学的整体观念(教学)。如何利用变化作用？古人是如何看待自然规律的(思政)？

（2）尽管对于"经络"的实质化研究还处于探索阶段,但是其临床疗效早就被广泛证明,且已取得了相当的成果,有了很大的进展,但无论是实验研究,还是假说论证,就其总体来说,对于经络学说的研究仍处于百家争鸣的形成、积累阶段,有关经络的科学结论还需要我们的长期探索与研究。因此,我们要从自己做起,积极探索研究经络的奥秘,用经络学说指导养生、保健、防病及治疗。由此,引导学生明白行医治病不仅需要有丰富的知识,更要掌握扎实的医术,做到大医精诚、博学怀仁,把能够做到发扬传承大道造福后世作为目标,不断努力(思政:人文精神)。

## 三、分析讲解

(一)重点分析:案例与本讲内容的关联度

经脉篇,通过黄帝和雷公的对话,详细地介绍了人体十二正经的循行走向,以及因经脉受阻而导致的病症和处理方法。《因》篇中重点论述的是十二经脉,篇首即着重指出经脉在决死生、处百病、调虚实等方面的重要作用,故以《经脉》名篇。

《经别》篇主要介绍了十二经别的循行路线。"经别"其实就是十二经脉之别道而行的部分,其循行的路线不仅部位深而且距离长——由四肢深入内脏,再由内脏出于头颈。因本篇主要阐述了经别的离合出入及其走行的路线,所以篇名叫做"经别"。

课程思政的案例中自然界的江河湖海与人体之间的联系,这与本讲的内容是完全契合的。同时,课程思政案例也把自然背景及万物的现象展现出来。通过学生案例前的讨论,并结合最后的总结和升华,让本次课的思政教育目标得到实现,表现在:① 学生能够树立团队合作意识,感悟古人各司其职、精诚合作的情怀,坚定为医者要为患者服务,要医者仁心,要"仁者爱人",要视病人为至亲的大爱无疆的理念和立场;② 学生能够坚定中医文化自信,激发身为中医学子的自豪感和使命感;③ 学生能够体悟天人合一观及顺应规律在哲学、生命及社会人文的体现及实际意义。本讲案例的引入非常契合本节课的教学内容和教学目标,不仅能够激发学生的理论学习兴趣,使其吸收古代哲学的精髓,提升思想境界,而且能够使学生利用所学的专业理论、思想,在现实生活中发挥个人价值。

(二)如何达成课程思政预期目标:采取适宜的教学方法和教学模式

1. 课前布置思考题,引导学生进行自主学习。课堂通过讨论交流、点评、讲授的方法增进学生对重点知识的理解和掌握,使学生既有所成就,又能加深对这部分内容的理解与掌握。

2. 对重点、难点内容采用"以纲带点"的讲授方法,以经络教学的课程导入,从学生感兴趣的"点穴"谈起,结合中央电视台科教频道"走进科学"栏目对点穴的专题报道,列举被点穴者的症状表现和解穴的效果,阐明经络的神奇效果。这样的设计能使学生带着对经络的好奇心走入"经络殿堂",能够激发其学习兴趣。在教学过程中还要强化语言艺术,尽可能地增加视听方面的刺激强度,宜采用条理清晰且引人入胜的语言进行授课,使学生如临其境,意趣盎然。从认识论的角度看,教学中以"经络—经络系统—经络学说—经络的生理机能和应用"为主线讲解更具有条理性。先介绍经络的概念、分类、发现和经络系统的概念、组成部分,使学生对经络系统的框架及经络的发现过程有一个感性的认识;再介绍经络学说的概念、形成过程,使学生明白经络学说是中医学理论体系的重要组成部分,是研究人体经络的生理功能、病理变化及其与脏腑相互关系的理论,具有补充藏象学说不足的重要作用;最后从理论进一步联系到临床实践,介绍经络的生理机能和应用,使学生对经络有更深刻直观的感性认识,这对理解经络的作用和意义有重要的意义。

3. 经络教学应灵活运用挂图、人体经络模型、多媒体等直观教学手段,其中多媒体是最重要的视觉传媒手段,其声音、图像的刺激使记忆、思维空间得以扩展。可将经络走向、分布、流注次序等基本规律进行动态演示,也可以图文并茂直观展示毫针、艾灸、拔罐、推拿,有利于提高学生对经络应用的认识。言语直观也很重要,运用类比手法可使抽象理论形象化,如将经脉与络脉比作树木的主干和分枝,将经络和穴位比作公交车的线路和停靠站点等,学生通过对感性材料的感受、分析、综合等认知活动,充分参与直观学习过程,有助于提高观察和思维能力。

(高志翔 徐 静)

# 第五讲 《灵枢·经水》

## 一、教学目标

### （一）课程思政教学目标

1. 通过视频观看和讨论，原文中提到人存在于天地之间，内外相贯如环无端。这一观点阐述了人与自然的密切关系及其相互影响的真理。要让学生认识到人作为宇宙的一部分，与天地共同参与其中，受到天地阴阳、五行等因素的制约和影响（教学）。这种观点反映了古代中国哲学中的"天人合一"思想，强调人类与自然界的紧密联系（思政）。

2. 文章中提到经脉、水道、脏腑等不同组织器官之间有内外相应的关系。人体的经脉受血而营养，五脏六腑接收精气而运化，并通过针灸来调理身体。这一观点揭示了人体内部各个器官之间相互关联、相互配合的治理原则，强调整体性和协调性，也提示我们在治疗疾病时，需要根据不同器官的特点和需求进行相应的调理，以达到平衡和治愈的目的（思政）。

3. 刺灸的治疗原则：文章中提到对不同经脉、脏腑进行刺灸时，需要考虑其远近浅深、大小、血气之多少等因素。岐伯指出，刺灸的深浅和留置时间都有一定的规范，过度或不足都可能带来负面影响（教学）。这一观点强调了治疗方法的科学性与准确性，提出了刺灸治疗的具体操作要求，同时也反映了古代医学对于个体差异和个案特征的重视，注重因材施教、因势利导（思政）。

### （二）课程思政教学目标的体现

1. 本文借自然现象来比喻人体。以河、济、漳等十二条河流的大小、深浅、广狭、长短来比喻人体中十二经脉各自不同的气血运行状况。通过对这些内容的观看与讲解，以江水沟渠为喻来帮助学生理解经络特性，使学生更加深刻意识到生命的整体性和合而为一的功能性的价值，帮助学生厚植家国、团队的归属情感。

2. 通过对十二正经之间相互配合完成机体的功能生命活动的讲授,使学生明白人体的经脉受血而营养,五脏六腑接收精气而运化。针对中医与西医对脏腑认识角度的不同,帮助学生培养中医思维,提升整体观、功能观对人体和疾病的认识,坚定我们的中医文化自信。

## 二、课程思政案例内容

(一)案例引出

课堂活动:

> 1. 提问:请各位同学思考自然界的江河湖海和人体有什么联系?
> 2. 提问:江海之水,四季皆有不同,我们的经络是否也是如此呢?

通过学生的不同回答,引出本课的课前视频、图片资料——人体经络图、古代水道图。

(二)案例内容

1. 案例形式:视频、图片+讲授。
2. 视频、图片名称:人体经络图、古代水道图。
3. 让我们一起来总结这些视频、图片带给我们的启示。

(1) 人类作为宇宙的一部分与天地共同存在,并受到天地阴阳、五行等因素的制约和影响。在《灵枢·经水》中,岐伯以水为喻,描述了人体内外的种种循环运行规律。人生之于天地者微细矣,岐伯揭示出人与宇宙之间微妙而紧密的联系。人体在运行过程中也遵循着一定的规律和节律,就像大自然中万物有序地运转一样。古代中国哲学中的"天人合一"思想对人与自然的关系进行了深刻探讨。在这一思想观念中,人被看作是宇宙的一部分,与天地万物共生共存。人体被视为一个小宇宙,与大宇宙之间存在着微妙的联系和相互影响。我们需要关注人与自然的关系。我们应该意识到自然界的变化和影响,并学会与自然和谐相处。

(2) 根据《灵枢·经水》的描述，人体内外的各种器官、组织和液体之间存在着内外相应的关系。岐伯认为，人体的经脉营养血液，脏腑接收精气滋养。这种内外相应体现了人体整体性和协调性的治理原则（教学）。在刺灸治疗中，岐伯也提到了内外相应的原则。他指出，刺灸的深浅、留置时间等都需要根据不同经脉、脏腑的特点和需求来进行调整。这一观点表明，在治疗过程中需要结合具体情况进行个体化的处理，因材施教、因势利导。此外，内外相应的治理原则也提醒着我们，在医疗、环境保护等领域，我们不能只看到局部问题，而是要从整体出发，寻求一个平衡、协调的解决方案。

总之，根据《灵枢·经水》的内容，人与天地相参照的观点表达了人类与自然的紧密联系。这一观点与古代中国哲学的"天人合一"思想相呼应，强调了人与宇宙的共生共存关系。同时，内外相应的治理原则也带给我们启示，要关注整体性和协调性，在处理问题时注重因材施教、因势利导（思政）。

## 三、分析讲解

（一）重点分析：案例与本讲内容的关联度

本讲的内容是"经水"，何谓经水？经，当然是指人体的十二条正经了；水，指的是人体内的行如山川河流运行一般的气血。换言之，本文是借自然现象，来比喻人体。即，本篇运用古代版图上清、渭、海、湖、汝、渑、淮、漯、江了解十二经和十二水的相互配合情况，并进而分述了手足阴阳各经最适宜的进针深度和留针时间，所以篇名叫做"经水"。以河、济、漳等十二条河流的大小、深浅、广狭、长短来比喻人体中十二经脉各自不同的气血运行状况。

课程思政案例中的人与天地相参等内容，和本讲的内容是完全契合的。通过学生案例前的讨论，并结合最后的总结和升华，让学生对"十二脏腑的主要功能"和为医者的大局观、团队协作及领导力的认识得到提升，表现在：学生认识到人作为宇宙的一部分，与天地共同参与其中，受到天地阴阳、五行等因素的制约和影响。本案例的引入非常契合本节课的教学内容和教学目标，不仅能够激发学生的理论学习兴趣，使其吸收古代哲学的精髓，提升思想境界，而且能使学生利用所学的专业理论、思想，在现实生活中发挥个人价值。

(二)如何达成课程思政预期目标:采取适宜的教学方法和教学模式

《黄帝内经》是中华文化的瑰宝,也是中医学的经典之一。在当今社会,《黄帝内经》不仅是中医学专业必修的教材,更是一种思想文化的传承和发展。因此,在《黄帝内经》课程中,除了传授医学知识外,还应该注重思想政治教育,引导学生树立正确的人生观、价值观和世界观,达成预期目标。

1. 培养学生的民族自信心

作为中华文化的重要组成部分,《黄帝内经》蕴含着深厚的中华文化精神。在课程中,可以通过讲解《黄帝内经》的历史背景、文化内涵等方面,引导学生对中华文化产生认同感和自豪感,增强民族自信心。同时,也可以通过比较中西医学的差异,让学生更好地理解中医学的特点和优势,从而进一步增强民族自信心。

2. 引导学生树立正确的健康观念

《黄帝内经》强调"治未病",即在疾病出现之前就要进行预防和调理。这与现代医学的"预防为主"理念相符合。在课程中,可以通过讲解的保健方法、饮食调理等方面,引导学生树立正确的健康观念,养成良好的生活习惯,预防疾病的发生。

3. 促进学生的道德素质提升

《黄帝内经》强调"天人合一",即人与自然、社会、宇宙等各个方面都存在着密切的联系和相互影响。在课程中,可以通过讲解《黄帝内经》的哲学思想、道德规范等方面的内容,引导学生树立正确的道德观念,培养高尚的品德和行为习惯,提升道德素质。

4. 培养学生的创新意识和实践能力

《黄帝内经》是中医学的经典之一,但其思想和方法并不是一成不变的,而是随着时代的变迁而不断发展和创新。在课程中,可以通过讲解《黄帝内经》的历史演变、现代应用等方面的内容,引导学生树立创新意识,激发创新思维,培养实践能力,为将来的医学研究和实践打下坚实的基础。

5. 拓展学生的国际视野,提高文化交流能力

《黄帝内经》不仅是中华文化的瑰宝,也是世界医学史上的重要组成部分。在课程中,可以通过讲解《黄帝内经》在世界医学史上的地位和影响、中医药在

国际上的发展等方面,引导学生拓展国际视野,增强文化交流能力,为将来的国际交流和合作打下坚实的基础。

总之,《黄帝内经》课程思想政治教育的预期目标是多方面的,需要全面、系统地进行教育。只有通过多种方式、多角度地引导和教育,才能真正达成预期目标,让学生在学习中不仅掌握医学知识,而且能够获得思想文化的熏陶和启迪。

(高志翔　徐　静)

# 第六讲 《灵枢·小针解》

## 一、教学目标

（一）课程思政教学目标

1. 通过视频观看和讨论，让学生对"九针之要"几节内容隐奥的经文具有较为明了的认识（教学），感悟古人实事求是，严谨求实的医德医风（思政）。

2. 通过研究原文，了解了针灸的补泻手法、针刺时产生的寒热感觉与疗效之间的关系，强调了在进行针刺时，医生需要保持思维集中，态度严肃认真，准确定位病灶位置，正确使用针法，并注意调节患者的精神活动，以促进治疗效果（教学）。同时，要能够准确看待事物，把握时机（思政）。

（二）课程思政教学目标的体现

1. 本篇主要论述针刺补泻手法"未睹其疾者，先知邪正何经之疾也。恶知其原者，先知何经之病所取之处也"，对学生来讲能更加深刻意识到实事求是、严谨求实的医德医风。

2. 这篇文章探讨了针刺过程中寒热感受与针刺疗效之间的关系，强调了在进行针刺时，医生需要保持思维集中、态度严肃认真，准确定位病灶位置，正确使用针法，并注意调节患者的精神活动，以促进针刺治疗效果。同时，基于天人相应的原理，阐述了九针各自作用和适应范围。此外，让学生明白作为一名医生，不光要掌握治病救人的技能，还要进行调心养神的养生实践体会，并传递给病人调心的健康理念。针对中医与西医对人体认识角度的不同，帮助学生培养中医思维，扩展整体观、功能观对人体和疾病的认识深度，坚定我们的中医文化自信。

## 二、课程思政案例内容

（一）案例引出

课堂活动：

> 1. 提问：请各位同学思考如果一个医生不严谨,会造成什么样的后果?
> 2. 提问：历史上有哪些因随机应变把握住时机而成功或因把握不住时机而导致失败的例子。

通过学生的不同回答,引出本课的课前视频、图片资料——针刺手法示意图、随机应变名人案例。

（二）案例内容

1. 案例形式：视频、图片+讲授。
2. 视频、图片名称：针刺手法示意图、随机应变名人案例。
3. 让我们一起来总结这些视频、图片带给我们的启示。

（1）孙思邈在《大医精诚》中讲："夫经方之难精,由来尚矣。今病有内同而外异,亦有内异而外同,故五脏六腑之盈虚,血脉荣卫之通塞,固非耳目之所察,必先诊候以审之。而寸口关尺有浮沉弦紧之乱,腧穴流注有高下浅深之差,肌肤筋骨有厚薄刚柔之异,唯用心精微者,始可与言于兹矣。今以至精至微之事,求之于至粗至浅之思,岂不殆哉!"由此引导学生树立实事求是,严谨求实的医德医风,并坚定为医者要为患者服务,为医者要医者仁心,要"仁者爱人",要视病人为至亲的大爱无疆的理念和立场（思政）。

（2）"刺之微在数迟者"的含义是指针刺法的微妙之处主要在于掌握针入和针出的速度。"粗守关"指技术不高的医生只会根据症状,在关节附近选择相应的穴位进行治疗,却没有辨别血气盛衰、邪正进退等情况的能力。"上守机"指技术擅长的医生能够观察和把握经络气血虚实的变化,并据此进行补泻治疗。"机之动不离其空中"指气机的活动会在腧穴上表现出来,了解这一点可以根据诊查到的气机虚实变化情况,正确运用缓急补泻的手法。"空中之机,清静以微"意味着穴位中气血活动的变化是非常微妙、清静的,当已感到气的流动时,应仔细观察气的往来运行情况,只有这样才能正确运用手法的时机。"其来不可逢"意味着邪气盛行时,不可迎合其势采用补的手法。"其往不可追"表示邪气已退而正气也虚时,不应轻易使用泻法,以免导致真气耗损。"不可挂以发"指当已有感到气的感应时,应及时运用针刺手法,不能有任何差错,因为这种感应很容易消失。"扣之不发"表示不懂得根据气机虚实的变化抓住时机进行补泻的医生往往会错失良机,就像箭扣在弓弦上,到了发射的时候却没有发出去一样,这样只会白白损耗患者的气血,最终无法达到祛除邪气的目的(教学)。

机会转瞬即逝,唯有正确把握时机,才能成功缓事(思政)。

## 三、分析讲解

(一)重点分析:案例与本讲内容的关联度

本讲对《九针十二原》篇内论"九针之要"几节内容隐奥的经文作出了较为明了的解释,故名《小针解》。课程思政案例中的针刺手法示意图、随机应变名人案例等内容,与本讲的内容是完全契合的。同时,课程思政案例也把医德、医风、医技展现出来。通过学生案例前的讨论,并结合最后的总结和升华,让学生对"十二脏腑的主要功能"和为医者的大局观、团队协作及领导力的认识得到提升,表现在:① 学生对"九针之要"几节内容隐奥的经文具有较为明了的认识;② 使学生在自然科学与人文科学之间搭建桥梁,感悟古人实事求是,严谨求实的医德医风;③ 学生通过学习了解了一些针刺的补泻手法,以及针刺时产生的寒热感受与疗效之间的关系。认识到医生在进行针刺时应保持思维集中,态度严谨,准确定位病灶位置,正确使用手法,并注意调节患者的精神活动,以提高治疗效果。能够准确看待事物,把握时机。本案例的引入非常契合本节课的教学内容和教学目标,不仅能够激发学生的理论学习兴趣,使其吸收古代哲学的精髓,提升思想境界,而且能够使学生利用所学的专业理论、思想,在现实生活中发挥个人价值。

(二)如何达成课程思政预期目标:采取适宜的教学方法和教学模式

1. 问题导向学习:采用提问的方式引入案例,创设问题情境,激发学生思考问题,使学生能够在一定历史知识积累的基础上思考问题,促使他们对课程内容进行深入思考和理解。例如,在教授针灸的医学知识时,可以提出以下问题:如果一个医生不严谨,会造成什么样的后果?通过讨论和案例分析,引导学生认识到医生的严谨态度对于医疗工作的重要性,从而达到思政预期目标。

2. 案例教学:通过具体的案例和实例,将抽象的思政概念与实际问题相结合,帮助学生更好地理解和应用思政知识。在教学过程中,可以引入针刺手法示意图和随机应变名人案例作为教学材料,让学生通过观看和分析这些案例,总结出其中的思政启示和价值观。通过案例教学,学生可以更加直观地理解课程内容,并将其应用到实际生活中。

3. 启发式教学:通过启发式问题和情境的设置,激发学生的思维和创新能力,培养他们的批判性思维和问题解决能力。重视采用形成性评价方式来评估学生在日常学习过程中的表现、成绩和反映的情感、态度、策略等方面的发展。注重关注学习的整个过程,而不仅仅是关注结果。在教学中,可以提出历史上的随机应变成功或失败的例子,让学生思考成功或失败原因和背后的思政价值。通过这种启发式的教学方式,可以引导学生思考和探索,有利于增强师生之间的交流,培养团结协作的精神。通过形成性评价可以激发学生学习的热情,帮助他们有效地调控自己的学习过程,提升成就感,增强自信心,从而更好地达到思政预期目标。

(高志翔　徐　静)

# 第七讲 《素问·逆调论》

## 一、教学目标

### （一）课程思政教学目标

1. 通过视频观看和讨论，让学生了解保持人体内外的和谐与平衡的重要性（教学），感悟人与人、人与自然、人与社区之间的和谐之道。在思想层面上，也教导学生维持好思想观念、情绪与情感等方面平衡的方法（思政）。

2. 通过原文的学习，掌握身体、肾气、荣卫、心肺等脏腑的相互作用，以及其与肉苛、寒病等现象的关联（教学）。由此，提示我们要关注个体健康与精神状态、社会与政治环境之间的相互关系，强调了个人和社会的联结与互动。同时，在哲学层面上，也提供了关于人的身心统一、整体性与综合性等哲学问题的思考（思政）。

### （二）课程思政教学目标的体现

1. 本篇讨论了阴阳失调而引起的各种寒热病变，说明人体的阴阳必须保持平衡。通过这些内容的观看与讲解，类比于人体内部的阴阳平衡和荣卫气血的协同作用，我们可以强调人与人、人与自然、人与社区之间的平衡与和谐的重要性。例如，在社会关系中，不同群体之间的平衡与和谐可以促进社会的稳定和发展。这样的理念有助于提醒我们重视社会中各个方面的平衡和相互关系，为社会的发展与进步创造更加和谐的环境。

2. 本篇指出阴阳的平衡和内脏的虚实有关，阐明"肉苛"病症是由于营卫虚弱不调而形成的，经气上下不调为逆气，并指出了肺络之逆、胃气之逆、肾水之逆三种不同的病理变化。逆气、音响等病症代表了人体内部的错乱与失衡，阻碍了正常的生理功能和健康状态。同样，在社会与政治体系中，也存在着不正常现象，如社会悖理、权力滥用、不公正等问题。

## 二、课程思政案例内容

(一)案例引出

课堂活动:

> 1. 提问:请各位同学思考阴阳平衡之道在生活中是怎么体现的?
> 2. 提问:你了解社会上出现过的其他混乱现象吗?
> 3. 提问:我们处在社会中,应当如何平衡各方面的关系?

通过学生的不同回答,引出本课的课前视频、图片资料——阴阳平衡之道、混乱显现、为人处世。

(二)案例内容

1. 案例形式:视频、图片+讲授。
2. 视频、图片名称:阴阳平衡之道、混乱显现、为人处世。
3. 让我们一起来总结这些视频、图片带给我们的启示。

(1)《逆调论》中提到的阴阳、荣卫、气血等的平衡和相互关系,反映了古代中医思想中对人体内外的和谐与平衡的追求,这一思想有助于提醒我们重视社会中各个方面的平衡和相互关系,为社会的发展与进步创造更加和谐的环境。在思想层面上,人体的平衡与和谐的理念也可以提醒我们在思想观念、情绪与情感等方面的调适与平衡。类似于荣卫气血的协同作用,我们需要在思想和情绪的表达与调控中追求平衡与和谐。例如,在个人的思想观念中,我们需要保持开放与包容的态度,尊重社会多样性。在情绪与情感的调节中,我们需要注意情绪的平衡与协调,以维持个人的心理健康和社交关系的和谐。综上所述,人体的平衡与和谐的思想在政治哲学和思想层面上有重要意义。

(2)《素问·逆调论》讨论了人体内部不同脏腑之间的相互作用及其与肉苛、寒病等现象的关联。这反映了中医思想中对身体和精神之间相互影响的认识。在政治哲学层面上,可以将这一思想引申为对个体健康与精神状态、社会与政治环境之间的相互关系的思考。

首先，在个体健康与精神状态之间的关系上，肾、肝、心、肺等脏腑不仅在物质层面上相互联系，也在能量、情绪和精神层面上互为表里。其次，在个体与社会、政治环境之间的关系上，一个人的身体和精神状态受到许多外部因素的影响，包括亲密关系、工作环境、社会支持、政策措施等。人们身心健康的良好与否与社会环境息息相关。从哲学层面上来看，身体和精神并非完全分离的实体，而是相互交融、相互影响的整体。因此，在思考人的身心健康问题时，需要综合考虑身体和精神层面的因素。

因此，中医思想中身体与精神的相互关系的认识提醒我们，在政治哲学和人类学等领域中，我们也应该关注个体与社会环境之间的相互作用，重视个体的身心健康与社会的发展和进步的关系。同时，对人的身心统一和整体性的思考，也为我们探讨人类存在和意义等哲学问题提供了新的视角。

（3）逆气、音响等病症代表了人体内部的错乱与失衡，阻碍了正常的生理功能和健康状态。如果将这一思想应用于政治哲学，我们可以借鉴《逆调论》中的观点，反思社会中不正常现象的根源，并寻求相应的治疗和调解办法。

## 三、分析讲解

重点分析：案例与本讲内容的关联度

《逆调论》中所讲述的内容与以上提及的三个点，即人体的平衡与和谐、身体与精神的相互关系，以及阳明、泽漆等病症的反思，存在紧密的关联。它们共同强调了平衡与和谐的重要性，个体身体与精神的相互关系，并涉及对人体与社会体系中不正常现象的反思。通过探索中医思想中关于平衡与和谐、身体与精神、疾病与社会体系的观点，在政治哲学和思想层面上，我们可以从中汲取智慧，为个体与社会的健康与发展提供有益的启示。

（高志翔　徐　静）

# 第八讲 《素问·移精变气论》(一)

## 一、教学目标

### (一)课程思政教学目标

1. 通过对视频的观看和讨论,了解人体气色、脉息变化,色之变化与四时之脉相应(教学),感悟中医的生命观,认识人身之国与自然王国的密切联系,认识天地自然有孕育生命的法则与物质,人与自然同源,与自然同道(思政)。

2. 人与自然同源一气,故有"天人相应"一说。天地之阴阳消长及五行运转势必对人体生命活动产生极大影响(教学)。敬畏生命,尊重自然,我们需与自然同频共振(思政)。

### (二)课程思政教学目标的体现

1. 天地是万物起源,即"天覆地载,万物方生"。《自然辩证法》认为"生命是整个自然的结果",是自然界发展到一定阶段的产物;唯物主义自然观认为"气是最根本的物质";在中国古代自然哲学看来,气是万物的本源,也是人的生命物质基础,气分阴阳,"清阳为天,浊阴为地",天阳下降,地阴上升,二气交感而融合于天地之间,由此化生万物,这也正是我们所说的"阴阳交感"。

2. 在长期的演化过程中,人的生命活动的节律与阴阳二气息息相关,天地之阴阳消长及五行运转,势必对人体生命活动产生极大影响。从"色以应日,脉以应月""夫色之变化以应四时之脉"领悟色、脉之间关系,以及色、脉对于阴阳之间的关系。据相关研究证实,人体免疫系统有明显的季节性以及节律性变化,人体外周淋巴细胞的数量以7~9月份最高,12~3月份最低;而中性粒细胞和巨噬细胞数量恰恰与此相反,血清免疫球蛋白亦有明显的年节律性。这些都反映了"天人相应"思想,人与自然共为一体。

## 二、课程思政案例内容

（一）案例引出

课堂活动：

> 1. 提问：全球气温升高有哪些影响？
> 2. 提问：谈一谈日本核污水排放的教训与启示。
> 3. 提问：为何中国要坚持"绿水青山就是金山银山"的理念？

通过学生的不同回答，引出本课的课前视频、图片资料——全球气温升高、日本核污水排放的教训与启示、"绿水青山就是金山银山"的理念。

（二）案例内容

1. 案例形式：视频、图片+讲授。

2. 视频、图片名称：全球气温升高、日本核污水排放的教训与启示、"绿水青山就是金山银山"的理念。

3. 让我们一起来总结这些视频、图片带给我们的启示。

（1）近年来，由于世界人口、环境、土地、有毒废料、水环境等多个因素的污染及恶化，导致大量的二氧化碳产生，地球温度逐年上升，形成温室效应。全球变暖已带来了重大影响，冰川融化、冻土层融化，无论是哪个国家都没能摆脱全球变暖带来的变化。而这些变化也在呼吁我们应该尊重自然，保护自然。

（2）2023年1月13日上午，日本政府召开会议，确定将于"今年春夏期间"开始向福岛近海排放核污水，预计向海洋排放时间长达30年。日本政府和东京电力公司无视国内外强烈反对，持续推进核污染水排海计划，引发国际社会的广泛质疑与反对。这种反自然、反人类的举动是与全世界对抗，害自然无异于是害自己。

（3）生态兴则文明兴，生态衰则文明衰。古埃及、古巴比伦、古印度、古中国这四大文明古国，均发源于森林茂密、水野肥沃的地区，而自然环境的恶化导致了古埃及、古巴比伦的没落。当今，我国也经历着环境的恶化，如果不能科学处理发展和生态的关系,不能在发展中加强对生态环境的保护,诸如能源、资源、生态、环境、气候等问题都将接踵而来。习近平总书记指出,生态环境没有替代品,用之不觉,失之难存。我们必须高度重视生态文明建设,坚定不移贯彻落实"绿水青山就是金山银山的"理念,坚持在发展中保护、在保护中发展,勠力同心,建设望得见青山、看得见绿水、记得住乡愁的美丽中国。地球是人类的唯一家园,生态文明建设既关乎人类当前生存发展,更关乎地球和人类的未来。

## 三、分析讲解

(一)重点分析:案例与本讲内容的关联度

《移精变气论》从"色以应日,脉以应月""夫色之变化以应四时之脉"的角度讲述色、脉之间的关系,以及色、脉对于阴阳之间的关系,继而论述了"天人相应"思想,提醒我们要尊重、爱护、保护自然环境。同时,还表明天地之阴阳消长及五行运转势必对人体生命活动产生极大影响。课程思政案例全球气温升高、日本核污水排放的教训与启示、"绿水青山就是金山银山"的理念与本讲内容契合,在认识人身之国与自然王国的密切联系,认识天地自然有孕育生命的法则与物质的基础上,上升至当今社会热点——生态问题。中国认真践行"绿水青山就是金山银山"的理念,在培养学生调心养神,与自然同频共振的养生理念的同时,厚植其爱国情怀,大爱祖国山川风光,爱护我们的环境,构建人类命运共同体,保护人类唯一的家园——地球。

(二)如何达成课程思政预期目标:采取适宜的教学方法和教学模式

1.通过提问的方式进行案例导入,创设问题情境,启发学生思考问题,使学生能够在一定历史知识积累的背景下思考问题。

2.通过视频《日本核废水危害》,让学生能切身感受到核废水对自然的破坏力度。同时,观看视频也能让学生在脑海中预先形成一个直观的认识,敬畏我们的自然,敬畏生命。

3.使用讲授法,在案例后进行总结,即在深刻认识人与自然同源的基础上,掌握人类生命来源于天地,人的生机特性禀受于天,形体结构禀受于地,自然赋予了形成人类生命的物质和特性。进而上升至当今社会热点,世界各国都日益提高了对自然的重视程度,"绿水青山就是金山银山"的观点深入人心,在培养学生调心养神,与自然同频共振的养生观念的同时,厚植其爱国情怀,大爱祖国山川风光,爱护我们的环境,保护人类唯一的家园——地球。

(苏雯博　张雅宁　于荣霞)

# 第六篇 筑梦想人生价值篇

## 第一讲 《灵枢·禁服》

### 一、教学目标

（一）课程思政教学目标

1. 通过原文的学习，理解文中提到的"割臂歃血之盟"，带有诚意做出盟誓，不得做先师所禁忌的"私传"（教学）；要尊重先贤，感悟古代的人文情怀，同时更要做到诚信重诺，答应的事要做到（思政）。

2. 通过视频观看，让学生认识到每个人都具有资质的差异性（教学），感悟有教无类，因材施教，平等对待每一个学生并激发出个人的潜力（思政）。

3. 通过讨论，让学生明白实践的重要性，掌握并归纳要领（教学）；实践出真知，要保持主观能动性，并要具备丰富的知识储备和实践经验，只有勤奋刻苦用功学习，才能更好地实现人生价值（思政）。

（二）课程思政教学目标的体现

1. 本篇论述了针灸治疗疾病在具体运用中遵循和禁忌的内容。其中提到的"此先师之所问也，坐私传之也，割臂歃血之盟也，子若欲得之，何不斋乎"，让学生更加深刻意识到尊重先贤，继承和发扬中华优秀传统文化的重要意义。同时，帮助学生培养诚实重诺的精神，坚定社会主义人文情怀，更好地为患者服务，全神贯注地投身到医学事业中来。

2. 本文提出了学生的差异性，让学生认识到每个人都具有资质的差异性，并感悟有教无类，因材施教的重要性。这也是启示我们，在临床实践上，医生需要结合患者的具体情况,采取相应的治疗方法,对每一个病人的生命担负起应有的责任。

3.通过"凡刺之理,经脉为始,营其所行,知其度量,内刺五脏,外刺六腑,审察卫气,为百病母",让学生深刻意识到作为一名医生,不仅要勤奋刻苦用功读书,还要具备丰富的知识储备和实践经验,发挥主观能动性,坚定信念,践行医者仁心,树立远大的理想,并为其奋斗终生。

## 二、课程思政案例内容

(一)案例引出

课堂活动:

> 1.提问:请各位同学思考中国共产党党员入党为何要有宣誓仪式?
> 2.提问:孔子对弟子子路和冉有的不同回答给我们什么启发?
> 3.提问:一名优秀的医生应具备什么条件?

通过学生的不同回答,引出本课的课前视频、图片资料——响彻百年的铮铮誓言、孔子的教育方法、优秀医生的具备条件。

(二)案例内容

1.案例形式:视频、图片+讲授。

2.视频、图片名称:响彻百年的铮铮誓言、孔子的教育方法、好医生的具备条件。

3.让我们一起来总结这些视频、图片带给我们的启示。

(1)根据中国共产党党员入党时举起右手,握拳齐肩,面向党旗,庄严宣读入党誓词,可以让党员坚定理想信念,强化使命感。而这可以使学生深刻意识到初心的重要性,不忘初心砥砺前行(思政)。

(2)在学习过程中,要求学生理解"士之才力,或有厚薄,智虑褊浅,不能博大深奥,自强于学若细子"的含义。在现实中,学生之间具有的差异性该怎样去改变呢?如何通过这种差异去引导学生做其擅长的事,并将这种差异性应用到临床治疗中呢(教学)?

（3）孔子提倡的"有教无类"在历史长河的发展中有着极其重要的作用,对待品类复杂的学生,他循循善诱,诲人不倦,注意观察他们的言行,对其施以相对应的教育(思政)。

（4）作为医生,要具备丰富的知识储备和实践临床经验,发挥主观能动性,在钻研医术时做到精益求精,在奋发进取时做到严谨求实,不断丰富自身知识,提高技术水平,并要时刻为病人着想,千方百计为病人解除病痛。医学生从学习中医的那一天开始,就要深刻牢记"大医精诚"中的中医医德观,既要追求精湛的医术,又要注重高尚情怀的培养(思政)。

## 三、分析讲解

### （一）重点分析：案例与本讲内容的关联度

本讲的内容是"禁服",文中主要阐述了针灸治疗疾病的高深原理,以及在具体运用中遵循和禁忌的内容,故以"禁服"名篇。课程思政案例响彻百年的铮铮誓言、孔子的教育方法、优秀医生的具备条件等内容,与本讲的内容是完全契合的。通过学生案例前的讨论,并结合最后的总结和升华,让本次课的思想主题得到提升,表现在：① 学生能够尊重先贤,坚定理想信念,将中医发扬光大；② 学生认识到每个人之间的差异性,并尝试找到适合自己的方法从而实现梦想；③ 要成为一名好医生,需要有丰富的知识储备和临床经验,不断学习,对患者负责。本案例的引入非常契合本节课的教学内容和教学目标,不仅能够激发学生的理论学习兴趣,使其吸收古代哲学的精髓,提升思想境界,而且能使学生利用所学的专业理论、思想,在现实生活中发挥个人价值。

### （二）如何达成课程思政预期目标：采取适宜的教学方法和教学模式

1. 通过提问的方式进行案例导入,创设问题情境,启发学生思考问题,使学生能够在一定历史知识积累的背景下思考问题。问题意识既是一种心理品质,也是一种思维习惯,它的培养和形成需要不断的刺激和强化。

2. 使用视频《响彻百年的铮铮誓言》,让学生切身感受到中国共产党党员神圣的宣誓下的庄严氛围。同时,观看视频让学生在脑海中预先形成一个直观的认识,坚定理想信念,继承并发扬中医文化。

3. 使用讲授法,在案例后进行总结,即大医具备"上知天文、下知地理、中知人事"的能力。根据本节"凡刺之理,经脉为始,营其所行,知其度量,内刺五脏,外刺六腑,审察卫气,为百病母,调诸虚实,虚实乃止,泻其血络,血尽不殆矣"所述,要成为一名好医生,需要有丰富的知识储备和临床经验,要对患者负责。结合视频及图片,让学生更加深刻意识到医生在成长路上,会不断积累从理论到实践上的各种知识,并把这些知识应用到临床救治中,由此帮助学生深刻意识到在生活中发挥主观能动性的重要性,坚定为患者服务,培养社会主义人文情怀。在当前社会的发展中,作为新时代青年医生要能跟得上时代的步伐,通过不断地磨炼和学习,掌握新技术、新知识,满足社会的发展和人民的需求。

(单双宇　贾永森)

# 第二讲 《素问·痿论》

## 一、教学目标

### (一)课程思政教学目标

1. 通过视频的观看和讨论,让学生掌握痿病的发病机制、鉴别要点、诊疗手段及其机理,提高学生的临床水平和学以致用的能力(教学);感悟个人修心的重要性和古人生存的智慧,在尊重自然规律和社会发展的基础上,回归自然,寻找中医的本源,促进身心健康发展(思政)。

2. 通过原文内容的学习,了解生活环境对人体疾病的影响,重视五行学说和藏象学说在疾病诊治过程中发挥的重要作用(教学);文字中蕴含着育人理念,深入挖掘原文内容,培养学生的感恩之心,增强其责任意识,在传承奉献精神的同时帮助他们建立全局观念,培养观察能力和合作精神,促进其人生成长(思政)。

3. 文中对古籍经典的引用能帮助学生认识到医书圣方对中医传承和发展的重要性,这有利于培养当代大学生对先贤的敬仰之心,促进其"学古而不泥古,尊儒而不排他",同时传承经典价值,提高文化自觉,培养传统文化的接班人(思政)。

### (二)课程思政教学目标的体现

1. 本篇讲述了"五脏使人痿"的发病机理和临床表现,并通过四诊合参的方式阐述了不同脏腑病变导致的痿病发病部位和临床症状不同这一事实。以问答的形式解决疑惑,循序渐进,深入浅出,更能体现出师者传道授业的信心和耐心,一定程度上促进了当代学生对老师讲授内容的认可和接受。通过对病因的探寻,帮助学生认识情绪致病这一事实,并促进其个人的修身养性;在帮助他们树立正确世界观、人生观、价值观的同时提升其受挫能力,增强艰苦奋斗的决心,最终实现自我的提高。同时,对学生来讲能更加深刻认识到整体和系统的重要性,促进其中医思维的建立,感悟古人对自然的敬畏之心和顺应规律的生存智慧,有利于今人回归自然,回归本源,也有利于社会问题的解决。

2. 通过讲述环境对疾病的影响,联系社会实际,促进学生的情感教育,这有利于培养其感恩之心,弘扬传统美德,增强责任意识,厚植奉献情怀,通过"小家"文明以促"大家"和谐,促进中国综合实力的提高和人民幸福感的提升。文中对经络功能的概括和对脏腑与身体内外相合内容的描述展现了中医学说的优势,这也让学生感受到了我们的文化魅力,同时有利于培养他们的观察能力,树立全局观念,促进长远发展。

3. 文中引用《本病》和《下经》的相关内容,《本病》"大经空虚,发为肌痹,传为脉痿",故《下经》曰:"筋痿者,生于肝使内也",故《下经》曰:"肉痿者,得之湿地也",故《下经》曰:"骨痿者,生于大热也"等促进大家对痿病的认识。这同时也帮助学生认识到研读医案古籍的重要性。本篇末涉及痿病的治法,即"各补其荥而通其俞,调其虚实,和其逆顺,筋脉骨肉。各以其时受月,则病已矣",不过短短数十字,足见理念的幽微,其也更有利于医者的发挥专业所长,坚定我们的中医文化自信。

## 二、课程思政案例内容

(一) 案例引出

课堂活动:

1. 提问:谈谈你对修心的理解。
2. 提问:感恩之心在生活中的体现。
3. 提问:经典中所蕴含的哲理对当今解决问题有什么启发。

通过学生的思考与回答,引出本节课课前的视频、图片和文字资料——张海迪的故事、羔羊跪乳和乌鸦反哺的典故、《平"语"近人——习近平喜欢的典故》。

(二) 案例内容

1. 案例形式:视频、图片+讲授。
2. 视频、图片名称:张海迪的故事、羔羊跪乳和乌鸦反哺的典故、《"平语"

近人——习近平喜欢的典故》。

3. 让我们一起来总结这些视频、图片带给我们的启示。

(1) 张海迪小时候因患脊髓血管瘤导致高位截瘫,在残酷的命运面前,她并没有自暴自弃,反而以超乎常人的耐力和顽强的战斗力与疾病做抗争,自修了小学到大学的全部课程,精通四门外国语言。命运从未眷顾过她,但她依旧能够苦中作乐,保持内心纯真的善良。为研学中医,她在自己身上反复练针,为当地群众无偿治疗达一万多人次,怀着"活着就要做个对社会有益的人"的信念,她多年来做了大量的社会工作,为贫困儿童的成长和残疾人事业发展做出了突出贡献。引导学生从张海迪的事迹中理解修心的重要意义。这在一定程度上能够促进社会安定,有利于社会和谐发展的实现(思政)。"主明则下安",理解在人体中情绪致病的真实性,思考不良的情绪以及较大的情绪变动是如何导致痿病发生的(教学)。

(2) 受限于个人知识水平和能力,人们从事的职业各不相同。本篇中"肉痿者,得之湿地也""骨痿者,生于大热也"显现出环境对疾病发生的影响。长期从事与水相关工作的人,湿邪痹阻经脉,易患肉痿。而长期从事体力工作的人(尤其是在夏日),易患骨痿。我们应该对他们的劳作心怀感恩,珍惜他们的劳动成果(这种珍惜可以落到实处,大家在生活中可以做力所能及的事情,譬如节约资源、爱护环境、捐赠闲置的衣物等),弘扬中华传统美德。

《增广贤文》中言"鸦有反哺之义,羊有跪乳之恩,马无欺母之心",父母有此之人更躬身力行孝敬之道,努力提升自我并敢于担当,协调好个人与家庭之间的关系,尽好儿女之责。

当然,身为医者,我们更应"发大慈恻隐之心,誓愿普救含灵之苦",增强责任意识,坚持德术双修,为社会贡献自己的一份力量(思政)。从中学会分析环境对身体产生影响的机理,拓展思维,分享你知道的其他受环境影响较大的疾病,对此你有什么好的防范建议(教学)?

(3) 经典,顾名思义,是经久不衰的万世之作。阅读经典有助于获取优秀的思想和文化知识,在使人更加深入了解传统文化的同时增强对社会历史的认知,从而能够更好地理解现实社会并提升自身的文化修养和思想水平。《黄帝内经》作为我国现存最早、地位最高的中医理论经典巨著,其中仍不乏有对经典的思考和引用,由此可见经典的重要意义。

中国经典古籍里有很多精彩的文字,它们能够激发人们的思考、创新及智慧，培养出精神上的美德。习近平总书记作为一位领导人，拥有深厚的文化底蕴，其语言艺术为强化思想政治理论课文化底蕴树立了极好典范。《平"语"近人——习近平总书记用典》该书生动讲解了习近平总书记在其讲话中所引用的中国古代名言名句和经典故事，展现了习近平总书记对中华优秀传统文化的深刻理解，反映了他从中所汲取的治国理政智慧与理念。这真正做到了古为今用、经世致用，在彰显中华文化魅力的同时对传统文化的传承和发扬具有重要意义(思政)。

## 三、分析讲解

（一）重点分析：案例与本讲内容的关联度

本讲的内容是"素问·痿论"，课程思政的案例有张海迪的故事、羔羊跪乳和乌鸦反哺的典故、《平语近人——习近平喜欢的典故》，这与本讲课的内容是完全契合的。同时，课程思政案例也强调了研读经典的重要性，通过学生在案例前的讨论，并结合最后的总结升华，本节课让学生的个人品性涵养、为人处世能力以及专业素养均得到了提升，具体表现在：① 能够静观己过，常怀感恩之心，增强责任意识，提升个人能力；② 通过了解情绪和环境变化对人体产生的影响能在此基础上掌握痿病的治疗原则，学会变通，灵活致用；③ 理解并领悟了医书古籍和国学经典对人生的指导意义。本案例的引入非常契合本节课的教学内容和教学目标，不仅能够激发学生学习中医理论的兴趣，使其汲取古人生存智慧，提升个人思想境界，而且还能使学生利用所学知识在现实中发挥个人价值。

（二）如何达成课程思政预期目标：采取适宜的教学方法和教学模式

1. 从生活的角度切入讲题，从而引入案例，启发学生要在一定的历史文化背景下思考问题，以小组为单位，让学生展开讨论。独立思考是十分必要的，但有时分享也会有一定的收获，二者都有利于提升学生的观察和分析问题的能力。

2. 采用视频《平"语"近人——习近平喜欢的典故》，让学生切身感受经典对治国理政的指导意义,提高其对中华文化的认同感和自豪感。建议思政点多从视频角度切入,充分利用现代科技的优势,帮助学生在头脑中形成直观认识,丰富其情感体验。

3. 使用讲授法,在案例后进行总结,即在自然与社会之间,文字与生活之间搭建桥梁,回归自然,思考中医的本源,促进身心健康发展。结合视频及图片,使学生体悟经典中蕴含的人生哲理对解决现今社会问题的指导意义。同时,在个人修身养性的基础上,使学生增强责任意识,常怀感恩之心,厚植奉献情怀,认识并实践"大医精诚"的理念,坚定中医文化自信。

(林　荣　贾永森)

# 第三讲 《灵枢·九宫八风》

## 一、教学目标

### （一）课程思政教学目标

1. 通过对原文的学习，以及对视频的观看和讨论，让学生掌握通过观测天象获知气候变化的规律，并能够将其熟练运用于疾病预测和防范（教学）；同时，感悟古人天人合一的科学精神和敢于奉献的研究精神，在顺应四时规律、养生道法自然的基础上，肯定中医作为时空医学的优势，增强民族自信，培养以民为本、防微虑远的家国情怀（思政）。

2. 通过案例的引入和讲授，掌握八风虚实对人体产生影响的机理，帮助同学构建中医思维（例如系统思维、象思维、变易思维）（教学）；对于国家、集体、个人而言，反复实践，并总结归纳经验的重要性，培养医者"上知天文，下知地理，中知人事"的求知精神，同时该文对学生学习之道的探寻具有一定的指导意义（思政）。

### （二）课程思政教学目标的体现

1. 文章开篇"太一常以冬至之日……日冬至矣"，主要讲述了太一移居九宫的顺序，以及相应的日期，并从中总结出"常如是无已，终而复始"的规律。通过对这些内容的观看和学习，让学生感悟古人天人相应的生存智慧，增强其对天地自然的敬畏感，提升个人获得感和幸福感。对学生而言能更加深刻认识到生命的整体性和顺应规律的重要性，帮助学生培养敢于奉献的研究精神和对传统文化的求知精神，坚定"大医精诚"理念，坚守视患为亲的仁心，并在此基础上提高个人临床能力和学术水平。

2. 原文通过论述太一在交节之时引起的气候变化，从交节前后风雨出现的迟早推算气候的顺逆及其对社会的危害。结合现实中地震预警系统达到的减灾效果来深刻认识防患的重要性，让学生感受到科技的智慧和古代哲学的价值。从文中"常以冬至之日,居叶蛰之宫四十六日"的"常"字可见太一游宫的规律性,结合整篇文章不难发现实践出真知的道理,这有利于激发学生探索精神和创造精神。

## 二、课程思政案例内容

（一）案例引出

课堂活动：

> 1. 提问：归纳中国古代科学家的事迹和其共有精神品质。
> 2. 提问：请思考实践的重要性。
> 3. 提问：浅谈中医治疗疾病的优势。

通过学生的思考与回答,引出本节课前的视频、图片和文字资料——中国古代科学家（视频）、庖丁解牛的故事、国医大师李振华治疗抑郁症的经验。

（二）案例内容

1. 案例形式：视频、图片＋讨论、讲授。

2. 视频、图片名称：中国古代科学家（视频）、庖丁解牛的故事、国医大师李振华治疗抑郁症的经验。

3. 让我们来一起总结这些视频、图片带给我们的启示。

（1）中国是世界四大文明古国之一,在长期历史发展中其创造了灿烂而优秀的中华文化。古代科技进步属于中华民族优秀传统文化,这一切都与古代的科学家、数学家有着极大的关系。通过搜集张衡、祖冲之、郭守敬等人的主要事迹,我们不难发现其共有的精神品质——持之以恒的求学精神、求真务实的科学态度、坚忍不拔的坚强意志、开拓进取的创新意识。这样的榜样精神对学生世界观、人生观、价值观的塑造具有积极意义。结合原文内容,反复读诵"太一移日……各以其所主占贵贱,因视风所从来而占之",思考天象在人类生产生活方面发挥的重要作用,加深学生对古代传统文化的认识,汲取古人智慧,增强个人学习中医的坚定信念,提高学习能力。

（2）"纸上得来终觉浅，绝知此事要躬行"表明了实践的重要性。古有庖丁解牛，始时所见无非牛者。三年之后，未尝见全牛也。三年的磨砺，加之对解牛规律的掌握最终使得庖丁解牛达到"合于《桑林》之舞，乃中《经首》之会"的境界。可见，其成功不离实践和归纳二词。《九宫八风》该篇文章在描述九宫方位、四时八节与相关疾病时篇幅虽短，但不难发现其理之精，其思想之深奥玄妙。若无先人对天象、节令等自然事物进行反复地观察与实践，又何来此等精确的理论？若无他们为利后世将其编撰成册，我们又何能接触到此等玄妙深奥的思想？虽说经过反复实践后人们对经验的归纳，规律的总结是促进事物发展的源泉和动力，但若无公而忘私的情怀，那发展带来的福祸也未曾可知。此案例可帮助学生在学习知识文化的同时提高思想道德修养。

（3）原文中"是故太一入徙立于中宫，乃朝八风，以占吉凶也……此八风皆从其虚之乡来，乃能病人"，简要叙述了八方之虚风对人体的伤害情况。"三虚相搏……其有三虚而偏中于邪风，则为击仆偏枯矣"，强调了在兼月缺无光与时令异常的岁气不足之年，虚人中虚风病情的严重性，学生可从中感悟天人相应的整体观念，增强对疾病的临床判断能力和病证对应能力。

结合当今社会中所出现的比较严重的精神心理疾病——抑郁症，所具有的较高的复发率和致残率的事实，引入国医大师李振华治疗抑郁症的经验，帮助我们认识中医作为时空医学特有的优势，在提高学生中医认同感的同时促进其以系统思维、变易思维、象思维为主的中医思维的建立，坚定中医文化自信。

（4）中医讲求"治未病"，文中"谨候虚风而避之……此之谓也"，"故圣人避风，如避矢石焉"。这两处以圣人的口吻向大家阐述避虚邪贼风的重要意义。如今在"只要风度，不要温度"思想的影响下，部分年轻人为追逐潮流而降低保暖要求，教师可以此为例，向大家传授正确的审美观念和养护身体的重要性。同时，教师可适时观察学生的穿着，并结合实际情况耐心地和同学进行谈话，帮助其树立正确的价值观念。

这种防微虑远的思想对学习和生活中存在的诸多问题都具有一定的有指导意义，也可在一定程度上促进科技的进步、国家的发展。

## 三、分析讲解

### （一）重点分析：案例与本讲内容的关联度

本讲主要阐述了九宫方位和八风的概念及区别，以及相应的临床表现，中心思想是论述人与自然关系。季节和方域的气候变化对人体的不同影响体现着中医的时空观，这反映了我国早期的气象医学面貌。

通过引入古代科学家的事迹，归纳其共有的精神品质，以及讲授庖丁解牛的故事和李振华治疗抑郁症的经验，使得本次课的主题得到了升华，具体表现在：① 学生能够在了解古代天象医学的基础上学习到能够提高临床能力的相关传统文化知识，提高自身的民族自信心；② 学习先辈优秀品质，在严以律己的同时注重个人道德素养的提升；③ 尊重自然规律并投身实践，积极总结经验的重要意义。

### （二）如何达成课程思政预期目标：坚持教学相长理念，采取合适的教学方式和教学模式

1. 科学合理确定好"三维目标"，紧跟知识与技能、过程与方式、情感态度与价值观这三个目标进行设计确立，教师在传授知识过程中既要对学生学习方式进行详细指导，也要关注学生的精神状态，做到以人为本，突出对学生精神、心理的关怀。这三个目标互成能动关系，能促进学生和谐全面发展。在知识点中有机地融入思政元素，并通过分享个人和身边的事例，让学生更有代入感，以发挥教学潜移默化的育人意义。通过灵活多样的课堂组织方式，让学生在小组活动中学会竞争和协作，提高学习效率和思政育人效果。

2. 在课堂测验和作业中，除专业题目外，注重思考题的设置，学生可通过思考提出个人见解。选取典型的回答并在课堂上讨论，以了解学生现有的知识水平与情感，再按照学生的个性特点、认知水平进行一定程度的分层教学，以此达到提升综合教学质量，促进学生全面发展的效果。

3. 采用讲授法，在案例的最后进行总结，进一步将思政案例的内容和课程有机融合到一起，增强学生的学习效果和情感体验。鉴于本节课内容较难理解这一事实，可以采用由浅入深地方式进行讲解，借助中医象思维的思维方式

来印证预测的重要意义,并结合视频和图片以引导学生正确的世界观、人生观和价值观的建立,促进其乐观的生活态度、求实的科学态度、宽容的人生态度的培养,从而发挥教育的价值,使学生在内心确立起对真善美的价值追求。

(林 荣 贾永森)

# 第四讲 《素问·至真要大论》(二)

## 一、教学目标

### (一)课程思政教学目标

1. 通过视频观看和讨论,让学生掌握气之生化衰盛,胜复之变,阴阳互根转化之理,通晓六化五味,标本之分,熟悉脉象反应的人体机理状况,调气血内外遵循的原则(教学);感悟中医文化的魅力,在建立恒变思维的基础上,领会"学不厌备习""活到老学到老"的精进思想和"大医精诚"的精神(思政)。

2. 通过课前对原文的学习,结合课上老师的讲授,掌握"各安其气""以平为期"的治病原则(教学);从黄帝和岐伯的对话中感受其高瞻远瞩的格局和眼界,领悟其心系天下的民本思想,培养学生的仁者情怀(思政)。

3. 通过查询相关资料,联系实际并结合临床实践,领悟"通"的生命力,了解"候六气之盛"的内在机理,进而知道在观察六气偏胜时,主要观察此偏胜之气到来以后对所胜脏器产生的直接影响(教学);掌握灵活变通的哲学真意,居安思危,防患未然,充分发挥人的主观能动性(思政)。

### (二)课程思政教学目标的体现

1. 选取的思政元素主要取自六气分治及淫、胜、郁、复气等各种变化与气候—病因—病机—证候—治疗的密切关系,以及运气之学在临床上的应用之要点。同时,原文又提纲挈领讲解了标本、制方遣药、治则治法、病机等临床医学的原则性问题,在注重"谨守病机,各司其属"的同时又不可忽略"必先岁气,毋伐天和",让中医文化思维贯穿始终。

文中"治病者,必明六化分治,五味五色所生,五脏所宜,乃可以言盈虚病生之绪也""佐以所利,资以所生,是谓得气""审察病机,无失气宜,此之谓也"等语句反复强调了治法准则,侧面警示为医者当时时勤勉,精进医术,要有"学而不厌,不知疲倦"的学习精神。通过对这些内容的观看和理解,结合当下时事,进而谈到非遗的传承。无论是 7 岁学艺、落水千次练就"水上漂"的杨柳,还是京剧传承人果小菁,抑或是古琴名家蔡伟艺,这些人光鲜的背后是他们无尽的艰辛与汗水。正是他们课下反复地钻研琢磨,感受古人纯粹的情感,在技艺背后寻求那份神韵,在浮躁的社会里不忘初心,不断精进,才有了如今斐然的成就。从非遗传承里感受恒动兼容与精益求精的品质对学生来讲更能体会到精进的意义和禅定的智慧。

2. "余欲令要道必行,桴鼓相应,犹拔刺雪污,工巧神圣,可得闻乎?"这是文中黄帝向岐伯请教既不慢泄天宝又能令医门要道也能在方士之间通而行之、用之无违、效应显著的话,从中可感悟到黄帝心系苍生的仁德。"皆随胜气,安其屈伏,无问其数,以平为期,此其道也。""各安其气,必清必静,则病气衰去,归其所宗,此治之大体也。""谨守病机,各司其属……疏其血气,令其调达,而致和平,此之谓也。"这些话体现了中医"以平为期"的治法治则和其中所蕴含的中庸之道。通过周总理的故事来感受我们制度的优势和领导人的勤政为民。周总理为国家和人民殚精竭虑,鞠躬尽瘁,一生都在践行着"我们这一辈子和这一个时代的人,多付出一点代价,是为后代更好地享受社会主义幸福"的誓言,其逝世时百万群众泪洒长街,十里相送。从周总理的故事中感受其兢兢业业、勤政为民的优秀品质,激发学生对伟人的敬仰之情,怀揣知足之心,涵养家国情怀,厚植人民情怀,提升个人思想境界。

3. 原文中"开发腠理,致津液,通气也。""逆者正治,从者反治,从少从多,观其事也。""逆之从之,逆而从之,从而逆之,疏气令调,则其道也。"等语句在强调对症下药的同时无一不蕴含着"通"的思维,"通"的智慧。人身当与天地自然相通应,方能长久。选取医祖扁鹊的故事,从其高超的医术及行医列国时随俗而变的故事中领悟其"通"的意义。结合扁鹊见蔡桓公的故事,从"乘其至也……有胜之气,其必来复也"中感悟未病先防、既病防变的重要性。

## 二、课程思政案例内容

(一)案例引出

课堂活动:

> 1. 提问：结合生活实际，谈谈你对"精进"一词的理解。
> 2. 提问：民本思想带给你什么启示？
> 3. 提问：中医"治未病"的意义。

通过学生的不同回答，引出本课课前的视频、图片资料——浅谈非遗传承、《我的修养要则》之周总理的故事、《国宝档案》——医祖扁鹊。

(二) 案例内容

1. 案例形式：视频、图片＋思考讨论、讲授。
2. 视频、图片名称：浅谈非遗传承、《我的修养准则》之周总理的故事、《国宝档案》——医祖扁鹊。
3. 让我们一起总结这些视频、图片带给我们的启示。

(1) 从非遗传承人高超技艺的背后学习其精益求精、坚韧不拔的优秀品质，结合原文中所论述的关于五运六气知识的概念及六气变化所致疾病的机理、证候、诊断、治法，以及方剂的配伍、佐制、服法、禁忌等，感悟精进的意义。

精进当从修心起，优化自己的状态，在不幸中学会慈悲，在寂寞中学会宽容，无论何时都对生活充满爱和期待，如此才能以一颗安定的心去追逐自己的梦想，以积极乐观的心态去迎接人生中的风雨，方能真正实现"慎思笃行，抱诚守真，臻于至善"的人生理想。这对现代教育具有较高的启示意义。

(2) 从原文中感受黄帝对后世医者的殷切期盼，对精湛医术的执着追求，只有如此，百姓才不会因被疾病缠身而终日惶惶不安，其中可见黄帝的为民情怀。从"调气之方，必别阴阳，定其中外，各守其乡，内者内治，外者外治，微者调之，其次平之，盛者夺之，汗之下之，寒热温凉，衰之以属，随其攸利，谨道如法，万举万全，气血正平，长有天命""皆随胜气，安其屈伏，无问其数，以平为期，此其道也"中感悟中医"以平为期"的治疗理念和古人为人处世的哲学智慧。周恩来总理45岁生日时，将众人为自己庆生准备的茶点分给下属，自己只简单吃了一碗面条，而后反省自我，写下了217字的《我的修养要则》，从中我们感受到了周总理的民生情怀。

(3) 结合全文内容，感受中医运气学说对"治未病"的指导作用，体悟事物质变和量变之间的联系和作用。教导学生学习中医理论知识，建立中医传统思维,提升个人对经典的领悟能力。

从扁鹊与蔡桓公的对话中感受"通"的思维。扁鹊为医,一心以医治疾患为重,蔡桓公虽为君,但顾好颜面,讳疾忌医,二者心灵并不相通,自然无法达到医治疾病的目的。我国自古以来便有医不叩门和六不治的传统,现在想来不无道理。只有病人真心恳切求医祛患,医者方有大慈悲悯妙手回春之效,病人与医者之间相互尊重,才能达到最好的医治疗效。心灵上的感通对交友也有重要意义。"通"的生命力除了表现在相通之上以外,还表现在变通之中。原文中"时有常位,而气无必也""气有从本者,有从标本者,有不从标本者也""有毒无毒,所治为主,适大小为制也""以所利而行之,调其气使其平也"便阐述了临床诊治应根据病情灵活变通的事实。

除此之外,原文通过观察自然界气的变化,预测近来易患之疾,方便人们针对自身健康状况提早预防,这正是中医"治未病"思想的体现。同样,机会总是留给有准备的人的。只有个人实力足够强大时,才能够抓住机会。因此,拒绝"躺平",奋发图强,当从现在做起。

## 三、分析讲解

### (一)重点分析:案例与本讲内容的关联度

本讲的内容是"至真要大论",主要涉及了精进思想;中庸文化,民本意识;防患未然,把握良机等内容。课程思政案例浅谈非遗传承、《我的修养要则》之周总理的故事、《国宝档案》的医祖扁鹊等内容,与本讲的整体观念和协调之治的内容是完全契合的。同时,课程思政案例也把不同时期的历史背景和解决措施展现出来。通过学生案例前的思考讨论,并结合最后的总结升华,让学生对精进思想、中庸文化和民本意识、防患未然的哲学智慧的认识力得到了提升,主要表现在:① 学生能够掌握五运六气相关概念及临床应用之要点,在此基础上学习标本、制方遣药、治则治法、病机等临床医学的原则性问题;② 帮助学生在自然科学和人文科学之间搭建桥梁,体悟中医治病与社会治理之中蕴含的民生情怀和中庸之理;③ 学生的感恩情怀和对伟人的敬仰之情得到激发,在促进学生三省己身与身心健康发展的同时不断提升个人境界。本案例的引入非常契合本节课的教学内容和教学目标,不仅能够激发学生的理论学习兴趣,使其吸收古代哲学的精髓,提升个人专业素质和水平,而且能使其利用所学的知识在现实生活中发挥个人价值。

(二)如何达成课程思政预期目标:采取多元且适宜的教学方法和教学模式

1. 通过布置预习任务和思考作业,让学生对课上所学内容具有一定了解和认知。在此,预习任务仍可根据学生兴趣和意见将其进行多元化分类,例如选段诵读、结合选段内容谈启示、小组人文演绎等,让学生拥有更多的自主权,有利于激发其学习积极性,拓展思维,提高其领略能力,营造良好的课堂氛围。

2. 使用视频《榜样——周恩来的故事》和《国宝档案》——医祖扁鹊,让学生切实感受周总理的为民情怀,扁鹊高超的医术和高尚的医德,帮助其在脑海中预先形成一个直观认识,这对学生来讲具有重要意义。

3. 使用讲授法,在案例后进行总结,即大医应当具备"行医一生,鞠躬一世;不求闻达,但求利民"的优秀品质,也应通晓"名医之治病,较之常医难也。知其难,则医者固宜慎之又慎",蕴含的胆大心细之理。同时,教师也可结合个人经历,现身说法,帮助学生加强理论和现实之间的联系,还可引经据典,将《黄帝内经》的内容和其他古籍经典联系起来,在提升学生个人素质涵养的同时让学生在课堂上感受到历史的温度和魅力,并教授学生进行养心调神的养生实践体会,帮助其树立整体观念,提升思想智慧,体悟民本意识中所蕴含的社会人文观。

(林  荣  贾永森)

# 第五讲 《灵枢·热病》

## 一、教学目标

### （一）课程思政教学目标

1. 通过视频观看和讨论，让学生掌握热病的见证、诊断治疗和热病不同时期的针刺治疗手段、预后转归，以及热病的禁刺及热病五十九穴的治疗（教学）；感悟中医整体观念及古人针灸治疗的思维"表里合一，内外一致，以表知里，司外揣内"，在把握病因病机，诊治原则的基础上，强化疾病治疗的整体观念和"中和有度"的思想，要求我们要把握局部与整体的关系（思政）。

2. 通过原文的学习，掌握对于针灸治疗而言，治疗过程中应遵循的原则，让学生体会"盛则泻之，虚则补之，热则疾之，寒则留之，陷下则灸之，不盛不虚，以经取之"的意义（教学）；对国家、集体、团队等管理的启迪，强调大局意识（思政）。

### （二）课程思政教学目标的体现

1. 本篇论述热病的见证、诊断治疗和热病不同时期的针刺治疗手段、预后转归，以及热病的禁刺及热病五十九穴的治疗。通过对这些内容的观看与讲解，帮助学生深刻理解针刺的原则和方法以及注意事项。同时，对于学生来讲能更加深刻意识到生命的整体性和"合而为一"的功能性的价值。在学习过程中帮助学生培养并树立团队合作意识，使其感悟古人各守其位，各司其职，各尽其责、精诚合作的情怀，从而做到能保持认真严谨的治学态度，能抓住现象看本质，并发扬自身责任感使命感；坚持两点论和重点论，重视医患关系，以患者为中心，坚持以人为本，强化自身的进取精神。时中，即依时而中，即是"识时务者为俊杰"的思想。这是一种实事求是、与时俱进的表现。"时中"思想即为"变通"。"变通者，趣时者也"，强调统治管理者必须以新为先，勇于创新，敢于创新，适应新的时势而变，革故鼎新、推陈出新、除旧布新，从而达成"善治"。

同时，创新之中亦应有继承，新旧结合，才能摸索出完美之路。

2. 通过论述说明针刺的原则和方法，尤其是在国家面对紧急事件时通过广大人民为国争光、为国建功的意识来深刻认识"盛则泻之，虚则补之，热则疾之，寒则留之，陷下则灸之，不盛不虚，以经取之"蕴含的大局意识，让学生感受我国人民胸怀大局的伟大力量。确保北京冬奥会、冬残奥会按期、按质、按量举办，是中国人民向国际社会做出的庄严承诺。在冬奥申办、筹办、举办的过程中，广大参与者胸怀为国争光、为国奉献、为国建功的大局意识，牢记国之大者须砥砺奋进、履践致远、踔厉骏发向前进，以强烈的责任感和使命感完成冬奥中的各项任务，创造了无愧于祖国、无愧于人民、无愧于时代的光辉业绩。国际奥委会主席巴赫感慨："这是一届真正无与伦比的冬奥会，如果没有中国人民的支持，北京冬奥会不可能收获如此卓越的成功。"

## 二、课程思政案例内容

（一）案例引出

课堂活动：

> 1. 提问：对于大局意识，谈谈你的看法。
> 2. 提问：浅议《灵枢·热病》刺治原则。
> 3. 提问：热病刺治中的"穴有专用"思想。

通过学生的不同回答，引出本课的课前视频、图片资料以及相关文学资料——广大人民群众奋斗历程、针刺穴位图、刺治原则图片。

（二）案例内容

1. 案例形式：视频、图片＋讲授、PPT展示。
2. 视频、图片名称：广大人民群众奋斗历程、针刺穴位图、刺治原则图片。
3. 让我们一起来总结这些视频、图片带给我们的启示。

（1）通过在国家面对紧急事件时，广大工作者为国争光、为国建功的意识，来深刻认识"盛则泻之，虚则补之，热则疾之，寒则留之，陷下则灸之，不盛不虚,以经取之"蕴含的大局意识,让学生感受我国人民胸怀大局的伟大力量(思政)。热病的见证、病机、证治机理、治疗以及预后(教学)。

(2) 胸怀大局,既是一种责任担当,又是一种精神境界。正是因为胸怀大局,一批批建设者鼓足干劲、朝乾夕惕,使得冬奥场馆提前1年完工、京张高铁从开建到通车仅用了3年多的时间;几万名工作人员埋头苦干、积极奉献,实现了冬奥赛事组织、城市运行等各方面的高质量完成;我国广大运动员、教练员用行动落实了"道德金牌、风格金牌、干净金牌"的要求,诠释了奥林匹克精神和中华体育精神,实现了运动成绩和精神文明双丰收(思政)。

(3) 刺治原则

1) 刺前诊脉

诊人迎、气口脉判断邪气在表,选用表之阳经上的穴位,泻表热,使邪气随汗而出。

2) 按五行规律配穴

选穴治疗重视五行生克规律的运用。

3) 补虚泻实

《内经》"盛则泻之,虚则补之,热则疾之,寒则留之……""虚实之要,九针最妙,补泻之时,以针为之""用针之要,在于知调阴与阳。调阴与阳,精气乃光,合形与气,使神内藏",可见针灸诊病是以补虚泻实来调和阴阳的(教学)。

(4) 热病刺治,穴有专用

1) 表卫阳热,取之头穴及井荥

《内经》"头为诸阳之会",热性趋上,易犯头首而侵袭阳经。

治疗:选用头部督脉、膀胱经、胆经诸阳经之穴,泻热解表。

2) 胸肺之热,取之膺背

《内经》"大杼、膺俞、缺盆、背俞,此八者,以泻胸中之热也",论胸肺居上焦,易受热侵袭,所谓"温邪上受,首先犯肺"。

治疗:选用背膺穴,急泻胸肺之热。

3) 胃肠之热,被取阳明

气街、三里、巨虚上下廉所言八穴皆足阳明胃经穴。阳明为三阳之极,阳热最盛,热力最强,故能泻除胃肠邪热,治疗腹痛、痢疾、霍乱等胃肠热证,体现了循经取穴的原则,正所谓"经脉所过,主治所及"。

4）四肢之热，随邪所在而取

治疗：选用肩髃、云门、委中、腰俞，以治四肢热证。

5）五脏之热，取之督脉、表里两经穴及背俞旁

《内经》对五脏热病的讨论甚详，并提出了针治取穴的原则，包括：

"热病气穴"，损阳泻热："热病气穴"，即督脉穴（身柱、神道、灵台、至阳）治疗五脏热病。

循经取穴，表里同治：各经井荥之穴，两经并刺，既泻五脏热，又引内热外达。

背俞傍穴，通脏导热：五藏俞和傍五穴与五脏相通，刺之能泻五脏之热（教学）。

## 三、分析讲解

（一）重点分析：案例与本讲内容的关联度

《灵枢·热病》是《灵枢》卷第二十三篇，文章论述了热病的见证、诊断治疗和热病不同时期的针刺治疗手段、预后转归，以及热病的禁刺及热病五十九穴的治疗，故以"热病"命篇。课程思政案例广大人民群众奋斗历程、针刺穴位图、刺治原则图片等内容，与本讲课的协调之治内容是完全契合的。通过学生案例前的讨论，并结合最后的总结和升华，让学生的大局意识、医者的整体观念和"中和有度"的思想得到提升，表现在：① 学生能够掌握针灸治疗过程中应遵循的原则，并体会"盛则泻之，虚则补之，热则疾之，寒则留之，陷下则灸之，不盛不虚，以经取之"的意义；② 使学生在自然科学与人文科学之间搭建桥梁，体悟国家面对紧急事件广大工作者为国争光，为国建功的大局意识；③ 学生能够体悟中医整体观念及"表里合一，内外一致，以表知里，司外揣内"思维在哲学、生命及社会人文的体现及实际意义。本案例的引入非常契合本节课的教学内容和教学目标，不仅能够激发学生的理论学习兴趣，使其吸收古代哲学的精髓，提升思想境界，而且能够使学生利用所学的专业理论、思想，在现实生活中发挥个人价值。

（二）如何达成课程思政预期目标：采取适宜的教学方法和教学模式

1. 通过提问和小组讨论的方式进行案例导入，创设问题情境，启发学生思

考问题,使学生能够在一定历史知识积累的背景下思考问题。

2. 通过让学生观看情景剧,使学生能切身感受以人为中心的思想的重要性。同时,观看视频也能让学生在脑海中预先形成一个直观的认识,提升个人综合分析的能力。

3. 使用讲授法,在案例后进行总结,以加深同学对针灸治疗的认识。帮助学生在自然科学与人文科学之间搭建桥梁,体悟国家在面对紧急事件时广大工作者为国争光、为国建功的大局意识。结合视频及图片,对学生来讲能使其更加深刻地意识到生命的整体性和合而为一的功能性的价值,在学习过程中帮助学生培养树立团队合作意识。坚持两点论和重点论,重视医患关系,以患者为中心,坚持以人为本,强化自身的进取精神。时中,即依时而中,即是"识时务者为俊杰"的思想。这是一种实事求是、与时俱进的表现。"时中"思想即为"变通"。"变通者,趣时者也",强调统治管理者必须以新为先,勇于创新,敢于创新,适应新的时势而变,从而达成"善治"。同时,创新之中亦应有继承,新旧结合,才能摸索出完美之路。

## 参考文献

[1] 周建伟,张凡. 试论《内经》针刺治疗热病的学术特色[J]. 四川中医,2005(12):31-32.

[2] 石佳,常小荣,刘密,等.《灵枢·热病第二十三》学术思想探源[J]. 山东中医药大学学报,2014,38(05):469-471.

[3] 李佳. 关于《灵枢·热病》中针刺理论的论述[C]//中华中医药学会. 中华中医药学会第十六次内经学术研讨会论文集.[出版者不详],2016:3.

(张雅宁　马会霞)

# 第六讲 《素问·刺疟》

## 一、教学目标

（一）课程思政教学目标

1. 通过视频观看和讨论，让学生掌握如何通过针刺来治疗疟疾，认识针刺的重要作用（教学）；感悟中医传统治疗手段及古人的文化思想，在把握宇宙生命、万物规律的基础上，强化收集信息的能力，善于思考所发现的问题并敢于付诸实践，实现自己的人生价值（思政）。

2. 通过原文的学习，掌握对于疟疾而言，针刺的治疗方法，让学生体会"凡治疟，先发如食顷乃可以治，过之则失时也""刺疟者，必先问其病之所先发者，先刺之"的意义（教学）；对于治疗疟疾的智慧，体会观察分析、善于思考、敢于实践的重要性（思政）。

（二）课程思政教学目标的体现

1. 本篇主要论述了如何使用针刺治疗疟疾。首先，阐述不同经脉与脏腑发生疟疾的特点与治疗方法；其后，整体说明针刺治疗疟疾的注意事项与治疗方法。"十二疟者，其发各不同时，察其病形，以知其何脉之病也""刺疟者，必先问其病之所先发者，先刺之"，通过对这些内容的观看与讲解，帮助学生初步掌握针刺治疗疟疾的方法。同时，对于学生来讲能使其更加深刻意识到中医传统治疗手段的价值，以及传承的重要性；培养学生敢于实践的精神，并养成文化自信的态度，通过感悟古人的精湛的医术与丰富的临床经验，坚定为医者要为患者服务的初心使命。

2. 通过十二种疟疾的疾病特点与治疗手段的讲授，尤其是对使用针刺治疗疟疾时通过观察与收集信息来分析治疗疾病的讲授，可以通过在日常学习与生活中，要学会勤于观察，善于思考，敢于实践来类比，通过学习古人治疗疟疾的方法来为自己的学习与生活总结经验，来深刻认识"十二疟者，其发各不同时,察其病形,以知其何脉之病也""刺疟者,必先问其病之所先发者,先刺之"的含义,让学生感受我国中医文化的博大精深。此外,还应让学生明白作为一名医生,不只要掌握治病救人的基本技能,还应该培养中医思维,提升整体观、功能观对人体和疾病的认识,传承中医传统治疗手段,坚定我们的中医文化自信。

## 二、课程思政案例内容

（一）案例引出

课堂活动：

> 1. 提问：各位同学见过针刺治疗吗？
> 2. 提问：通过对针刺治疗疟疾的讲解,你受到了什么启发？
> 3. 提问：当别人发生危机情况时,你如何使用针刺的手段进行急救？

通过学生的不同回答,引出本课的课前视频、图片资料——针刺治疗视频、如何使用针刺的手段进行急救。

（二）案例内容

1. 案例形式：视频、图片＋讲授。
2. 视频、图片名称：针刺治疗视频、针刺急救措施。
3. 让我们一起来总结这些视频、图片带给我们的启示。

（1）可以在日常学习与生活中勤于观察,善于思考,敢于实践的重要性来类比,理解"十二疟者,其发各不同时,察其病形,以知其何脉之病也"的含义。在疟疾发生时,如何通过观察分析判断十二种不同的疟疾？如何进行针刺治疗？古人都总结了哪些临床经验（教学）？

（2）足太阳之疟、足少阳之疟、足阳明之疟、足太阴之疟、足少阴之疟、足厥阴之疟、肺疟、心疟、肝疟、脾疟、肾疟、胃疟分别有什么特点？如何用针刺的方法治疗？我们在之前《中医基础理论》中学到的疾病的特点,与本节内容有何联系？在学习过程中要求大家重点掌握十二种疟疾针刺治疗方法（教学）。

（3）"自然无为"是老子哲学最重要的一个观念。"自然"是针对天地的运行状态而说的。《老子·第二十五章》云："人法地，地法天，天法道，道法自然。"所谓"道法自然"，是说道以它自己的状态为依据，以它内在原因决定本身的存在和运动，而不必靠外在其他的原因。也就是说，"自然"不是指具体存在的东西，而是形容"自己如此"的一种状态。"无为"是相对于人的活动状况而言的。老子的"无为"，并不是不为，不是什么都不做，而是不妄为，不违道而为，是要顺乎自然而为。这种"为"不仅不会破坏事物的自然进程和自然秩序，而且有利于事物的自然发展和成长。"无为而无不为"（《老子·四十八章》），即不妄为，就没有什么事情是做不成的。可见，老子并不反对人类的努力，他仍然要人去"为"的，只是要"为而不恃"（《老子·二章》）。凡人为之事，如果合乎自然就是"无为"，就能够长久，比如都江堰；如果违背自然就是"妄为"，而"妄为"的选择的错误性迟早都会被时间证明，比如在三门峡筑坝防治黄河水患。

针刺是人为，但用针刺治病是顺应自然，因此是"无为"。因为针刺治病完全不同于药物，在扎针时，没有施加给身体任何外来物，只是通过激发和加强人体本身所固有调节能力，达到防病治病的目的。因此，我们要传承好中医文化，树立文化自信（思政）。同时，在人遇到紧急情况时，如遇到中风、溺水、心脏病突发等昏迷症状的针灸急救方法：首先针人中，其次十宣放血，如果还没有醒来，继续针双脚涌泉穴，若还不奏效可在百会放血。

## 三、分析讲解

（一）重点分析：案例与本讲内容的关联度

本讲的内容是"刺疟"，本篇论述了如何使用针刺治疗疟疾。首先，阐述不同经脉与脏腑发生疟疾的特点与治疗方法；其后，整体说明针刺治疗疟疾的注意事项与治疗方法。"十二疟者，其发各不同时，察其病形，以知其何脉之病也""刺疟者，必先问其病之所先发者，先刺之"，通过这些内容的观看与讲解，帮助学生初步掌握针刺治疗疟疾的方法。同时，对于学生来讲能使其更加深刻地意识到中医传统治疗手段的价值，以及传承的重要性。培养学生敢于实践的精神,坚定其文化自信,通过感悟古人精湛的医术与丰富的临床经验,坚定为医者要为患者服务,要视患为亲的理念。而课程思政案例学习生活、急救针刺措施等内容,与本讲的内容是完全契合的。同时,课程思政案例也把中华文化及急救应对技能展现出来。通过学生案例前的讨论,并结合最后的总结和升华,提升了本次课对人体和疾病的认识,让传承中医传统治疗手段和坚定中医文化自信的主题得到升华,表现在:① 学生能够在日常学习与生活中勤于观察,勤学笃行;② 学生学习了如何通过针刺治疗十二种不同的疟疾;③ 学生体会了针刺的"无为"坚定了传承中国传统文化的信心。本案例的引入非常契合本节课的教学内容和教学目标,不仅能够激发学生的理论学习兴趣,使其吸收古代哲学的精髓,提升思想境界,而且能使学生利用所学的专业理论、思想,在现实生活中发挥个人价值。

(二)如何达成课程思政预期目标:采取适宜的教学方法和教学模式

1. 通过提问的方式进行案例导入,创设问题情境,启发学生思考问题,使学生能够在以往生活知识积累的背景下思考问题。问题意识既是一种心理品质,也是一种思维习惯,它的培养和形成需要不断地刺激和强化。

2. 使用视频《针刺治疗》,让学生切身感受针刺的手法以及其神奇之处。同时,观看视频也能让学生在脑海中预先形成一个直观的认识,掌握针刺方法,提升针刺治疗的认识。

3. 使用讲授法,在案例后进行总结,即"自然无为"是老子哲学最重要的一个观念。"自然"一般是对天地的运行状态而言的。"自然"不是指具体存在的东西,而是形容"自己如此"的一种状态。"无为"是相对于人的活动状况而言的。"无为而无不为"(《老子·四十八章》),即不妄为,就没有什么事情是做不成的。可见,老子并不反对人类的努力,他仍然要人去"为"的,只是要"为而不恃"(《老子·二章》)。

针刺是人为,但用针刺治病是顺应自然,因此是"无为"。可以在日常学习与生活中勤于观察,善于思考,敢于实践的重要性来类比,理解"十二疟者,其发各不同时,察其病形,以知其何脉之病也"的含义。通过学习古人治疗疟疾的方法来为自己的学习与生活总结经验,来深刻认识"十二疟者,其发各不同时,察其病形,以知其何脉之病也""刺疟者,必先问其病之所先发者,先刺之",

让学生感受我国的中医文化。此外,让学生明白作为一名医生,不只要掌握治病救人的基本技能,还应该培养中医思维,提升整体观、功能观对人体和疾病的认识,传承中医传统治疗手段,坚定我们的中医文化自信。

(刘嘉怡　王　萌)

# 第七讲 《素问·刺志论》

## 一、教学目标

### （一）课程思政教学目标

1. 通过视频观看和讨论，让学生掌握气与形、谷与气、脉与血的虚实关系，正常与反常变化的原因（教学）；感悟中医整体观及古人的哲学文化思想，在把握宇宙生命、万物规律的基础上，清醒地认识自我，清楚自我的能力边界，不要好高骛远，要脚踏实地奔赴远方（思政）。

2. 通过原文的学习，理解针刺补泻的方法，让学生体会"入实者，左手开针空也""入虚者，左手闭针空也"的临床意义（教学）；理解"入实者，左手开针空也""入虚者，左手闭针空也"蕴含的传统医学文化内涵（思政）。

### （二）课程思政教学目标的体现

1. 本篇论述气与形、谷与气、脉与血的虚实关系，正常与反常变化的原因，通过黄帝"愿闻虚实之要"引出，进而阐述了虚实的要点以及反常的情况。通过对这些内容的观看与讲解，使学生能够清醒认识自我，清楚自我的能力边界，摒弃好高骛远，做到不忘初心，脚踏实地，奔赴远方。

2. 通过对虚实反常情况，以及沙漠里印第安人的墙（在沙漠里，印第安人的墙是经过特别设计的，它的厚度恰到好处——白天炽热的艳阳晒不透那向阳的墙壁，等到快要热透时，夜晚就已经降临。于是在外面酷寒难耐的夜里，那晒热的土墙，正慢慢地散发出白天储存的热量，使室内变得温暖。）的讲授来深刻认识"气盛身寒，此谓反也……此谓反也"，"谷入多而气少者，得之有所脱血，湿居下也。谷入少而气多者，邪在胃及与肺也"的含义，明白健康的身体应当保持饮食营养供给与需求之间的平衡，这样才可使人体的血气正常循环。过而不及，让学生感受边界的重要性，懂得认识自己的优劣势，在取得成绩时不骄不躁，在遇到挫折时勇敢挑战，认清自己的能力边界，知足而上进，认清自己的过往得失,改正错误不断进步,认识并明确自己的理想,脚踏实地,奔赴远方。

## 二、课程思政案例内容

(一)案例引出

课堂活动:

> 1. 提问:在沙漠里印第安人恰到好处的墙给我们什么启发?
> 2. 提问:步入社会,当环境发生改变时,我们应当如何更好地适应已经改变的环境?

通过学生的不同回答,引出本课的课前视频、图片资料——沙漠里印第安人的墙、适应环境的措施。

(二)案例内容

1. 案例形式:视频、图片+讲授。
2. 视频、图片名称:沙漠里印第安人的墙、适应环境的措施。
3. 让我们一起来总结这些视频、图片带给我们的启示。

(1) 根据沙漠里印第安人对墙"度"的控制,理解"气盛身寒,此谓反也……此谓反也""谷入多而气少者,得之有所脱血,湿居下也。谷入少而气多者,邪在胃及与肺也"的含义,增强学生文化自信(思政)。在人体的"小身国"中,虚实的情况是什么样?什么样的情况是反常(教学)?

(2) 如何理解"人实者,左手开针空也;入虚者,左手闭针空也"?人文科学与社会哲学的桥梁是什么?我们在之前的《中医基础理论》中学到的实证虚证,与本节内容有何联系?在学习过程中要求大家重点掌握"入实者,左手开针空也;入虚者,左手闭针空也"(教学)。

(3) "谷入多而气少者,得之有所脱血,湿居下也。谷入少而气多者,邪在胃及与肺也"——健康的身体应当保持饮食营养供给与需求之间的平衡,这样才可使人体的血气正常循环。同时,当我们的环境发生变化时,如步入社会,我们要能够学会认识自我,清楚自我的能力边界,不要好高骛远,要脚踏实地做事，依据环境的情况调整以便更好地适应环境（思政）。

## 三、分析讲解

（一）重点分析：案例与本讲内容的关联度

本讲的内容是"刺志论"，主要论述了虚实的要领及反常现象，并述及虚实补泻的方法。由于要求医者铭记在心，故称"刺志论"。课程思政案例沙漠里印第安人的墙、适应环境的措施等内容，与本讲课的内容是完全契合的。通过学生案例前的讨论，并结合最后的总结和升华，使得学生的认识得到提升，表现在：① 学生能够掌握气与形、谷与气、脉与血的虚实关系，正常与反常变化的原因；② 使学生在人文科学与社会哲学之间搭建桥梁，体悟人体"身国"与社会哲学的联系；③ 古代医学文化在哲学、生命及社会人文的体现及实际意义。本案例的引入非常契合本节课的教学内容和教学目标，不仅能够激发学生的理论学习兴趣，使学生吸收古代哲学的精髓，提升思想境界，而且能利用所学的专业理论、思想，在现实生活中发挥个人价值。

（二）如何达成课程思政预期目标：采取适宜的教学方法和教学模式

1. 通过提问的方式进行案例导入，创设问题情境，启发学生思考问题，使学生能够在一定历史知识积累的背景下思考问题。

2. 使用资料《沙漠里印第安人的墙》，让学生切身感受"度"的重要性。同时，观看视频也能让学生在脑海中预先形成一个直观的认识。

3. 使用讲授法，在案例后进行总结，即大医具备"上知天文、下知地理、中知人事"的能力。根据本节"气盛身寒，此谓反也……此谓反也""气盛身寒，得之伤寒……此之谓也""夫实者，气入也……左手闭针空也"，帮助学生在人文科学与社会哲学之间搭建桥梁，体悟人体"身国"与社会哲学的联系。结合视频及图片，让学生体悟古代医学文化在哲学、生命及社会人文的体现及实际意义，使得学生能够学会认识自我，清楚自我的能力边界，摒弃好高骛远，做到不忘初心，脚踏实地，奔赴远方。

（刘嘉怡　王　萌）

# 第八讲 《素问·宝命全形论》

## 一、教学目标

（一）课程思政教学目标

1. 天人相应，了解人与自然的关系：通过学习，让学生理解人与自然的紧密联系，理解人应当顺应自然规律，不失四时的重要性。培养学生尊重自然、保护环境的意识和行动能力。

2. 理解阴阳五行的平衡：通过学习，使学生理解阴阳五行的概念和相互关系，了解阴阳失衡、五行相克或相生关系对人体健康的影响，培养学生根据具体情况进行调理，恢复阴阳五行平衡的能力。

3. 身心合一，了解针灸的重要性：通过学习，让学生了解针灸作为一种重要的治疗方法在临床实际中所发挥的作用，掌握五种针灸法的基本原理和应用场景，培养学生在治疗疾病方面的基本知识和技能，提高其对中医药的认识和理解。

这些教学目标旨在通过教学和思政教育，使学生能够更好地理解和应用《素问·宝命全形论》中的思想政治哲学观点，培养学生的环境意识、健康意识，以提高中医药文化素养。

（二）课程思政教学目标

1. 原文中强调了人与自然的紧密联系和顺应自然规律的重要性。通过问题案例中要求学生表达自己对人与自然关系的理解，并举例说明如何顺应四时变化，让学生理解人与自然的紧密联系，理解人应当顺应自然规律，不失四时的重要性，培养学生尊重自然、保护环境的意识。

2. 原文中提到了阴阳失衡对人体健康的影响，而问题案例中也要求学生分享自己对阴阳失衡的感受，并提出通过饮食和调节生活习惯来维持阴阳五行平衡的观点，其与教学目标中理解阴阳五行的平衡和培养学生恢复阴阳五行平衡能力相对应。

3. 原文中提到了针灸作为一种治疗方法在临床实际中发挥的重要作用,问题案例中要求学生表达个人对针灸的看法,并讨论针灸治疗在现代医学中的应用前景,与教学目标中促进学生对中医药的认识和理解相对应。这能帮助学生培养中医思维,并通过提升整体观、功能观来提高对人体和疾病的认识,坚定我们的中医文化自信。

## 二、课程思政案例内容

(一)案例引出

课堂活动:

1. 你认为人与自然之间有什么样的关系?为什么我们需要顺应自然规律?在日常生活中,你是如何与自然互动并保护环境的?举例说明你是如何顺应四时变化。

2. 你曾经感受过身体的阴阳失衡吗?比如感到精力不足或过度疲劳等。你认为这与阴阳失衡有关吗?你认为应如何通过饮食和调节生活的方式来维持阴阳五行的平衡?请分享你的观点和经验。

3. 你听说过针灸疗法吗?你对针灸有什么了解?你认为针灸治疗在现代医学中是否有应用前景?在生活中,你是否尝试过其他传统医疗方法,如中草药等?请分享你的经历和感受。

通过这些问题,学生可以思考和讨论与日常生活相关的话题,引出人与自然的关系、阴阳五行的平衡,以及针灸的重要性这三个思想政治观点。这样的学习方式将使学生更加贴近实际,加深其对中医哲学的理解和应用。

(二)案例内容

1. 案例形式:提问+思考+讲授。

2. 让我们一起来总结在回答问题过程中所受到的启发。

(1)"人生于地,悬命于天,天地合气,命之曰人""人能应四时者,天地为之父母",这意味着人类的生命和命运与自然息息相关,人与自然的关系是中医哲学的重要基石之一。在中医理论中,人体被视为一个小宇宙,与大宇宙的运行规律相一致。人体的生理活动会受到四时变化、天气气候、地理环境等自然因素的影响。只有与自然和谐相处，才能保持身体的健康和平衡。

同时，人类的生活和行为也会受到自然的限制和影响。人类的衣食住行、农耕生产、社会交往等方方面面都与自然息息相关。人们的生活方式和社会制度都会在一定程度上受到自然规律的制约。因此，人类应当尊重自然、顺应自然，与自然和谐共生。在日常生活中，我们可以通过一系列的行动来顺应自然规律。首先，我们可以关注自己的饮食和作息习惯，根据四时变化调整饮食结构和作息时间，以适应不同季节的需要。其次，我们可以采取节约能源、减少废物和环境保护等行动，减少对自然资源的消耗和对环境的负面影响。此外，我们还可以通过参与自然保护活动、推广可持续发展理念等方式，为实现人与自然的和谐共生做出贡献。

在现代社会，人类对自然资源的过度开发和对环境破坏已引发了许多严重的问题，如气候变化、生物多样性丧失、水资源短缺等。只有通过顺应自然规律，实现人与自然的和谐共生，才能解决这些问题，保障人类的可持续发展。

（2）阴阳五行是中医理论中的核心概念，揭示了宇宙万物的运行规律和人体生理活动的基本原理。

阴阳是中医理论中最基本的对立统一概念。阴阳相对而生、相互依存、相互制约，共同构成了宇宙万物的运行规律。在人体中，阴阳的平衡与稳定对于维持身体的健康至关重要。阴阳失衡会导致各种疾病的发生和发展。五行是中医理论中描述人体生理活动的基本要素。五行包括木、火、土、金、水，它们之间相互制约、相互转化，共同构成了人体的生理和病理状态。五行的平衡与协调对于人体健康至关重要。如果五行失衡，就会导致人体的功能紊乱，引发各种疾病。

在日常生活中，我们可以通过一些简单的方法来促进阴阳五行的平衡。首先，我们可以关注自己的饮食结构，根据五行的属性选择适当的食物，平衡五味的摄入。例如，在春季多吃一些具有生发作用的食物，如嫩绿的蔬菜和新鲜的水果。其次，我们可以通过中药调理来平衡五行。不同的中药具有不同的属性，可以通过中药的配伍和使用方法来调理人体的阴阳五行状态。此外，针灸也是一种有效的调理阴阳五行的方法，通过刺激穴位，调整人体的能量流动，恢复阴阳五行的平衡。

(3) 心身合一的思想在中医理论中占据着重要地位,对于维护人体健康和治疗疾病具有重要意义。

中医认为,人的心理状态对于身体的健康有着直接影响。情志是中医理论中的重要概念之一,指的是人的情感和心理状态。中医认为,情志失常会导致气机紊乱,进而影响人体的生理功能,引发各种疾病。例如,长期的愤怒和焦虑会导致肝气郁结,引发肝气郁结症。因此,保持平和的情志状态对于维护身体健康至关重要。

在日常生活中,我们可以通过一些方法来实践心身合一的观念。首先,我们应该关注自己的情绪和心理状态,及时发现并调整不良情绪。例如,当我们感到愤怒或焦虑时,可以通过冥想、呼吸法等方式来平复情绪,保持平和的心态。其次,我们可以通过参与一些心理调节活动来促进心身合一。例如,参加瑜伽、太极拳等运动,可以通过身体的运动来调节情绪,达到心身合一的效果。此外,我们还可以通过保持良好的生活习惯和健康的生活方式来维护身心健康。保持良好的作息时间、适当的运动、均衡的饮食等都有助于维持身心的平衡。

## 三、分析讲解

### (一)重点分析:案例与本讲内容的关联度

本讲的内容是"宝命全形论",本篇主要讲授了治病之道、养身之法,这些都离不开内外环境的统一。天人相应的整体观念,是医生必须掌握的基本原则。具体阐述针刺疗法必须懂得五个关键问题及候气的重要意义。指出医务工作者的临证态度,应该审察至微,全神贯注,谨慎用针。通过学生案例前的讨论,并结合最后的总结和升华,使本讲的主题得到了提升,表现在:① 通过学习,让学生理解人与自然紧密联系的事实,以及顺应自然规律,不失四时的重要性,培养学生尊重自然、保护环境的意识;② 理解阴阳五行的平衡。通过学习使学生理解阴阳五行的概念和相互关系,了解阴阳失衡、五行相克或相生关系对人体健康的影响,培养学生根据具体情况进行调理,恢复阴阳五行平衡的能力;③ 身心合一,了解针灸的重要性。通过学习让学生了解针灸作为一种治疗方法的重要性,掌握五种针灸法的基本原理和应用场景,培养学生在治疗疾病方面的基本知识和技能,提高对中医药的认识和理解。

（二）如何达成课程思政预期目标：采取适宜的教学方法和教学模式

1. 启发式教学方法：通过提出问题案例和引导学生思考，激发学生的思维和探索欲望。教师可以引导学生从自身经验出发，思考人与自然的关系、阴阳五行的平衡以及针灸的重要性。通过让学生自主思考和讨论，培养学生的独立思考能力和批判思维能力。

2. 实践性教学方法：引导学生进行实践活动，如参观自然景观、进行自然观察、体验针灸疗法等。通过实践活动，让学生亲身感受人与自然的关系、阴阳五行的平衡以及针灸的效果，加深对这些概念的理解和认识。

3. 合作学习模式：组织学生进行小组讨论、合作研究等活动，促进学生之间的互动和合作。学生可以在小组中分享自己的观点和经验，相互学习和借鉴，共同探讨人与自然的关系、阴阳五行的平衡以及针灸的应用前景。通过合作学习，培养学生的团队合作能力和交流能力。

4. 多媒体辅助教学：利用多媒体技术，展示与课程内容相关的图片、视频、案例等，丰富教学资源，提高学生的学习兴趣和参与度。通过多媒体辅助教学，可以生动形象地呈现人与自然的关系、阴阳五行的平衡及针灸的实际操作过程，帮助学生更好地理解和应用相关知识。

5. 反思性评价方法：通过课后小结、讨论、写作等方式，引导学生对学习过程进行反思和总结。学生可以回顾自己的学习收获和成长，思考如何将学到的知识应用到实际生活中，以及如何进一步提高自己的环境意识、健康意识和中医药文化素养。

通过采取适宜的教学方法和教学模式，可以更好地达成课程思政预期目标。这些方法和模式旨在激发学生的主动学习和思考能力，培养学生的实践能力和合作精神，使他们能够更深入地理解和应用课程内容，提高他们的思想政治素养和综合素质。

（高志翔　徐　静）

# 第九讲 《素问·玉版论要》

## 一、教学目标

### （一）课程思政教学目标

1. 通过视频观看和讨论，让学生掌握"神转不回，回则不转，乃失其机"的阴阳升降特点、运行规律（教学）；感悟中医"阴升阳降"文化思想，阴阳以独有的"阴升阳降"运行方式合理地运行变化，如果阴阳运行出现停滞不进，就会出现异常表现，人体机能失常，失去生机。教育青年不要蹉跎年华，努力奋斗，全面提高自己的素质，实现人生价值，回顾过往，不留人生遗憾（思政）。

2. 通过原文的学习，掌握对于机体而言，神机的重要作用，让学生体会"神转不回，回则不转，乃失其机。至数之要，迫近以微，着之玉版，命曰合玉机"的意义（教学），树立新时代责任感，奋勇争先、自强不息、锐意进取、顽强拼搏，"神转不回，回则不转，乃失其机"的社会人文体现（思政）。

### （二）课程思政教学目标的体现

1. 本篇论述人体气血神机运转的主要功能，阐述了人体气血神机须永远处于动态平衡中，若有所停滞，则会出现生命状态的异常，从而体现恒动观。强调生命有道，有次序，一切生命活动都是在正常的、自然的道里发展变化，符合天地运气，正如河水不能倒流，若违背次序，人体气机混乱，身体健康必受影响，生命不能正常运转，失去正常机能。通过对这些内容的观看与讲解，以类比社会人生，从呱呱坠地伊始，人生就进入了一条不能快进也不能后退的人生进度条，这样的人生看似处处受限，但人生奥秘的"神机"又其实掌握在自己手中。有志者岁月如歌，蹉跎者光阴如梭。奋勇争先、锐意进取，努力发展自身才能，人生就会有许多选择，终会走出属于自己的康庄大道。同时，对于学生来讲能更加深刻意识到个人价值和社会价值不可分割的关系，帮助学生厚植团队、家国的归属情感，树立家国情怀。

2.通过讲授神机在人体中的重要意义,尤其是"回则不转",就是说如果神机发生了紊乱和异常,不能正常变化,人体的生理功能就失去协调,即所谓"失其机"。让学生树立养神防病的思想,加强保养精神的意识,增强体质,以期"神转不回",而避免"回则不转",并传递给病人调心的健康理念,坚定中医文化自信。

## 二、课程思政案例内容

（一）案例引出

课堂活动：

> 1.提问：浅谈守序文化。
> 2.提问：值得青年一代学习的精神有哪些？

通过学生的不同回答,引出本课的课前视频、图片资料——"9·11"恐怖袭击,疫情下"00后"的作为。

（二）案例内容

1.案例形式：视频、图片＋讲授。
2.视频、图片名称："9·11"恐怖袭击、疫情下"00后"的作为。
3.让我们一起来总结这些视频、图片带给我们的启示。

（1）我们可以发现守序和效率的提升是成正比关系的。推而广之,人们同样可以发现在现实生活中,守序是效率的基础。为什么许多城市汽车不多,道路也宽,交通却拥堵得多？无他,唯守序耳。（神转不回）若有一辆车不遵守规则,停止或逆行,都会造成混乱。（回则不转）在国际经贸往来中,是否守序,更是决定着业务能否成交、合作是否顺利。有时,守序带来的不仅仅是时间成本的节约,甚至可能是生命的保全。例如,在"9·11"事件中,危险迫在眉睫,没有专职人员疏导,但人们沿着摩天大楼的消防楼梯有条不紊地撤退,数万人因此获救。

守序,孕育着和谐。"大道之行也,天下为公。选贤与能,讲信修睦,故人不独亲其亲,不独子其子,使老有所终,壮有所用,幼有所长,鳏寡孤独废疾者,皆有所养。"古人所描绘的大同世界是一个秩序井然的理想社会。而我们今天正在努力构建的和谐社会既是一个充满活力的社会,也是一个安定有序的社会。只有我们每一个人都成为社会稳定、社会和谐的建设者、推动者和维护者,和谐城市、和谐家园才能真正成为人人共享的美好现实。作为一名新时代的大学生,更应该以身作则,成为一名守序模范。

(2) 疫情突袭,有这样一个群体高频出现,他们就是"90后""00后"。2003年的非典时期,他们还是被重点守护的少年儿童或是婴幼儿。如今,他们已褪掉稚嫩青涩扛起大旗,积极承担历史责任,已然成为抗疫一线的主力军,为这场疫情防控阻击战注入了磅礴力量。他们承担起了一名新时代青年应有的使命与担当,他们用实际行动助力疫情防控,奉献自己的温暖力量,充分展现"我为人人,人人为我"的奉献精神,在实现个人价值的同时也为社会建设贡献一份力量。

## 三、分析讲解

(一)重点分析:案例与本讲内容的关联度

本讲的内容是"玉版论要","神转"当作"阴阳的运行"讲,如果有所扩展,又是"气的运行",若阴阳运行有所异常,那气的运行也将受所影响,由"气是万物的本源"考虑到其对于人体生命状态的重要性。不少医家都把"神转不回,回则不转"理解为"神转不回,神回不转"。如此,"转"和"回"就成了两种互相对立相反的运动,"转"是正常的运行,"回"是异常的逆行。其中,又以张隐庵"如逆传其所胜,是回则不转,乃失其相生旋转之机矣"的解释较为合理。"神转不回,回则不转,乃失其机"可解释为:阴阳以独有的"阴升阳降"运行方式合理地运行变化,如果阴阳运行出现停滞不进,就会出现异常表现,人体机能失常,失去生机。这句话主要是在教导医家,治疗的目的除了要恢复及保持人体的阴阳平衡之外,还要注意阴阳的运行,即气的运行,使其"阴升阳降"运行不歇,如此方可生生不息。

(二)如何达成课程思政预期目标:采取适宜的教学方法和教学模式

1. 通过提问的方式进行案例导入,创设问题情境,启发学生思考问题,使

学生能够在一定历史知识积累的背景下思考问题。

2. 使用视频"9·11"事件,让学生切身感受在这种危急情况下教师及学生有序组织的重要性。同时,观看视频也能让学生在脑海中预先形成一个直观的认识,掌握避险措施,提升应对灾害的能力。

3. 使用讲授法,在案例后进行总结,帮助学生在自然科学与人文科学之间搭建桥梁,体悟社会之国与人体"身国"的联系。结合视频及图片,使学生体悟古代序文化在哲学、生命及社会人文的体现及实际意义,更加深刻意识到神机对人体的重大意义,树立新时代责任感,奋勇争先、自强不息、锐意进取的社会人文观,让学生树立养神防病的思想,加强调摄精神的意识,增强体质,以期"神转不回",而避免"回则不转",并传递给病人调心的健康理念,坚定中医文化自信。

(苏雯博　于荣霞)

# 第七篇　守其位社会奉献篇

## 第一讲　《素问·奇病论》

## 一、教学目标

（一）课程思政教学目标

1. 通过对原文的学习，让学生掌握"无损不足，益有余"的治疗准则，体会三因制宜的方法（教学）；感悟中医整体观念、治病求本、辨证施治的根本原则，正确把握患者的整体情况，强化责任意识（思政）。

2. 通过视频观看和讨论，掌握中医阴阳学说，体会阴阳的相互转化，追溯其源，注重寻求解决问题的根本方法（教学）；不拘泥于某种单一的经验或原则，提高灵活应变能力（思政）。

（二）课程思政教学目标的体现

1. 本篇提到的"无损不足，益有余"的治疗准则，既是针刺医治疾病时采用补泻手法的依据，也是药物治疗疾病的重要原则。后世医家在治疗虚证时采用益气、补血、养阴、温阳等方法，在治疗实证时采用发汗、攻下、化瘀、消导等方法，这均是对"无损不足，益有余"原则的具体运用。通过对这些内容的观看与讲解，体会医生诊疗疾病的三因制宜原则，感悟中医的整体观念与辨证施治思想。同时，对于学生来讲，要帮助学生更加深刻意识到生命的整体性，全面了解患者病情发展，强化责任意识，秉承"医乃仁术，医者仁心"的情怀，对患者负责。

2. 通过论述口苦患者取阳陵泉治疗后，仍然不愈，然后选取"胆募穴"这一病例。使学生明白这是由于双方处于阴阳对立时,在一定条件下,可以各自向其相反的方向转化,这就是阴阳的相互转化。阴阳转化在生理上可表现为阴阳互用、阴阳相贯,故此经气可由阴行阳、由阳行阴。病理上可表现为阳损及阴、阴损及阳。因此,我们在治疗阳经或六腑疾病时,可选用属于阴位的募穴,在治疗阴经或五脏疾病时,选用属于阳位的背俞穴。由此引导学生坚持贯彻整体观念和辨证论治思想,在临床上学会灵活变通,不要一味地相信某种单一的经验,避免不必要的错误发生。

## 二、课程思政案例内容

（一）案例引出

课堂活动：

> 1. 提问：大禹治水的故事给我们什么启发？
> 2. 提问：请各位同学思考亚默尔赚取"第一桶金"的故事？

通过学生的不同回答,引出本课的课前视频、图片资料——大禹治水、亚默尔淘金。

（二）案例内容

1. 案例形式：视频、图片＋讲授。
2. 视频、图片名称：大禹治水、亚默尔淘金。
3. 让我们一起来总结这些视频、图片带给我们的启示。

（1）大禹根据山川地理情况,将中国分为九个州,他的治水方法是把整个中国的山和水当作一个整体来治理,同时注重九个州的地理特色。通过整体观念、因地制宜的原则,让九州大地更加繁荣昌盛(思政)。那么我们在临床应用时,该如何对待患者的病情？又该采取何种治疗手段呢(教学)？

（2）"有病口苦,取阳陵泉,口苦者病名为何？"根据"治脏取于原""治腑取于合"的治疗原则,应首选足少阳胆经的经穴——阳陵泉,可在经过治疗后患者仍觉口发苦。古代医学家指出肝是将军之官,但肝的功能却取决于胆,咽喉也受其支配。胆瘅患者由于思虑较多,情绪郁闷不舒,胆的功能发生异常,胆汁上泛,因此嘴里发苦。追溯其源,造成胆瘅的真正原因是胆虚气溢。若一味地觉得应该选用阳陵泉,会发生什么?若灵活变通一下,改变策略,是不是就能避免一些不必要的错误(教学)?

(3) 美国加利福尼亚州发现了金矿,一时间全美掀起了"淘金热",农夫亚默尔也怀着憧憬加入其中。在追寻"黄金梦"的过程中,亚默尔注意到,由于矿场气候十分干燥,很多淘金者的日子过得相当艰难,恨不得用一块金子换一碗清水,而亚默尔抓住了这个商机,灵机一动,放弃淘金,转而开始在矿场卖水,赚取了自己的第一桶金。亚默尔没有一味地坚持挖金矿,盲目跟风,反而灵活变通,改变了自己的想法,用水换来了财富(思政)。

## 三、分析讲解

### (一) 重点分析:案例与本讲内容的关联度

本讲的内容是"奇病论"。奇,异也。异于一般的病证,是谓"奇病"。本篇讨论了子喑、息积、伏梁、疹筋、厥逆、脾瘅、胆瘅、厥、胎病(癫疾)、肾风等十种病的病因、病机、症状、治法及预后。由于这十种病都比较奇特,故以"奇病论"名篇。课程思政案例大禹治水、亚默尔淘金的内容,与本讲的内容是完全契合的。通过学生案例前的讨论,并结合最后的总结和升华,让学生对整体观念、辨证施治和灵活变通的认识得到提升,表现在:① 学生能够掌握"无损不足,益有余"的治疗准则;② 学生能体悟整体观在哲学、生命及社会人文的体现及实际意义;③ 学生能体会在临床上灵活变通的重要性。本案例的引入非常契合本节课的教学内容和教学目标,不仅能够激发学生的理论学习兴趣,使其吸收古代哲学的精髓,提升思想境界,而且能使学生利用所学的专业理论、思想,在现实生活中发挥个人价值。

### (二) 如何达成课程思政预期目标:采取适宜的教学方法和教学模式

1. 通过提问的方式进行案例导入,创设问题情境,启发学生思考问题,使学生能够在一定历史知识积累的背景下思考问题。问题意识既是一种心理品质,也是一种思维习惯,它的培养和形成需要不断的刺激和强化。

2. 使用视频《亚默尔淘金》,让学生切身感受在特殊情况下灵活变通且不拘泥于成规的重要性。同时,观看视频也能让学生在脑海中预先形成一个直观的认识,掌握灵活变通的能力。

3. 使用讲授法,在案例后进行总结,即大医需具备"上知天文、下知地理、中知人事"的能力。根据本节讲述的十种异于一般病症的奇病和它们的病因、病机、症状、治法及预后等内容,体悟在治疗过程中,灵活变通的重要性。结合视频及图片,让学生感悟整体观在哲学、生命及社会人文的体现及实际意义,更加深刻地意识到生命的整体性价值,加强学生对中医思维的理解。在临床上,学生既要学会灵活变通,对患者负责,为患者考虑,运用自己的能力治愈患者,更要坚守"大医精诚"精神,不忘自己的本质与初心,肩负起捍卫人类健康的重任。

(单双宇　贾永森)

# 第二讲 《素问·六元正纪大论》(三)

## 一、教学目标

### (一)课程思政教学目标

1. 通过对原文内容的学习,从黄帝的提问中掌握"天地之纲纪,变化之渊源"的古代哲学之理,通晓运气学说对人类生产生活实践的指导作用(教学);从岐伯的回答中感悟为师者虚怀若谷,不矜不伐,传道授业解惑的人文精神,并联系实际以增强学生对老师的感恩和敬畏之情。同时,增进师生间的情谊,有利于建立良好、和谐的师生关系(思政)。

2. 通过个人思考及小组讨论,结合视频资料和老师的讲解,帮助学生了解能够实现"天道可见,民气可调,阴阳卷舒,数之可数"的基本原则,引导学生学习中国传统文化(教学);从"先立其年……"了解处理事情时把握关键的重要性,使学生初步形成珍惜时间、节约资源的意识,并逐步引导学生将其运用到实践中来(思政)。

3. 体会少阳司天寒热之气交作时,圣人"和而不争"做法的正确性,以此可教授学生相应的临床治疗法则,帮助学生建立中医思维(教学);同时也可将其延伸到为人处事上,领悟清静无为的守真思想,和而不争的君子风度,上善若水的高尚品德,引导学生享受过程,尊重结果,促进其心理健康发展和健全人格培养(思政)。

### (二)课程思政教学目标的体现

1. 面对黄帝的提问,岐伯答"臣虽不敏,请陈其道,令终不灭,久而不易。"岐伯并非不敏,相反他博学多才,精通医理,通晓音律。岐伯虽为黄帝恩师,但他在为黄帝解惑时依旧称"臣虽不敏",可见其虚怀若谷,不矜不伐的高尚品德。"令终不灭,久而不易",可见其传道授业、大爱无私的人文精神。

中华上下五千年,我们的文明从未断流,为师之道也亦然延续至今。被誉为"至圣先师"的孔子曾提出了一系列有深远影响的教育思想,为后世创立了典范。他弟子三千却不骄不矜,真正做到了"君子泰而不骄"。除此之外,"有教无类"的思想贯穿在他的教育生涯中,因其坚守一视同仁且因材施教的理念,终成一代宗师。

2. 黄帝愿岐伯能够按照推而次之的方式阐明五运六气的道理。岐伯回以"先立其年以明其气,金木水火土运行之数,寒暑燥湿风火临御之化",即首先要确立纪年的干支,以明了主岁之气与金木水火土五运值年之数,及寒暑燥湿风火六气司天在泉的气化,可见确立干支甲子的重要性。只有如此方能据年干推算岁运之气,其中蕴含了把握关键、化繁为简的思政元素。

3. 汪国真曾说:"我不去想是否能够成功,既然选择了远方,便只顾风雨兼程。"世人将其理解为把理想变成现实需要积极行动,努力是梦想与现实之间的桥梁,即把梦想变为现实,需要付出努力。除此之外,这句话中也蕴含了"享受过程,尊重结果"的哲理。这和"圣人遇之,和而不争"的思想是不谋而合的。

中国女子羽毛球运动员张宁在29岁"高龄"时达到运动生涯的巅峰,取得奥运会单打冠军,当时的媒体称张宁是大器晚成。其实,张宁错失了很多世界大赛的机会,在尤伯杯比赛输给张海丽后,她经历过停赛,但始终坚持训练,保持好的状态。面对媒体的采访,张宁回答取得成功的秘诀便是去享受训练和比赛,从而保持积极的心态迎接每一次参赛。"风平浪静时闲庭信步,惊涛骇浪中搏击长空"。因此,懂得享受不同的境遇,能让我们的生活更加地充实和美好。

## 二、课程案例思政内容

(一)案例引出

课堂活动:

> 1. 提问:收集古今大家鸿儒为师时的故事,思考其共通之处。
> 2. 提问:请说出把握关键,化繁为简理念在生活中的应用。
> 3. 提问:请体会并谈谈"既然选择了远方便只顾风雨兼程"所蕴含的哲理。

通过学生的思考和讨论,引出课前的视频、图片资料——孔子的教学之道、化繁为简的正确性、女子羽毛球运动员张宁的故事。

(二)案例内容

1. 案例形式:视频、图片+讨论、讲授。

2. 视频、图片名称:孔子的教学之道、化繁为简的正确性、女子羽毛球运动员张宁的故事。

3. 让我们一起总结这些视频、图片带给我们的启示。

(1)原文中,黄帝言"六化六变,胜复淫治……余未能明其事",阐述了自己通晓的道理和不解之处,并在此基础上表达了自己的学习追求。对此,岐伯以"昭乎哉问也,此天地之纲纪,变化之渊源,非圣帝孰能穷其至理欤"答之,且对黄帝提出的其他问题,多次以"昭乎哉问也""悉乎哉问也"作答,表现出自己对黄帝的赞扬和钦佩。黄帝固然聪慧,但其成长也离不开名师的指引。谈起名师,朱熹面对诸生提出的问题、质疑诲教不倦;朱次琦执教时曾告以学生"处子耿介,守身如玉,谷暗兰薰,芳菲自远"之理;韩愈学为人师,行为世范,一生都践行着"师者,所以传道、授业、解惑也"的教学理念。他们的教学思想虽不尽相同,但他们懂得言传身教的重要性,在与学生相处时无不细心教导。正是在这种春风化雨般的环境里,其学子明德守礼,胸怀天下,崇德力行,终成就了一番事业。

结合当前新时代师德师风建设新要求,理解经典古籍中为师者虚怀若谷,不矜不伐,传道授业解惑的人文精神,这有利于增强学生对老师的感恩和敬畏之情,促进师生间良好关系的建立。

(2)原文阐述了"不避热""不避寒"的生病情况,即"不远热则热至,不远寒则寒至……",并提出"时必顺之,犯者治以胜也"的治疗原则。从中感悟在事物发展过程中,抓中心、抓重点的哲学意义。

化繁为简,利国利民。近年来,随着人们生活水平的不断提高,人们对于审美的认识也渐渐从过去的大排场、大铺张转变为简单朴素的美。在简约中能够看到时尚潮流也能照见自己的初心。

大学给了大学生充分的自由,在这种情况下,大学生可以被划分为三种类型,一种类型的人浑浑噩噩,过着"躺平式"的生活;一种类型的人着重于向外追求,却未能平衡好学业和生活之间的关系;还有一种类型的人,他们知晓自己的天性,坚守初心,一路上舍弃了不必要的想法,最终成就了自己。我们身为中医学生,应深谙自己担负的责任和使命,应当努力求实,精研医道,提升自己的思想维度和专业水平,传承并发展好中医药事业。为此,我们应当坚守使命,不改初心,真正做到"向外远眺,向内求索,取巧守拙",实现自己的成长进阶。

(3)原文主要讲述了六十年内,六气司天、在泉、五运主岁时的气象、物候、灾异变化规律,综合全文,使学生感悟圣人在灾难疾患面前清静无为的守真思想和顺其自然的人生态度。

张宁成功的秘诀这一案例启示我们"享受过程,尊重结果",人生中的浮沉是在所难免的,重要的是能够以一颗积极乐观的心态去看待这些荣辱得失。工作无贵贱,梦想均无价。无论处于何种情况下,希望学生都能够学会在工作、生活中享受过程,感受工作背后的人情世故,同时捕捉生活中的美好瞬间,学会成长、学会忍耐,抑或斩断梦想道路上遍布的荆棘,或将手捧梦想之光,义无反顾奔向远方的美好留于心间,经历磨难看淡得失。

## 三、分析讲解

(一)重点分析:案例与本讲内容的关联度

本讲的内容是"六元正纪大论",六元,即"六元",即六气。正纪,指正常的变化规律。本篇内容主要是论述六十年六气的变化规律,所以命名为"六元正纪大论"。本讲涉及的思政案例有孔子的教学之道、化繁为简的正确性、女子羽毛球运动员张宁的故事等内容。与本讲的主题是完全契合的。通过学生案例前的思考和讨论,并结合最后的总结,让学生对"六气的变化规律"和传道授业的人文精神、清静无为的守真思想的认识得到提升,表现在:① 学生能够掌握六气的变化规律,通晓五运六气与四时气候变化、万物生长衰老死灭的关系;② 学生领悟了为人处世中化繁为简的道理、把握关键之理,体会珍惜时间、节约资源的重要性;③ 体悟了清静无为的守真思想、和而不争的君子风度和上善若水的高尚品德在哲学、生命中的体现及实际意义。

本案例的引入非常契合本节课的教学内容和教学目标,能够增强学生对老师的感恩和敬畏之情,帮助学生理解"享受过程,尊重结果"重要意义,促进其心理健康发展和健全人格培养。

（二）如何达成课程思政预期目标：采取合适的教学方法和教学模式

1. 课下提前布置思考作业，课上鼓励大家交流讨论，大胆说出自己的见解，这个过程十分重要，能够促进学生互相学习互相进步，营造活跃且和谐融洽的课堂氛围，提高孩子们的学习效率和认知深度。

2. 课上播放相关案例的视频，让学生切实感受生活中的思政元素，丰富情感体验。同时，也能帮助学生在脑海中形成直观的认识，提升其思考能力。

3. 使用讲授法，在案例和讨论后进行总结，在自然科学和人文科学之间搭建桥梁。结合视频和图片，引经据典，深入浅出，帮助学生更好地将《六元正纪大论》中的内容和思政点结合起来，感悟经典所蕴含的育人理念和对后世产生的深远影响。在知识的海洋里带领学生体会为师者虚怀若谷，不矜不伐，传道授业解惑的人文精神，激发学生学习中国传统文化的兴趣，帮助其构建传统的中医思维，引导学生建立"享受过程，尊重结果"理念，促进其心理健康发展和健全人格培养。

（林　荣　贾永森）

# 第三讲 《素问·痹论》

## 一、教学目标

（一）课程思政教学目标

1. 通过对原文内容的学习，让学生掌握痹病的病因病机、病症分类、临床表现、治法治则及预后等内容，帮助其从中医古籍中学习理论知识，增长见识与才干（教学）；感悟中医诊断时司外揣内、以常达变的基本原理，在把握整体观的基础上见微知著、防微杜渐，端正态度，强化医者责任意识，提升个人认识和解决问题的能力（思政）。

2. 通过视频的观看和讨论，理解对于机体而言，"通"的重要作用，让同学体会"数饮而出不得，中气喘争，时发飧泄""涩于小便，上为清涕"的临床意义，从"阴气者，静则神藏，躁则消亡，饮食自倍，肠胃乃伤"中领会阴阳观念和中庸之道（教学）；对于国家、集体、团队等管理的智慧，领会取予有节，把握适度原则，以及"通"的社会人文体现（思政）。

3. 综合全文来看，让学生从"病久而不去者，内舍于其合也"中体会痹病的传变规律，树立预防、早治的防范观念；从"此亦其饮食居处，为其病本也""风寒湿气中其俞，而饮食应之"中领会患病内外皆伤的病因病机和治病求本的中医理念，通晓顾护正气的重要性，树立正确的养生观念；通过联系文中对营卫之气、寒热之见、疼痛与否等内容的阐述，使学生坚定合作共赢理念，懂得在把握阴阳，顺应规律的同时用发展的眼光看问题。

（二）课程思政教学目标的体现

1. 本文围绕痹病展开论述，开篇以"风寒湿三气杂治"回答了"痹之安生"的问题，而后阐述了行痹、痛痹和著痹等痹病的不同名称和分类依据，即"其风气胜者为行痹，寒气胜者为痛痹，湿气胜者为著痹也"。风寒湿虽合而为痹，但发起亦殊也。且痹生有五，即"以冬遇此者为骨痹，以春遇此者为筋痹；以夏遇此者为脉痹;以至阴遇此者为肌痹;以秋遇此者为皮痹"。若晓得三气、四季、五脏三者之间关联,通过疾病外在表现推测内部脏腑气血变化,在诊治时方可事半功倍。通过对这些内容的观看和讲解,用孔子对子贡赎人不受金和子路救人而受牛的不同评价来理解"见之以细,观化远也",对学生来讲能更加深刻意识到司外揣内等中医诊断的基本原理,在透过现象看本质的同时用发展的眼光看问题,帮助学生厚植大医情怀,坚定医者为民服务、视患为亲的立场,端正学习态度,增强责任意识,为强化中医知识学习奠定基础。

2. 通过"肠痹者,数饮而出不得,中气喘争,时发飧泄;胞痹者,少腹膀胱,按之内痛,若沃以汤,涩于小便,上为清涕"等内容的讲授,尤其是对不通所导致的痹病后果的表述,侧面加强学生对"通"重要性的理解。通过张桂梅老师创立华坪女高的初心和付出的努力,以及该校学生周云丽毕业后放弃编制,重回华坪任教的事件来深刻认识社会中爱的流通、延续与传递。此外,让学生明白作为一名医生,不仅要掌握治病救人的基本技能,还要能进行调心养神的养生实践体会。正所谓"心病还需心药医",为医者应在提高个人专业水平的同时用一颗真诚的心去感染、去唤醒另一颗心,如此才不负仁心仁术。

3. 纵观全文,领会岐伯在与黄帝对痹病认识的交谈中蕴含的哲学思维和人文情怀。虽然文中未曾着重提中医论治思维,但是我们却能从"诸痹不已,益其内也""五脏有俞,六腑有合,循脉之分,各有所发,各随其过""逆其气则病,从其气则愈""凡痹之类,逢寒则虫,逢热则纵"中感受到疾病的发展、预后、治疗大法等。通过石家庄和北京两例乙脑患者被老中医用两个不同的白虎汤方子控制住这一事件,来肯定中医辨证论治,三因制宜的正确性,坚定中医专业自信和文化自信,有利于中医人才的培养和中医学这一民族瑰宝的传承和发展。

## 二、课程思政案例内容

(一)案例引出

课堂活动:

1. 提问:请谈谈以表知里、见微知著等中医诊断的基本原理在现实生活中有何体现?

> 2. 提问：结合生活实际，谈谈你对"通"有什么样的理解？
> 3. 提问：论中医辨证论治的正确性。

通过学生的不同回答，引出本课的课前视频、图片资料——孔子对子贡救人和子路受牛之事的看法；华坪女高——爱的传递（传承的意义）；中医治疗乙脑（以石家庄和北京为例）。

（二）案例内容

1. 案例形式：视频、图片＋讨论、讲授。
2. 视频、图片名称：孔子对子贡救人和子路受牛之事的看法；华坪女高——爱的传递（传承的意义）；中医治疗乙脑（以石家庄和北京为例）。
3. 让我们一起来总结这些视频、图片带给我们的启示。

（1）子贡赎人不取金，众人称其德高行善，孔子却言其失之，子贡举止虽善但也把善拔高到众人难以企及的高度，这与鲁国鼓励人们惠而不费的初衷背道而驰，经此一事，鲁人将少有赎人者，故而孔子不认可其行为；相反子路救人于溺而受牛，该举止看似有谋财之嫌，但却有利于良好社会风气的形成，因而孔子赞赏他。从这两件事中可以窥见孔子眼光之长远。做人亦应如此，做事之前要洞察全局，深谋远虑。通过对痹病的学习，培养学生通过疾病外在表现推测内部脏腑气血变化的能力，提高个人对痹病临床表现和病因病机的认识（教学）。

（2）张桂梅一手创建华坪女高，帮助女孩走出大山。她事事亲为，带给数千名女孩爱与希望，令人感动不已。而其学生周云丽毕业后毅然决然放弃编制，回母校接力恩师，这又何曾不是爱的延续呢？也正因爱的传递，世间才变得如此美好，令人向往。如果别人曾是你黑暗生活里的一束光，我希望你也能成为这束光，去照亮并温暖更多的人。

这也给当代社会的人带来了很多启示，荧幕上的广告和影视作品多彩迷人眼，但我们也希望在作品商业化的现代见到更多能够温暖人心的作品。除此之外，非遗的守护与传承、资源的循环与利用等也应引起重视，吃水不忘挖井人，无论何时何地，我们都应守护好中华传统文化，做中华文化的弘扬者和继承者，做担当民族复兴大任的时代新人（思政）；之前所学的《黄帝内经》篇目里的"通"与本节内容有何联系？通过学习"凡痹之客五脏者，肺痹者，烦满喘而呕……胞痹者，少腹膀胱按之内痛，若沃以汤，涩于小便，上为清涕""此亦其食饮居处，为其病本也。六腑亦各有俞，风寒湿气中其俞，而食饮应之，循俞而入，各舍其腑也"，掌握五体痹、脏痹、腑痹病因病机、临床表现、治疗及预后等内容（教学）。

（3）1954年石家庄乙脑爆发之际，以郭可明为首的7位名中医，以白虎汤、清瘟败毒饮为主方治疗乙脑，效果显著，令人称赞。1956年北京乙脑流行时，部分医生直接套用石家庄治疗之法，因效果差，转而质疑中医。随后，在中医三因制宜原则的指导下，中医专家通过对比石家庄和北京气候差异，在宣解湿热的同时加入芳香透窍的药物，取得了良好效果。此案例证明中医辨证施治的正确性。无论是学习中还是生活中，我们都应培养自己的辩证观念，在提升个人思想境界的同时提高认识和解决问题的能力。

## 三、分析讲解

### （一）重点分析：案例与本讲内容的关联度

本讲的内容是"痹论"，本篇以黄帝和岐伯问答的形式论述了痹病的病因病机、病症分类、临床表现、治法治则及预后等内容，其中蕴含了育人的哲学思维，具有较高的人文价值。课程思政案例：孔子对子贡救人和子路受牛之事的看法；华坪女高——爱的传递（传承的意义）；中医治疗乙脑（以石家庄和北京为例）等内容，与本讲的内容是完全契合的。同时，课程思政案例也把历史背景和相应的社会启示展现出来。通过学生案例前的思考、讨论，并结合最后的总结，让本次课主题得到升华，表现在：① 学生能够掌握痹病的病因病机和分类依据等内容，对痹病有清晰全面的认知，通晓营卫之气协调的重要性；② 通过在自然科学和人文科学之间搭建桥梁，挖掘原文背后蕴含的思政元素，让学生体会社会与人身国的联系；③ 让学生体悟以司外揣内、以通为用为主的古代哲学思想在生命、社会人文的体现及实际意义。此次案例的引入非常契合本节课的教学内容和教学目标，不仅能够激发学生的理论学习兴趣，使其学习中华优秀传统文化，提升思想境界，而且能使其坚定前进信心，立大志、明大德、成大才、担大任，努力成长为有理想、有本领、有担当的中国特色社会主义接班人。

(二)如何达成课程思政目标:采取适宜的教学方法和教学模式

1. 课前布置预习任务,让学生对本讲内容具有一定了解,任务可分为诵理和人文两个板块,教师可根据学生想法填充板块内容,学生根据个人情况自主选择一项完成即可。课上教师可根据同学完成情况对任务进行评析,提出表扬或个人意见,在活跃课堂气氛的同时提高学生参与度。

2. 使用视频《百家说故事》中子贡做好事反挨批的片段、《我的2020》(十二年风雨兼程,我想让山区的女孩子们上高中)等让学生切身感受经典故事背后的育人元素,同时让学生了解《百家说故事》等蕴含了丰富情感和智慧的电视栏目,发挥科技对文化传承的推动作用。

3. 使用讲授法,并在讲授原文内容时穿插案例。课上给学生提供思考和讨论机会,并对在案例进行总结,也可结合自身经历和临床经验对原文内容和思政点进行阐述,使课堂贴近生活,理论符合实际,在传授知识的同时不忘育人之责,以润物细无声的方式让学生感受到"在明明德,在亲民,在止于至善"的大学之道和"绝驰骛利名之心,专博施救援之志"的为医之道。

(林 荣 贾永森)

# 第四讲 《灵枢·大惑论》

## 一、教学目标

### （一）课程思政教学目标

1. 通过本讲的学习，向学生讲述登高俯视则惑的原因，让学生掌握善忘、善饥不喜食、不得卧、不得视、多卧、少卧等病证的发病机制，感受人体之气升降出入失常在导致疾病发生中所起到的作用（教学）；通过细品岐伯为黄帝解其自身之惑时所言之理，感悟古人沟通技巧和语言艺术（思政）。

2. 通过视频的观看，结合学生的思考和讨论，掌握五脏精气与眼睛各部分之间内在有机联系，理解潜意识中未解决的矛盾与特殊的躯体疾病之间存在的必然因果联系（教学）；体会原文对"肝肾为本，脑为枢纽，目为标"的近视发病理论形成的指导意义，感受《素问·大惑论》对后世精神分析和精神疗法理论基础的奠基作用，提高我们的经典自信和专业自信（思政）。

3. 结合文中对精和神的论述，教导学生要树德修心养神，减少内耗和无效内卷，提高个人生活质量和幸福感，促进人类健康事业发展；通过岐伯"盛者泻之，虚者补之，必先明其形志之苦乐，定乃取之"的治疗方法，使学生领悟其中蕴含的两点论与重点论的统一之理，帮助学生树立以患者为中心，服务患者的理念，强调沟通，增进医患信任。

### （二）课程思政教学目标的体现

1. 黄帝问岐伯自己登清冷之台而惑之因，岐伯以"五脏六腑之精气，皆上注于目而为之精"回之，亦即言黄帝两目现患有疾，岐伯虽为黄帝之师，但亦为臣子，君臣之间，言应合乎礼，面对君主"疑其然"，岐伯回以"心有所喜，神有所恶……是故间者为迷，甚者为惑"，一定程度上促进了黄帝自我的反省。掌握有效的沟通技巧，感受语言艺术的魅力并从中反省自我，这对改善自己的人际关系，提升自身实力有重要意义。

2. 原文中"邪其精,其精所中不相比也,则精散。精散则视歧,视歧见两物……故神劳则魂魄散,志意乱""目者,心使也,心者,神之舍也,故神精乱而不转,卒然见非常处,精神魂魄,散不相得,故曰惑也"等内容表现出精神内守的重要性,古人十分重视自身修养,善养其心而安其神,在动静相合的阴阳观指导下,先辈结合古代的导引术和吐纳术形成了一种内外兼修、柔和、缓慢、轻灵、刚柔相济的中国传统武术——太极拳。从太极拳中窥探古人养生法门,感悟其对身心合一理念和思想境界的追求,并从中汲取智慧,传承并发扬中国古代传统文化,守好我们的根和魂。

3. 《大惑论》中岐伯在解黄帝之惑的同时论述了何气使善忘、善饥不喜食、不得卧、不得视、多卧、少卧之题,有利于提升今人对疾病的认知能力和其临床实践水平,一定程度上强调了医者的观察和思考能力。原文以寥寥数语概说出人体诸多疾患之理,且文末附有治疗大法,这对当今学生专业知识的学习和思想境界的提升具有指导意义。遵循以小见大之理,我们得以窥见经典对中医药学的理论研究与临床实践具有的重要指导意义。当今,只有医药研究回归经典,追本溯源,方能真正做到守正创新。

## 二、课程思政案例内容

(一)案例引出

课堂活动:

1. 提问:谈谈实际生活中语言艺术的妙用。
2. 提问:浅论古人修心养神的智慧。
3. 提问:中医古籍对解决现代医学难题有什么启发?

通过学生的不同回答,引出本课的课前视频、图片资料——抛砖引玉谏宣王;太极拳的修身养性作用;屠呦呦:青蒿素是中医药献给世界的礼物。

(二)案例内容

1. 案例形式:视频、图片+讲授。

2. 视频、图片名称：抛砖引玉谏宣王，太极拳的修身养性作用，屠呦呦：青蒿素是中医药献给世界的礼物。

3. 让我们一起来总结这些视频、图片带给我们的启示。

(1) 虽说"良药苦口利于病,忠言逆耳利于行"，但忠言一定要逆耳吗？历史上虽有因直言进谏而名垂千古的人，但也不乏因此而触怒天子，下场凄惨之人。"千古谏臣第一人"的关龙逢忧国忧民，多次直言劝夏桀，最终落得个惨死的下场，由此可见掌握语言艺术是十分必要的。

原文里岐伯在解答黄帝疑惑时言辞恭敬，教导中又蕴有劝说之意，言语巧妙却也发人深省。纵观历史，无论是晏子谏景公，触龙说太后，还是邹忌讽齐王纳谏，他们的进言都是十分成功的。委婉的劝说给君王留足情面，这并不是一种妥协，而是一种谦卑的选择，合乎君臣之礼；同时对君王具有较为深刻的影响，有利于他们反思自己的言行，从根上来解决问题，更有利于国家的发展。

这样的语言艺术在当今社会仍然适用，委婉含蓄的话语总是容易让人接受，劝说别人时考虑周详，顺势而为，在保护自己不受伤害的同时能在最大程度上取得好的效果，何乐而不为呢？

(2) 原文中脏腑精气上注于目，"精之窠为眼，骨之精为瞳子……目系急则目眩以转矣""是故瞳子黑眼法于阴，白眼赤脉法于阳也。故阴阳合传而精明也"等内容，在解说迷惑原因的同时也给人一定启发。当代教育也应多创造一些课堂与传统文化结合的机会，让学生感受到中华传统武术的魅力，注重其身心的协调发展，让每个孩子身上都散发青春的活力，洋溢朝气蓬勃的气息，并能以良好的心态去迎接人生中的每个挑战。

(3)《大惑论》中所讲述的五脏精气与眼睛各部分之间所存在的内在有机联系的内容，以及"卫气不得入于阴，常留于阳。留于阳则阳气满，阳气满则阳跷盛，不得入于阴则阴气虚，故目不瞑矣""上气不足，下气有余，肠胃实而心肺虚。虚则营卫留于下，久之不以时上，故善忘也"等内容，对后世精神分析和精神疗法理论基础具有启发作用；而受《肘后备急方》启发，屠呦呦成功提取出青蒿素，为解决疟疾这一世界难题做出了巨大贡献。由此可见，中医古籍作为中华民族的瑰宝，既是数千年医疗实践经验的重要载体，也是中医药传承创新的源泉，建立分级分类体系，做好中医古籍保护发掘乃中医发展规划的重中之重。当然，这也从侧面推动了古籍保护工作的进行。古籍作为古人思想智慧和实践经验的结晶，在传承中华文明中发挥着非常重要的作用，对后世生产生活具有深远影响。

## 三、分析讲解

### （一）重点分析：案例与本讲内容的关联度

本讲的内容是"大惑论"，主要论述了登高俯视则惑的道理，以及善忘、善饥而不嗜食、不得卧、不得视、多卧、少卧等病证，而对于惑的讨论尤为详尽，故以此作为篇名。课程思政案例中抛砖引玉谏宣王、太极拳的修身养性作用、屠呦呦认为青蒿素是中医药献给世界的礼物等内容，和本讲的内容是完全契合的。同时，课程思政案例也把相应的历史背景和人文启示展现出来。通过学生案例前的思考讨论和案例后的总结反思，让本次课的主题得到升华，具体表现在：① 学生能够掌握气机失常易引发的疾病和发病机制，重视目的作用和中医全息疗法；② 在自然科学和人文科学之间搭建桥梁，使学生感悟古人沟通技巧和语言艺术，树立以患者为中心，服务患者的理念；③ 坚定学生的专业自信和文化自信，做担当民族复兴大任的时代新人。本案例的引入非常契合本节课的教学内容和教学目标，不仅能够激发学生从经典中学习理论和经验的兴趣，帮助指导其临床实践并从中吸收古代哲学精髓，而且能提升学生思想境界，使其在现实生活中发挥个人价值。

### （二）如何达成课程思政预期目标：采取适宜的教学方法和教学模式

1. 提前布置预习任务，让学生查阅资料并从《大惑论》中寻找思政点，这能够让学生在一定历史积累的背景下思考问题，承古开今，培养思维能力，激发情感意识。同时，布置书法情叙、人文演绎等任务，注重课堂与传统文化的结合，让学生根据自身情况完成其中任意一项即可，从一定程度上在贯彻因材施教理念的同时增添了课堂乐趣，促进其对知识的理解和吸收能力。

2. 观看视频《邹忌讽齐王纳谏》《关龙逄》，通过对比让学生感受到掌握沟通技巧的重要性，播放梁碧荧、陈甲伟的太极视频，改变同学对太极拳仅限于老年人的刻板印象，刷新其对中华传统文化的认知，充分发挥现代科技对中华传统文化的继承创新作用。

3.使用讲授法,在案例后进行总结,即大医具备"上知天文,下知地理,中知人事"的能力。根据原文内容,层层分析,深入浅出,从岐伯回答黄帝之问中提炼语言艺术和沟通技巧之理,并结合春居谏宣王的案例内容,充分体现思政要点;从精、神讨论中感受形神养护的重要性,并以太极拳修身养性的案例进一步启发思考,从而认识到社会发展的弊端,促进当今课堂教学模式的转变,及传统文化的传承;从全文对后世精神疗法的指导意义足见中医古籍的重要性,并结合青蒿素的提取进一步佐证观点,提升民族自信和文化自信,促进社会对古籍保护和修复工作的重视。讲授过程中要注重和学生之间的互动,在提升其参与感的同时促进其思考能力的培养。

(林 荣 贾永森)

# 第五讲 《素问·疟论》

## 一、教学目标

### （一）课程思政教学目标

1. 通过视频观看和讨论，掌握疟疾的种类、病因病机、疾病的特点以及治疗方法（教学）；感悟中医整体观及古人的序文化思想，在把握宇宙生命、万物规律的基础上，强化团结合作、团队意识，培养家国情怀（思政）。

2. 通过对原文的学习，掌握疟疾的病因病机、疾病特点以及治疗方法技巧，让学生掌握"故先其时坚束其处，令邪气不得入，阴气不得出，审候见之，在孙络盛坚而血者皆取之，此真往而未得并者也"的治疗方法（教学）；从"夏伤于大暑，其汗大出，腠理开发，因遇夏气凄沧之水寒，藏于腠理皮肤之中，秋伤于风，则病成矣"的角度理解和体会定期扫黑对于国家、社会的重要性。（思政）。

### （二）课程思政教学目标的体现

1. 本篇论述了疟疾的病因病机，疾病的特点以及治疗方法，以"夫痎疟皆生于风，其蓄作有时者何也"作为提问引出了疟疾的病因病机，并从疾病发生的不同时间，对病机进行阐述。通过对这些内容的观看与讲解，以疟疾形成的机理为喻来帮助学生理解扫黑的重要性，使其更加深刻意识到社会的整体性和扫黑工作的价值，树立防范意识，帮助学生厚植家国、社会的归属情感。

2. 通过对疟疾的种类、病因病机、疾病的特点，以及治疗方法的讲授，尤其是对于疟疾的病机的讲授，理解"夏伤于大暑……秋伤于风，则病成矣"的内涵。正所谓"正气存内，邪不可干，邪之所凑，其气必虚"，由此深刻理解国家对定期扫黑的坚定态度和立场。只有政治清朗，黑恶尽除，才能国泰民安。同时，让学生明白作为一名医生，不光要掌握治病救人的基本技能，还要注意防患于未然，传递给病人预防为主的健康理念。

## 二、课程思政案例内容

（一）案例引出

课堂活动：

> 1. 提问：请各位同学思考我们所学习的自然规律与人文社会是否有所联系。
> 2. 提问：学习疟疾发生的机理后你们能否联想到什么？

（二）案例内容

1. 案例形式：视频、图片＋讲授。
2. 让我们一起来总结这些视频、图片带给我们的启示。

（1）根据当前中国定期开展的扫黑活动，以及不开展扫黑活动导致的不同后果，理解"夏伤于大暑……秋伤于风，则病成矣"，增强学生的制度自信（思政）。在人体的"小身国"中，疟疾如何发生？如何影响身体机能？古人是如何治疗的（教学）？

（2）疟疾的疾病特点分别是什么？自然科学与人文科学的桥梁是什么？在之前《中医基础理论》中学到的各疾病的特点，与本节内容有何联系？在学习过程中要求大家重点掌握疟疾的疾病特点（教学）。

（3）夏天感受了严重的暑气，出了大汗，肌肤腠理打开，此时又遇夏天凄冷的湿气，留藏在腠理皮肤之中，到秋天又伤了风邪，就成为疟疾了——通过对此的理解感悟人道、世道、王道。

（4）中医是从功能观的角度认识人体和疾病的。我们要从功能观的角度认识疟疾。

国家风气持续清朗，但是是否会维持这个现状，以及扫黑活动如何开展，这些都可以用中医思维去学习，去研究，而我们中医人更要抓住自己的特色走自己的路（思政：文化自信）。

## 三、分析讲解

（一）重点分析：案例与本讲内容的关联度

本讲的内容是"疟论"，"疟"，凌虐之义，故名篇。本篇主要讨论疟病的种类、病因、病机、发作情况、诊断及治疗原则等，因是论疟病的专篇，所以名为"疟论"。课程思政案例中扫黑除恶工作开展的内容，与本讲协调之治的内容是完全契合的。通过学生案例前的讨论，并结合最后的总结和升华，使学生对为医者的大局观、团队协作及领导力的认识得到提升，体现在：① 学生能够掌握疟疾的种类、病因病机、治疗方法与原则；② 使学生在自然科学与人文科学之间搭建桥梁，体悟社会之国与人体"身国"的联系；③ 学生能够整体观及古代序文化在哲学、生命及社会人文的体现及实际意义。本案例的引入非常契合本节课的教学内容和教学目标，不仅能够激发学生的理论学习兴趣，使其吸收古代哲学的精髓，提升思想境界，而且能使学生利用所学的专业理论、思想，在现实生活中发挥个人价值。

（二）如何达成课程思政预期目标：采取适宜的教学方法和教学模式

1. 通过提问的方式进行案例导入，创设问题情境，启发学生思考问题，使学生能够在一定历史知识积累的背景下思考问题。问题意识既是一种心理品质，也是一种思维习惯，其培养和形成需要不断的刺激和强化。

2. 使用讲授法，在案例后进行总结。通过学生对疟疾的理解在自然科学与人文科学之间搭建桥梁，体悟社会之国与人体"身国"的联系。结合视频及图片，让学生体悟整体观及古代序文化在哲学、生命及社会人文的体现及实际意义，更加深刻意识到生命的整体性，和合而为一的功能性的价值，帮助学生厚植家国、团队的归属情感，树立团队合作意识，感悟古人的守序守位、各司其职、精诚合作的情怀。坚定为医者要全心全意为患者服务，要视病人为至亲的大爱无疆的信念。

（刘嘉怡　王　萌）

# 第六讲 《灵枢·五癃津液别》

## 一、教学目标

（一）课程思政教学目标

1. 通过视频观看和讨论，让学生掌握津液的来源、生理变化和功能等内容（教学）；感悟中医整体观及古人的秩序文化，在把握宇宙生命、万物规律的基础上，强化秩序意识、管理意识、法规意识，树立法治信仰（思政）。

2. 通过原文的学习，掌握对于机体而言，津液的作用，让学生体会"水谷皆入于口，其味有五……其流而不行者为液""阴阳不和……虚故腰背痛而胫酸"的意义（教学）；增强学生法治意识，树立法治观念。推动形成遵法光荣、违法羞耻的社会氛围，推动学生成为社会主义法治的忠实崇尚者、自愿遵循者、坚决捍卫者（思政）。

（二）课程思政教学目标的体现

1. 本篇论述了人体体液的来源、生理变化和功能等内容。通过对原文内容的讲解，帮助学生理解秩序管理的力量。同时，使学生更加深刻的意识到生命整体性的价值，帮助学生树立法治意识，感悟古人的序文化思想，在把握宇宙生命、万物规律的基础上，强化秩序意识、管理意识、法规意识。

2. 通过对十二脏腑之间相互配合完成机体的功能生命活动的讲授，深刻认识"五脏六腑，心为之主……肾为之主外"，让学生感受我国的法制制度优势。此外，让学生明白作为一名医生，不光要掌握治病救人的基本技能，还要强化规则意识、倡导契约精神，发扬公序良俗，自觉履行法定的义务，做社会主义法治的忠实的崇尚者、自觉的遵循者、坚决的捍卫者。

## 二、课程思政案例内容

### (一)案例引出

课堂活动:

> 1. 提问:请各位同学思考规矩是什么?与我们有什么联系?
> 2. 提问:为什么说法律是道德的最低标准?

### (二)案例内容

1. 案例形式:视频、图片+讲授。
2. 让我们一起来总结这些视频、图片带给我们的启示。

(1) 根据生活中因为不懂法、不遵法而被处罚的事例来理解"五谷之津液……而下流于阴股""阴阳气道不通,四海闭塞……此津液五别之逆顺也"的含义,增强学生法治意识,树立法律威严形象(思政)。同时,让学生思考在人体的"小身国"中,津液起什么主导作用?如何发挥作用?古人是如何看待生命的(教学)?

(2) 心、耳、目、肺、肝、脾、肾,分别发挥什么作用?与津液有何联系?自然科学与人文科学的桥梁是什么?在之前《中医基础理论》中学到的各脏腑的功能特点,与本节内容有何联系?在学习过程中要求大家重点掌握"五脏六腑,心为之主……故咳而泣出矣"(教学)。

(3) 津液输布有着自身的规律与秩序,而人类社会更需要有相应的制约方式——法律,法律是面向所有人的,我们要树立法律意识、遵守法律秩序(思政)。

## 三、分析讲解

### (一)重点分析:案例与本讲内容的关联度

本讲的内容是"五癃津液别",五,指五液,即津液在人体代谢过程中所化生的汗、溺(尿)、唾、泪(泣)、髓五种体液。癃,即癃闭,指五液代谢发生障碍后出现闭阻不通的病证。别,分别、区别的意思。本篇篇名为"五癃津液别",正如张志聪在《灵枢集注》所云:"此章论水谷化生之津液,各走其道,别而为五。如五道癃闭,则为水胀。五别者,为汗、为溺、为唾、为泪、为髓。五癃者,液不渗于脑而下流,阴阳气道不通,四海闭塞,三焦不泻,而津液不化,水谷留于下焦,不能渗于膀胱,则水溢而为水胀,故以名篇。"课程思政案例中河南大学生掏鸟窝案,与本讲的秩序规律之治内容是完全契合的。通过学生案例前的讨论,并结合最后的总结和升华,让学生对"津液的来源输布"的内容和医者的大局观、法治观及领导力的认识得到提升,表现在:① 学生能够掌握心在诸脏中的主导作用及津液的来源与输布的重要性;② 使学生在自然科学与人文科学之间搭建桥梁,体悟社会之国与人体"身国"的联系;③ 学生能够体悟古代序文化在哲学、生命及社会人文的体现及实际意义。本案例的引入非常契合本节课的教学内容和教学目标,不仅能够激发学生学习理论的兴趣,使其吸收古代哲学的精髓,提升思想境界,而且能使学生利用所学的专业理论、思想,在现实生活中发挥个人价值。

(二)如何达成课程思政预期目标:采取适宜的教学方法和教学模式

1. 通过提问的方式进行案例导入,创设问题情境,启发学生思考问题,使学生能够在一定历史知识积累的背景下思考问题。

2. 通过河南大学生掏鸟窝案,让学生切身感受规则的威严性与不可逾越性。同时,使用故事也能吸引学生的注意力,使其更能深刻体会本篇内容。

3. 使用讲授法,在案例后进行总结,即大医需具备"上知天文、下知地理、中知人事"的能力。通过对原文内容的讲解,增强学生的法治意识、法治观念,推动学生成为社会主义法治的忠实崇尚者、自觉遵守者、坚定捍卫者,为推动形成守法光荣、违法可耻的社会氛围贡献力量。

(刘嘉怡 王 萌)

# 第七讲 《灵枢·动输》

## 一、教学目标

（一）课程思政教学目标

1. 在原文的学习和教学之中，让学生理解胃为五脏六腑之海，为经脉搏动的根本来源的内容，感受治病时保护胃气的重要性（教学）；体悟补土派对疾病治理的理念，把准核心，坚定奋斗，助力中华民族之复兴，强化爱国主义精神（思政）。

2. 通过观看视频并进行讨论，加深学生对"络绝而径通"的理解，感受人体中的代偿功能，体悟整体观念（教学）；从人体中的代偿行为中学会灵活变通，强化整体意识，增强团队协作力与凝聚力，感受今日中国的大国气概和担当，厚植爱国情怀（思政）。

（二）课程思政教学目标的体现

1. 以开篇黄帝的发问，即为何"经脉十二，而手太阴、足少阴、阳明独动不休"，引发学生对经脉搏动根源的思考，从而使学生理解胃为五脏六腑之海，是经脉搏动的根本来源。由此，启发学生对"核心"的理解，胃即是人体的核心，就像一个国家的核心是人民。以古言"水能载舟亦能覆舟"为证，说明核心力量是不可忽视的。由此可知，如今我们国家的平稳高速发展是爱国主义情怀默默助推的结果，以此来深化学生的爱国主义情怀，坚定其奋斗理想，提升其学习的内在动力。

2. 文章最后假设，在邪气壅塞于四肢的情况下，十二经如何保持正常的气血运转循环。首先，解释了四末是阴阳经脉相合联络之处，四街是营卫之气循行必经之路；其次，指出四街具有"络绝则径通"的代偿功能。这种代偿功能可以维持身体的正常运行。除此之外，代偿功能也可以在生活中体现出来，如举证生活实例来引申学生思维，调动学生思维灵活度。

## 二、课程思政案例内容

（一）案例引出

课堂活动：

> 1. 提问：你认为维持我们生命不休止的根源是什么？
> 2. 提问：同理，你认为一个国家发展的根本是什么？

通过学生的不同回答，引出本课的课前视频、图片资料——"八方驰援战疫情 众志成城克时难"社会各界支援武汉抗击新型肺炎疫情的视频。

（二）案例内容

1. 案例形式：视频＋讲授。
2. 视频名称："八方驰援战疫情 众志成城克时难"社会各界支援武汉抗击新型肺炎疫情的视频。
3. 让我们一起来总结这些视频、图片带给我们的启示。

（1）本文用大篇幅解释了手太阴、足少阴、阳明三经独动不休的原因，我们从结合三条经脉"独动不休"的原因可以找出一个共同点，那就是都与五脏六腑之海——胃相关联。由此可知，胃是维持经脉搏动不休止的根本源泉。后世，李东垣作为补土派的代表人物，独重脾胃，创立了"内伤脾胃，百病由生"等学说（教学）。可谓是把握住了人体的后天养生的根本，找准了核心。不论是个人发展，还是国家发展，都要把准核心要义。百年前的中国满目疮痍，而今日之中国可谓是巨龙苏醒，正在以让世界惊叹的速度蓬勃发展。国家的蓬勃发展离不开人民的奋斗，而人民拼搏奋斗的内在动力是那颗始终怀揣着的祖国的心。在爱国主义精神的助推下，我国已经实现第一个百年奋斗目标——全面建成小康社会，正向着第二个百年奋斗目标稳步前进。而在此阶段，我们更要深化爱国主义情怀，保持高昂的斗志，为理想而奋斗，潜心学习，提升自我能力（思政）。

（2）原文言"夫四末阴阳之会者，此气之大络也。四街者，气之径路也。

故络绝则径通,四末解则气从合,相输如环"。在这句话中,"络绝则径通"指人体内一些小的络脉堵塞以后,会自然开通其他一些路径以起到填充、替代的作用,体现了身体的代偿功能。举例来说,当人永久或短暂丧失视力,为了感知空间与定位,人体的其他感官诸如听觉、触觉等可以变得更为敏锐。"代偿"可以代表了一种"不完美"的适应过程,但它仍然是人体适应能力中不可或缺的一部分,神奇的代偿能力所体现出的人体的生命力令我们惊叹(教学)。

(3)代偿功能体现了一种整体观念,即当整体部分失常,为了维持整体的正常运行,各个部分就会团结一致,灵活变通,避免受到损伤。同理,一个国家可以视为一个整体,整个世界也可以视为一个整体。

在COVID-19来临之际,大批工厂企业、物流车队停产停工,防护物资紧缺,而确诊病例数量却增长迅速,发热门诊已是自顾不暇,护目镜、N95口罩、防护服等数量短缺。一方有难,八方支援。口罩生产车间火速开工,一辆辆物流货车奔驰穿梭在路上,资金、人才、物资都源源不断地涌向一个方向:武汉!

在国际的舞台上,中国也表现出了大国应有的风范与担当,与世界各国政府和人民同舟共济、共克时艰。中国成为许多国家的第一援助者,主动为他们提供了大量的医疗物资。对于那些深陷疫情危机的国家而言,中国的援助是非常宝贵的,是帮助他们打赢抗"疫"战争不可或缺的助力。

诚如今日之中国,所体现的积极奉献精神,不局限于小我的格局,仍值得我们每一个人学习。新时代的我们要坚定奉献,与国家共命运、与时代同步伐,有担当、不怕难、甘奉献,为中华民族伟大复兴而不断努力(思政)。

## 三、分析讲解

(一)重点分析:案例与本讲内容的关联度

本讲课的内容是"灵枢·动输",本篇主要论述了手太阴、足阳明和足少阴三经气血输注的部位、搏动不休的道理,以及三经与全身气血输注的关系,故篇名"动输"。课程思政案例中社会各界支援武汉抗击新型肺炎疫情的视频,与本讲课的爱国情怀内容是完全契合的。同时,课程思政案例也将把握核心、灵活应变的思想展现出来。通过学生案例前的讨论,并结合最后的总结和升华,让学生对治疗时护胃气的原则和中医的思维观念等知识得到提升,表现在：① 学生了解到胃为五脏六腑之海，为经脉搏动的根本来源，强化了学生们对保护胃气和把握核心的理解；② 理解人体中的代偿功能，体悟整体观念，从代偿行为中学会灵活变通；③ 从知识中汲取力量，提高自我能力，深化爱国情怀，不断拼搏进取。本讲案例的引入非常契合本节课的教学内容和教学目标，不仅能够激发学生的理论学习兴趣，使其吸收中医前辈的医术精髓，提升知识素养和思想境界，而且能使学生利用所学的专业理论、思想，在现实生活中发挥个人价值。

（二）如何达成课程思政预期目标：采取适宜的教学方法和教学模式

1. 通过提问的方式进行案例导入，创设问题情境，启发学生思考问题，使学生能够在多人思考的背景下拓宽思考问题的角度。问题意识既是一种心理品质，也是一种思维习惯，它的培养和形成需要不断的刺激和强化。

2. 使用播放"八方驰援战疫情 众志成城克时难"社会各界支援武汉抗击新型肺炎疫情视频的形式，让学生切身感受大国担当的魅力。观看视频能让学生在脑海中预先形成一个更为直观的认识，提升学生爱国主义情怀。

3. 使用讲授法，并在案例后进行总结。本篇"动输"主要讲述了手太阴、足阳明和足少阴三经气血输注的部位、搏动不休的道理，以及三经与全身气血输注的关系，找出其共通点，引导学生了解在疾病的治疗时护胃气的准则，同时用人体的代偿功能帮助学生树立整体观念，培养中医思维。通过此篇文章，学生既可以学到知识，又可以强化品德，坚定意志，树立梦想，心怀家国，拼搏进取。

通过本讲的案例分享，家国情怀将深深镌刻在每一个学生的内心。庚子鼠年，"若有战，召必回，战必胜"的誓言和挺拔的身躯，至今让我们仍难以忘怀，我们对于前辈"捐躯赴国难，视死忽如归"的言语有了更加深刻的理解，因为这是独属于中华儿女强烈的责任感。我们要以青春之我，为国家创文明，为人类谋幸福，秉持使命与担当，不负大国情怀。

（孟祥蕊　闫　昕）

# 第八讲 《灵枢·决气》

## 一、教学目标

### （一）课程思政教学目标

1.通过视频观看和讨论，掌握六气的"贵贱""部主""常主"的含义，以及后天之本——胃的化生意义（教学）；体会六气所属部分对整体的综合作用，以及"各司其职，各安其位，各尽其责，各得其所"的现实意义（思政）。

2.通过原文的学习，理解六气虽然功能、特性、分布不同，名称各异，但都以水谷和脾胃作为自己的化源，强调了五谷尤其是脾胃在人体的重要地位（教学）；正确理解先天之精与后天之本的关系，把握奋斗的意义，身体力行地为社会做贡献（思政）。

### （二）课程思政教学目标的体现

1.《灵枢·决气》曰"人有精、气、津、液、血、脉，余意以为一气"，即明确提出"六气为一气"的观点。"六气"是人体必需的基础物质，而"一气"则是世界本原的存在，为万物之根。"气一元论"的延伸即"整体思维"，整体和部分既相互区别又相互联系，一气统领六气的正常运行，六气又分别统领于各自的脏器，各司其职，各尽其责，对人身之体起着重要的作用。

2.《决气》曰："两神相搏，合而成形，常先身生，是为精。""精"，即是在胎形未有前便已存在的，万物形体由"精"开始，如同先天太极之象，从混元太虚化生出阴阳。精，是构成人体的基本物质，也是人体各种机能活动的物质基础，有先后天之分，先天之精禀受于父母；后天之精来源于饮食，由脾胃化生。

中医既重视先天，也非常重视后天，认为人既是由先天而来，先天的物质条件和精神因素，对人体必然具有一定的作用，因而不管在生理机能上，还是病理变化上，先天常有左右全局的作用。但先天作用，既不是孤立存在的，也不是绝对的，先天如果没有后天支持，便会趋于化灭。李东垣《脾胃论》指出：

"元气非胃气不能滋之。"后天力量如果源源不绝地增长,便可以补救先天不足之处,正所谓"人力可以胜天"。同样,后天作用也不是孤立的,绝对的。总之,先天为立命之本,后天为生化之源,两者相依为命,是一个整体的两个方面。

## 二、课程思政案例内容

（一）案例引出

课堂活动：

> 1. 提问：浅谈霍金的传奇人生。
> 2. 提问：谈谈你对"星星之火,可以燎原"的认识。

通过学生的不同回答,引出本课的课前视频、图片资料——霍金的传奇人生,"星星之火,可以燎原",全面建设社会主义现代化中的整体与部分辩证关系。

（二）案例内容

1. 案例形式：视频、图片＋讲授。
2. 视频、图片名称：霍金的传奇人生；"星星之火,可以燎原"；全面建设社会主义现代化中的整体与部分辩证关系。
3. 让我们一起来总结这些视频、图片带给我们的启示。

（1）霍金是一位著名的物理学家,患有罕见的肌萎缩侧索硬化症（ALS）。疾病使他的四肢和肌肉麻木,无法移动。虽然承受着病痛的折磨,但是霍金不放弃,他坚持学习,获得了物理学博士学位,并被公认为世界上最伟大的物理学家。他向全世界传达了一个重要信息,"挫折是成功的一部分,努力建立你自己的人生,不要怕被看成弱者,也不要被挫折打败"。霍金的故事被世人所传颂,他的励志精神更被当代人所推崇。

（2）"星星之火,可以燎原",引申于今天所能给我们带来的,并不仅仅是不畏强权的积极乐观的向上态度,更多的是无数仁人志士用血书写的生生不息的民族进取精神。作为建设中国特色社会主义事业一分子的我们,正如同广阔平原上的星星之火,只要我们坚定理想信念,并为之不懈奋斗,就可以看到社会主义事业的燎原之势。

## 三、分析讲解

(一)重点分析:案例与本讲内容的关联度

本讲讲述了六气各有一定的主管时令、脏器和分部的部位,六气虽然功能、特性、分布不同,名称各异,但都以水谷和脾胃作为自己的化源,强调了五谷尤其是脾胃在人体的重要地位。先天为立命之本,后天为生化之源,两者相依为命,是一个整体的两方面,相辅相成。课程思政案例"霍金的传奇人生""星星之火,可以燎原""全面建设社会主义现代化中的整体与部分辩证关系",和本讲的内容是完全契合的。

课程思政案例以霍金为例,强调了在"先天之本"不足的情况下,"后天之源"的重要作用。通过学生案例前的讨论,并结合最后的总结和升华,感悟我们作为建设中国特色社会主义事业一分子,聚是一团火,散是满天星的事实,人民就是那点点星火,只要我们坚定共同的信仰,并为之不懈奋斗,必会见证中国特色社会主义燎原之态。本讲案例的引入非常契合本节课的教学内容和教学目标,不仅能够激发学生学习理论的兴趣,使其吸收古代哲学的精髓,提升思想境界,而且能使其利用所学的专业理论、思想,在现实生活中发挥个人价值。

(二)如何达成课程思政预期目标:采取适宜的教学方法和教学模式

1. 通过提问的方式进行案例导入,创设问题情境,启发学生思考问题,使学生能够在一定历史知识积累的背景下思考问题。问题意识既是一种心理品质,也是一种思维习惯,它的培养和形成需要不断的刺激和强化。

2. 使用视频《霍金的传奇人生》,让学生切身感受霍金坚强不屈的意志,激励学生勇于追逐自己的梦想。

3. 使用讲授法,在案例后进行总结,即六气虽然功能、特性、分布不同,名称各异,但都以水谷和脾胃作为自己的化源,强调了五谷尤其是脾胃在人体中的重要地位。

从"气一元论"延伸到"整体思维",整体和部分既相互区别又相互联系,一气统领六气的正常运行,六气又分别统领于各自的脏器,各司其职,各尽其责,对人身之体起着重要的作用。

(苏雯博　于荣霞)

# 第九讲 《灵枢·五乱》

## 一、教学目标

### （一）课程思政教学目标

1. 通过视频观看和讨论，了解十二经脉可按四时五行配属，构成其内在的相互联系，十二经脉属络于十二脏腑，脏腑合于五行而又应于四时，体现"四时五脏阴阳观"。经脉的运行，与四时五行的规律及功能相适应，违反规律，就会引起运行的逆乱（教学）；理解"天人相应"理念，人是天地自然化生的产物，人身的构造无处不应合着天地，人身是小宇宙，宇宙是大人体，强调人与自然的和谐统一（思政）。

2. 在正常情况下，人体营卫二气，内外相随、一阴一阳互相协调配合，阴阳交感和谐，气血运行通畅，使得清气与浊气不致互相冒犯，是成为人的重要因素（教学）；营卫二气内外相随，各守其位，各职其事，启示学生"识其时，行其运，知其命，守其位"，找准自身定位，放飞青春梦想，保持初心并为之不懈奋斗（思政）。

### （二）课程思政教学目标的体现

1.《黄帝内经》中提出的"天人相应"理念，强调了人与自然和谐统一，人体的生理机能及病理变化与自然界相适应，人类在自然界中生活，受化于天地之气。在《灵枢·阴阳系日月》中就有关于十二经脉与四时相合的论述："寅者正月之生阳也，主左足之少阳；亥者十月，主左足之厥阴。此两阴交尽，故曰厥阴。"

人是天地自然化合产物，人身的构造无处不应合着天地，人身是小宇宙，宇宙是大人体，一个人若能与宇宙自然相通，必是圣人之境。《道德经》言："人法地，地法天，天法道，道法自然"，强调只有人与自然和谐统一，精神相贯，才能更好地体悟自然之道，探索人体奥秘，揭示生命的精彩。

2.《灵枢·天年》言："血气已和，营卫已通，五脏已成，神气舍心，魂魄毕具,乃为成人"营气营养周身,卫气抵御外邪,其交感和谐,运行通畅,是成为人的重要因素。《素问·阴阳应象大论》言:"阴在内,阳之守也,阳在外,阴之使也"。只有营卫和谐,各循其时,顺行其道,方能使人体各生理机能正常运行,即所谓"阴阳已和,清浊不相干,如是则顺之而治",但营卫气机失常,清浊不分,阴阳互扰,不遵五行四时,人体就会出现各种不同的疾病,扰乱人体各项气机,损伤人体健康。由此,启示我们各守其位,各职其事的重要作用,强调"识其时,行其运,知其命,守其位",在新的伟大征程上,中国青年要把自己的理想同祖国、民族命运紧密联系,让理想的光芒照亮奋进的道路,在实现中华民族伟大复兴的征程上奋勇争先。

## 二、课程思政案例内容

(一)案例引出

课堂活动:

> 1. 提问:感悟《黄帝内经》中的天人相应观。
> 2. 提问:你了解时代楷模——黄文秀的故事吗?

通过学生的不同回答,引出本课的课前视频、图片资料——《黄帝内经》中的天人相应观、时代楷模——黄文秀、青年在社会主义现代化建设中的责任。

(二)案例内容

1. 案例形式:视频、图片+讲授。
2. 视频、图片名称:《黄帝内经》中的天人相应观,时代楷模——黄文秀。
3. 让我们一起来总结这些视频、图片带给我们的启示。

(1)《黄帝内经》详尽地考察了"人"与"天"的关系,可谓全息的大生态医学理论。《黄帝内经》中虽没有出现过"天人相应"的表述,但却多次出现过类似的论述,如"与天地相参""与天地如一""与天地相应"等,说明中医学自古以来都认为人是天地所生。

人体的生理结构及生命活动与自然界息息相关,天人相应观把天地人作为一个整体,并把人放进天地自然之中来谈人的生命健康。人体是大宇宙的缩影,是个小宇宙,人与天地以气相通,共同经历阴阳四时的变化,这种变化规律是人体生命活动必然遵循的法则。

(2)一心为民,把扶贫路当"长征路"。黄文秀是广西壮族自治区百色市乐业县新化镇百坭村的驻村第一书记。在任期间,她通过努力发展种植产业增收,使百坭村103户贫困户顺利脱贫88户,贫困发生率从她上任时的22.88%降至2.71%。文秀书记兢兢业业、任劳任怨,舍小家为大家,家人患重病住院动手术,她没能时时在身边照顾,可在村里大小事务中却总能找到她坚毅的身影。

2019年6月16日晚,黄文秀从百色返回乐业途中遭遇山洪,因公殉职。黄文秀同志坚守初心、对党忠诚、心系群众、担当实干,用生命诠释了一名共产党员应有的价值追求和使命担当,是习近平新时代中国特色社会主义思想的坚定信仰者和忠实践行者。

## 三、分析讲解

(一)重点分析:案例与本讲内容的关联度

本讲的课程思政案例,与本讲的内容是完全契合的。"天人相应"理念强调了人与自然和谐统一,能引发人们对人身之国和自然之国的思考。营卫二气内外相随,各守其位,各职其事,启示学生要"识其时,行其运,知其命,守其位"。驻村干部黄文秀同志坚守初心、对党忠诚、心系群众、担当实干,用生命诠释了一名共产党员应有的价值追求和使命担当,为祖国脱贫攻坚战的胜利做出了不可磨灭的历史贡献。当代的青年,虽然沐浴在新时代的阳光下,享受着前人打下的基业,但并未因此消颓,相反在时代精神的引领下他们艰苦奋斗,正积极投身于中国现代化事业的建设中。由此可见,只有广大青年勇于过"荆棘",跨"沙漠",方能让中国这艘巨轮在新的航海征程中行稳致远。

(二)如何达成课程思政预期目标:采取适宜的教学方法和教学模式

1.通过提问的方式进行案例导入,创设问题情境,启发学生思考问题,使学生能够在一定历史知识积累的背景下思考问题。

2. 使用视频《时代楷模黄文秀》,让学生切身了解在脱贫攻坚战中以黄文秀为代表的广大扶贫干部扎根基层一线,汲取群众的力量,将最美的年华无私奉献给了脱贫事业的感人事迹。

3. 使用讲授法,在案例后进行总结。理解"天人相应"理念,即人是天地自然化生的产物,人身的构造无处不应合着天地,人身是小宇宙,宇宙是大人体,强调人与自然的和谐统一,人与自然精神相贯,才能更好地体悟自然之道,探索人体奥秘,揭示生命的精彩。营卫二气内外相随,各守其位,各职其事,启示学生"识其时,行其运,知其命,守其位",在新的伟大征程上,中国青年要把自己的理想同祖国前途、民族命运紧密联系在一起,找准自身定位,放飞青春梦想,让理论之光、理想之火照亮新征程上青春奋进的脚步,努力成长为中华民族伟大复兴大厦中的支柱和栋梁。

(苏雯博 于荣霞)

# 第八篇　重医德大医精诚篇

## 第一讲　《灵枢·本脏》

### 一、教学目标

(一)课程思政教学目标

1. 通过对原文的学习,让学生体会脏腑与体表组织内外相应的事实,通过观察外在的体表组织,从而了解内脏发生的病变(教学);感悟中医整体观及中医基本原理,培养中医思维,坚定中医文化自信(思政)。

2. 通过视频观看和讨论,理解志与意在疾病治疗和生命健康中所起的作用(教学);领悟志意的重要性,树立正确的价值观,教育学生对生活充满信心,做一个有目标、有追求的人,提升自身道德修养,勇敢实现自己的梦想(思政)。

(二)课程思政教学目标的体现

1. 本篇论述了容易发病与尽终天年的根本原因,即五脏的大小、高下、坚脆、端正与偏倾的不同。同时,又指出可从外在五色、腠理和骨骼等变化得知五脏的这些内在情况。本文具体说明内在的五脏六腑与外在的皮肉筋骨等组织器官之间的生理病理联系。通过对这些内容的观看与讲解,让学生更加深刻体会通过观察外在体表组织,了解内脏发生病变的方法,感受中医司外揣内诊断原理的意义,帮助学生培养中医思维,提升综合观察的能力,发扬中医理念,坚定中医文化自信。

2. 通过本篇提到的脾肾之神志意者,能御精神,能收魂魄,能调寒暑,能和喜怒等作用,从而感悟志与意的重要性,即志意影响着人的健康,在患者的疾病治疗的过程中,起着重要作用。这启示我们要保持胸怀舒畅,气和志达,做一个"大气"的人。青少年时期正是价值观形成和确立的关键阶段,青少年的价值取向决定了整个社会未来的价值取向,因此要把握好这个阶段,引导学生树立正确的价值观,厚植家国情怀,发扬中华文化,逐步凝练成理性有为、自强不息、大德行天下的君子人格。

## 二、课程思政案例内容

（一）案例引出

课堂活动：

> 1. 提问：请各位同学思考现代控制论的黑箱方法。
> 2. 提问：李开复抗癌成功给我们什么启发？
> 3. 提问：同学们认为志与意对我们的影响有多大？

通过学生的不同回答,引出本课的课前视频、图片资料——黑箱理论,自救的勇气,理想与信念。

（二）案例内容

1. 案例形式：视频、图片＋讲授。
2. 视频、图片名称：黑箱理论、自救的勇气、理想与信念。
3. 让我们一起来总结这些视频、图片带给我们的启示。

（1）李开复在抗癌的过程中,渐渐学会和自己的身体相处,顺应身体的需求,改变生活饮食习惯,调整工作状态,重新开始。坚定自救的勇气成功把他从深渊中拉了出来。他的事例告诉我们心态和意志在治疗疾病中的重要性（思政）。在疾病治疗时,作为医生要给予患者信心,让患者保持良好的心态和自救意志,改变自己的命运（教学）。

（2）通过观察哪里的外在体表组织才能知道五脏的大小、高低、坚脆、偏正？如何知道六腑与人体其他部位的相应关系？它们又如何表现出来的呢？在学习过程中要求学生重点掌握"赤色小理者心小,粗理者心大……毫稀毫毛者,三焦膀胱结也"(教学)。

(3) 通过观察人的外在体表组织从而了解人体脏腑的病变,由这种司内揣外、透过现象看本质的方法,从而联想到黑箱理论。黑箱理论简单来说就是利用事物之间的相互联系和相互作用,在不清楚其内部结构的基础上,通过外在的征象达到对事物较为正确的整体性认知(思政)。

(4) "志意者,所以御精神,收魂魄,适寒温,和喜怒者也。"这句话就是说意志具有统帅精神,调和情志,抗邪防病等作用,意志坚强与否与健康息息相关。事实证明,信念坚定的人,能较好地调节和控制自己的情绪,保持良好的精神状态。在生活中,也有不少病残者靠自己的意志和努力,主宰自己的命运,并为社会做出了可贵的贡献。从而延伸可知,理想和信念是青少年健康成才的精神保障,只有怀揣着正确的志向,才会真正促使他们积极寻求生命的真谛与价值。理想与信念又为老年人延长生命活力提供动力,不服老,不畏老,保持年轻心态,热爱生活,强身健体,为社会发挥"余热"。这种思想既为年轻人提供了良好的形象榜样,又推动了社会健康发展。

## 三、分析讲解

### (一) 重点分析:案例与本讲内容的关联度

本讲的内容是"本脏",本,即根本。本脏,以脏腑为根本的意思。因文中论述精、神、血、气、魂、魄都藏于五脏,水谷津液则在六腑中传化,脏腑功能正常人体才正常,疾病的发生也是以脏腑功能失常为根本,故称为"本脏"。课程思政案例黑箱理论、自救的勇气、理想与信念等内容,与本讲的内容是完全契合的。同时,课程思政案例也把五脏六腑与外在组织器官之间的联系及志意的作用展现出来。通过学生案例前的讨论,并结合最后的总结和升华,让学生对"视其外应,以知其内脏,则知所病矣"的内容及保持良好的心态和意志的重要性的认识得到提升,表现在:① 学生了解外在组织器官与五脏六腑之间的关系,体悟事物的表里联系;② 学生能够理解志意在疾病治疗过程中的重要性;③ 志与意的体现及现实意义。本案例的引入非常契合本节课的教学内容和教学目标,不仅能够激发学生的理论学习兴趣,使其吸收古代哲学的精华,提升思想境界,而且能使学生利用所学的专业理论、思想,在现实生活中发挥个人价值。

（二）如何达成课程思政预期目标：采取适宜的教学方法和教学模式

1. 通过提问的方式进行案例导入，创设问题情境，启发学生思考问题，使学生能够在一定历史知识积累的背景下思考问题。问题意识既是一种心理品质，也是一种思维习惯，它的培养和形成需要不断的刺激和强化。

2. 使用视频《感动中国》，让学生切身感受理想信念的重要性。同时，观看视频也能让学生直观地感受英雄们的精神，使其树立正确的价值观，努力为祖国的未来而奋斗。

3. 使用讲授法，在案例后进行总结，即大医需具备"上知天文、下知地理、中知人事"的能力。根据本节"赤色小理者心小，粗理者心大……毫毛美而粗者，三焦膀胱直；稀毫毛者，三焦膀胱结也"，了解外在组织器官与五脏六腑之间搭建的桥梁，体悟人体表里的联系。结合视频及图片，让学生体会脏腑与体表组织内外相应的事实，通过观察外在的体表组织，从而了解内脏发生的病变。让学生更加深刻意识到生命的整体性，帮助学生感悟透过现象看本质这一方法，建立中医思维，深切体会司内揣外的诊病原则，并坚定我们的中医文化自信。

结合李开复在抗癌期间的心态及意志，让学生明白作为一名医生，不仅要掌握治病救人的基本技能，还要了解如何对待患者，帮助患者树立良好的心理状态，增强患者信心，从而提高临床疗效，改善患者的生活质量。同时，通过这些内容的引入，促使学生意识到心态的重要性，这对其以后的医学之路具有指导意义。

（单双宇　贾永森）

# 第二讲 《灵枢·骨度》

## 一、教学目标

（一）课程思政教学目标

1. 通过视频观看和讨论，让学生掌握通过度量骨节的大小、宽窄、长短，由此测定经脉的长短等内容（教学）；体悟"天人合一"思想，并能从多角度分析思考问题，以获得全面准确的信息（思政）。

2. 通过原文的学习，掌握以人长七尺五寸者举例介绍的骨测脉的方法，并体会要以每个患者的实际情况为依据的事实（教学）；感悟在临床上，既要尊重教学书中教给我们的知识，又要打破陈规，革新创造，寻找适合患者的治疗方法（思政）。

（二）课程思政教学目标的体现

1. 本篇主要论述了通过度量骨节的维度来测定经脉长短的方法，让学生认识到经脉长度的测量不应只局限于自我判定，也可借用其他工具，运用骨度分寸的方法，获取全面准确的信息，培养学生多角度思考的能力。同时，感受人体的功能活动会随着自然界的运动而发生相应变化的事实，帮助学生体悟"天人合一"思想，推动社会发展进步。

2. 骨度是古代人体的实测数据，骨度分寸则是按照骨度折量而来，无论男女老幼、高矮胖瘦均可适用，实践证明，以此方法来确定腧穴的具体位置是科学的。然而就各个部位的骨度尺寸来说，存在尺寸大小记载不一的情况，所以在运用此法取穴定位时可能会引起某些腧穴固有位置发生偏差。通过对这些内容的观看与讲解，帮助学生理解骨测脉的方法。同时，对于学生来讲能更加深刻意识到在临床上，既要做到尊重我们学到的理论，又要做到不把自己设在边框里，要走出边框，打破陈规，创新发展，寻找适合患者的治疗方法。

## 二、课程思政案例内容

### （一）案例引出

课堂活动：

> 1. 提问："天人合一"思想在当代有何意义？
> 2. 提问：多角度思考给我们什么启发？
> 3. 提问：请同学们思考在临床上如何理解并应用"因人制宜"。

通过学生的不同回答，引出本课的课前视频、图片资料——天人合一，多角度思考，因人制宜。

### （二）案例内容

1. 案例形式：视频、图片＋讲授。

2. 视频、图片名称：天人合一、多角度思考、因人制宜。

3. 让我们一起来总结这些视频、图片带给我们的启示。

（1）"天人合一"思想认为世界是一个有机整体，这一世界观强调万物系统性，对中华民族社会生活影响深远。"天人合一"思想中关于天人关系统一性的探索和实践，对当代社会文明化建设具有十分重要的意义（思政）。"先度其骨节之大小、广狭、长短，而脉度定矣"，骨度测量法如何应用？其中蕴含的"天人合一"思想如何体现的（教学）？

（2）本篇主要讲述了应用骨度分寸的方法测量经脉，但在这种方法出现之前，单单通过自身来测量，可能存在一定的难度，但通过骨度测量的方法则方便了许多。所以，多角度思考、多层次分析是非常有意义的。重点掌握"此众人骨之度也，所以立经脉之长短也。是故视其经脉之在于身也，其见浮而坚，其见明而大者，多血；细而沉者，多气也"（教学）。

（3）多角度思考，可总结归纳为"四多"：多看，了解所谓的多层次、多角度到底需要有多少层次、角度；多想，看看自己怎样能把问题分析透彻；多写，通过书写可以让你的思维更清晰、分析更深入；多谈，看看别人怎么想，别人对你的想法怎么看。多干,看了想了讲了最后再去实践一下,这样你才知道原来在现实操作的层次上还有自己没有考虑到的地方(思政)。

(4) 根据病人年龄、性别、体质、生活习惯、职业等不同特点,来考虑治疗用药的原则,这就是"因人制宜"。如：男女性别不同,各有其生理特点,尤其妇女有月经、怀孕、产后等时期,在治疗时必须注意。此外,年龄不同,生理机能与病变特点也存在不同,老年人气血衰少,生理功能退化,患病多是虚证或正虚邪实,在治疗时,应采用补法,而邪实须攻者也应该注意,以免损伤其正气。小儿生机旺盛,但气血未充,脏腑娇嫩,容易造成寒温失调、饥饱不匀,故在治疗小儿病时,不要使用峻猛的药品,补剂也应该慎重使用。一般用药剂量也须根据年龄来甄别。在体质方面,因有阴虚质和阳虚质等分别,所以在诊治时要根据患者的具体情况出方开药。

## 三、分析讲解

### (一) 重点分析：案例与本讲内容的关联度

本讲的内容是"骨度"。骨度,即运用骨头测量经脉长度。本篇因主要论述的是人体各部分骨骼的长短尺寸和经脉的长度以骨度为依据的说明,故以"骨度"名篇。课程思政案例"天人合一"、多角度思考等内容,与本讲的内容是完全契合的。同时,课程思政案例也把因人制宜的临床意义展现了出来。通过学生案例前的讨论,并结合最后的总结和升华,让学生对"天人合一"思想、多角度思考、因人制宜理念的认识得到提升,表现在：① 学生能够体悟"天人合一"思想在当代的重要性；② 学生能形成多角度思考的思维方式；③ 学生能认识到因人制宜在临床上体现出的意义。本案例的引入非常契合本节课的教学内容和教学目标,不仅能够激发学生的学习兴趣,使其吸收古代哲学的精髓,提升思想境界,而且能使学生利用所学习的专业理论、思想,在现实生活中发挥个人价值。

### (二) 如何达成课程思政预期目标：采取适宜的教学方法和教学模式

1. 通过提问的方式进行案例导入,创设问题情境,启发学生思考问题,使

学生能够在一定历史知识积累的背景下思考问题。问题意识既是一种心理品质,也是一种思维习惯,它的培养和形成需要不断的刺激和强化。

2.使用视频《临床上的治疗》,让学生切身感受这种情况下医生在临床上对不同人的不同的治疗方法。同时,观看视频也能让学生在脑海中预先形成一个直观的认识,掌握因人制宜的理念。

3.使用讲授法,在案例后进行总结。由本篇体现出来的"天人合一"思想,联系当代发展。结合图片及视频,体悟中国传统的"天人合一"思想对现代社会的指导价值,其可以作为人类改善生态环境的思想源泉,从而推动实现人与自然的和谐发展及社会主义生态文明的建设。中华传统的"天人合一"思想,在一定范围内对人们有着广泛的影响。因此,在我国生态文明建设的过程中,所有人都应秉承"天人合一"的思想,为社会贡献自己的一份力量,共同参与到我国的生态发展中去。

作为新时代青年医学生,我们应传承老一辈的先进思想,弘扬其优秀精神。在临床实践时,不仅要传承"天人合一"思想和因人制宜理念,也应从多角度思考,开阔创新,将我们的岐黄之术传承并发展下去,让中华瑰宝在守护人类健康方面大放异彩。

(单双宇　马会霞)

# 第三讲 《灵枢·淫邪发梦》

## 一、教学目标

（一）课程思政教学目标

1. 通过原文内容的学习，让学生了解梦产生的原因和机制，即机体在睡眠状态下，邪气乘脏腑的虚弱而乘入脏腑，使魂魄不安而成梦的一种生命现象（教学）；感悟中医天人合一的整体观，激发对先贤的敬仰之情，并深入挖掘其背后的思政元素，结合时代变迁培养家国情怀（思政）。

2. 通过课前的思考预习，结合课上视频的观看，使学生通晓一定的梦象与特定的藏象相关，并会随藏象的变化而变化的机制，提高个人对藏象理论的认知水平（教学）；体会阴阳平衡观念，修身养性，感悟哲学智慧（思政）。

3. 通过案例的分析，并结合教师的讲授，了解病态梦的施治方法，即以调虚实以和阴阳、通经络以行营卫为原则，进一步提高学生对针刺应用范围和程度的认知（教学）；通过对与人类生活息息相关的梦的介绍，让学生明白中医学无止境的道理，加强医德医风教育，同时引领人们破除迷信，崇尚科学，树立正确的世界观、人生观、价值观（思政）。

（二）课程思政教学目标的体现

1. 原文首先论述了机体在睡眠状态下的发梦机制，进而把梦的发生大致分为三个阶段：首先，外界强烈或持久的刺激产生；其次，外界刺激影响到脏腑，扰乱营卫之气运行；最后，营卫之气受到干扰导致魂魄"飞扬"，进而使人卧不得安。寥寥几语便将因外邪侵袭导致的发梦机理讲述得清楚明白，读罢使人眼前一亮，对梦有了更加清晰明确的认识。同时，对学生来讲更能激发其爱国情怀，增强其学习主动性，并深刻领会"为中华民族之崛起而读书"的情怀，引领其踔厉奋发，艰苦奋斗。这样既有利于青年学生的成长成才，也有利于为社会培养出能担当民族复兴大任的时代新人。

2.本文主要讲述了脏腑气盛气衰之梦,从而直接以藏象虚实变化说明梦境异同。通过对这些内容的观看和讲解,感悟象思维、变异思维、虚静思维等传统思维和"未病先防,既病防变"的中医理念。选取古代与梦有关的哲学故事,即庄周梦蝶之事,从中感悟庄子心物合一的精神境界和逍遥之态。梦在一定程度上是自身能量状态的投影,人体阴阳平衡被打破后,邪气侵入虚衰或过胜之分,人在梦中会呈现出或惊恐怪异,或喜乐沉溺的状态。这同时也提示人们应调节脏腑,注意自己平日里的情绪状态。从"不知周之梦为胡蝶与,胡蝶之梦为周与?周与胡蝶,则必有分矣"中感悟其情志的畅达与恬淡之态,进一步领会其中蕴含的"本心具足,不假外求"的精神理念。

3.原文针对梦的不同表现推测脏腑的虚实状态,确立了"至而泻之立已"和"至而补之立已"的治疗之法,这对于中医学生实现理论内容与临床实践的结合具有指导意义。做梦看似是一件再普通不过的事情,但多梦作为一个失眠的表现,现实生活中很多人不堪其扰。多梦使人白日易疲乏,进而进一步影响其精神和身体状态。身为医者,我们当精勤不倦,视患为亲,怀仁心济世,解诸患之苦。在此,在本讲案例中引入"行走的中医ICU"——李可老中医的故事,旨在让学生感悟育德于术的大医情怀和传承发扬中医的意义。

## 二、课程思政案例内容

(一)案例引出

课堂活动:

> 1.提问:说一说淫邪的发梦机制对你的启示。
> 2.提问:体会原文蕴含的"玄之又玄,众妙之门"之理。
> 3.提问:谈谈你对中医学习的理解。

通过学生的不同回答,引出本课的课前视频、图片资料以及相关文学资料——庄周梦蝶的故事、"行走的中医ICU"——李可老先生。

（二）案例内容

1. 案例形式：视频、图片＋讨论、讲授。
2. 视频、图片名称：庄周梦蝶的故事、"行走的中医ICU"——李可老先生。
3. 让我们一起来总结这些视频、图片带给我们的启示。

考虑到正邪进入体内后变动不居的特性，本讲将从两方面来讲述其带给我们的启示。首先，于自身而言，我们应时刻守卫正气，以防邪气的侵扰，正所谓"正存于内，邪不可干"。于社会而言，我们应懂得尊重他人，不过度干涉别人的私事。朋友之间如此，亲子之间更应如此。该启示一定程度上蕴含了传统文化中的主客之理，对五运六气学说的学习具有一定的指导意义。

庄周梦蝶，物我两忘，达到了天人合一的理想境界。这虽是一则故事，却也蕴含着丰富的哲理，对当今诸多事情具有重要的启示意义。

随着社会的发展与进步，人们的物质生活愈加丰富，而精神世界却较为贫瘠。在这样快节奏的大环境里，每年抑郁和焦虑的人数大幅增长，且越来越向低龄化方向发展。除此之外，整个社会的风气也亟待提升。在物质生活十分丰富的今天，浪费现象比比皆是，太容易得到的东西，往往不会被珍惜，大抵如此。现在的人们崇尚自由和平等，更加重视自我，因个人不满而顶撞师长的事情屡见不鲜，一时竟不知这是教育的成功还是失败。由此可见，精神生活与物质生活里蕴含着的阴阳之理，人们应把更多的时间，更多的精力放在真正有意义的事情上，丰盈自己的灵魂，而不是一味地追逐名利，虚耗自我。

根据发梦的不同机制，确定针刺补泻大法，结合李可老中医的故事引领人们参悟中医的学习之道。世人大多觉得西医救急中医治缓，殊不知中医也能救急且疗效显著。李老逆境学医，以解众生疾苦为己任，殚精竭虑，伏案苦读各家经典，研制出的破格救心汤、攻毒承气汤在救治各类型心衰危症和多种危重急腹症上大获成功。他虽非中医科班出身，却对中医有着独特的认知，胆大心细又敢于实践，医德高尚，医术精湛，乃我辈楷模！这也给中医学习提供了基本的方路，即怀仁心悟经典之语，不畏苦解众生之疾。怀仁心，读经典，不畏苦，只要做到这三点，中医学习自然事半功倍。这不仅是中医学习的基本法门，同时也是成长为其他领域专业人才的必然要求。

## 三、分析讲解

### (一)重点分析:案例与本讲内容的关联度

本讲的内容是"淫邪发梦"。淫邪,是指亢盛的邪气。因文中主要论述了淫邪扰乱脏腑而形成梦的机理和表现,故称为"淫邪发梦"。它代表了西汉以前我国医学对梦的认识,即重视梦的生理基础。全文探讨了梦的发生、过程等问题,具有梦象与脏象密切相关的学术特色,这对后世临床的影响和启发颇深,具有较高的科学价值。课程思政案例中庄周梦蝶的故事、"行走的中医ICU"——李可老先生等内容,和本讲"淫邪发梦"的内容是完全契合的。同时,课程思政案例也将相关的历史背景和人物事件展现出来。通过学生案例前的思考讨论和案例后的总结升华,让学生对天人合一的整体观、未病先防的预防观及古代哲学思维的认识得到了提升,表现在:① 学生能够掌握"淫邪发梦"的机理、临床表现及相应的治疗措施;② 使学生在自然科学和人文科学之间搭建桥梁,体悟人体疾患与社会发展中存在问题之间的相通性;③ 提高个人素养,涵养进取品格,激发学生的责任意识,培养其奉献精神。本案例的引入非常契合本节课的教学内容和教学目标,不仅能够激发学生学习理论的兴趣,同时唤醒其人文关怀,提升个人思想境界,真正实现"师也者,教之以事而喻诸德也"。

### (二)如何达成课程思政预期目标:采取适宜的教学方法和教学模式

1. 通过布置预习任务的形式,让学生提前对所讲内容具有一定了解,鼓励作业形式多元化,让学生依据个人理解采取相应方式完成任务。课上教师在正式讲课之前带领学生互相讨论作业,进行点评并对其予以鼓励,在提高学生上课积极性的同时增强了学生自信心,并且活跃了课堂气氛,达到了一举多得的效果。

2. 通过李可老中医谈个人经验的视频,让学生更加深刻感悟到提高个人综合素质,踔厉奋发,勇毅前行的重要性,同时观看视频也能让学生在脑海中预先形成一个直观的认识,进而增强课堂趣味性。此外,通过播放《庄周梦蝶》

古琴乐,让学生在琴声中感受物我两忘的境界。

3. 使用讲授法,在案例后进行总结。教师可以提前做好准备工作,课上和学生分享李老等老中医临床经验,让学生从中感悟中医的学习之道,并可结合个人经历,向学生传授大医之道和为人之理,在传授理论知识的同时注重班级和个人良好精神风貌的培养,发挥教育"润物细无声"的作用。

(林　荣　贾永森)

# 第四讲 《素问·气交变大论》

## 一、教学目标

### （一）课程思政教学目标

1. 通过视频观看和讨论，让学生掌握五运太过或不及在自然界引起的变化及其对人体的影响，五气之变与四时相应的化、应与胜、复变化的规律，五方之气的德、化、政、令、灾、变等具体情况，五运变化与五行的关系等内容（教学）；感悟中医"天人合一"的整体观及古人"不偏不倚"的中庸之道，在把握阴阳之道的基础上，强化中医的变易思维；从"善言天者，必应于人，善言古者，必验于今，善言气者，必彰于物，善言应者，同天地之化，善言化言变者，通神明之理"中通晓"各守其位，各司其职，各尽其责"的位序文化，学会扬长避短，充分发挥自身优势（思政）。

2. 通过原文的学习，掌握对于脏腑发病而言，岁运太过或不及的作用，让学生体会五运太过和不及之年的脏腑发病规律（教学）；对于公司企业家领导者的管理，一个企业从创业创新到取得长期稳定的发展，其在各方面各环节的决策和行动都可能出现冒进与保守的问题，因而都可以从中庸的哲学智慧中寻找答案，以尽可能确保企业的各项工作处于实事求是、与时俱进的状态，确保全体员工的思想言行合乎职业伦理规范和社会伦理要求（思政）。

### （二）课程思政教学目标的体现

1. 本文通过对五运之气在气交过程中发生得太过、不及等变化的概述，客观全面地描绘了"天人合一"的生动版图，对于外感引起人体疾病提供临床指导意义。此外，本文讲述了脏腑发病规律以及五脏之间的生克制化关系，提示学生人是一个有机的整体，人与环境的整体观和人自身的整体性突出体现了中医学理论整体观的特点。通过对这些内容的观看与讲解，帮助学生深刻理解五运太过或不及在自然界引起的变化及其对人体的影响。

同时,使学生在学习过程中充分理解中医的变易思维及位序文化。世上的一切,只有变动,才有生命,变动不居,才会生生不息。变易,即世上的一切事物都在变化中。天体、事物和人生,没有一个事物是不变的,万事万物都在变化,这叫作"一阴一阳之谓道"。纵观世事,任何事物变化的时候,背后一定有一个不变的常则,这就是自然规律。所以,太极有所变有所不变。这不是说太极有一部分变,一部分不变,而是说太极中变跟不变是同时存在的,变中有不变,不变中有变,才叫作阴中有阳,阳中有阴。

2. 通过原文内容与案例的结合,引出中庸思想的哲学内涵。"中庸之道"主要体现在为人处事上不偏不倚、无过无不及。中庸思想蕴含了事物的两面性,阴阳调和、善恶转化、刚柔并济等无不体现中庸思想中的制衡理念。心中常藏中庸思想,在决策和行动中则更容易全面思考问题,在工作和物质生活中常存"奉有余"意识,在精神生活中长存"补不足"思想,有助于学生的生活俭朴和精神富足,更有利于自我价值的实现。

## 二、课程思政案例内容

（一）案例引出

课堂活动：

> 1. 普及：以中庸之道防范发展中的"过"与"不及"的企业。
> 2. 提问：请谈谈岁运太过或不及之年脏腑的发病规律。
> 3. 提问：脏腑发病规律的理论依据。

通过学生的不同回答,引出本课的课前视频、图片资料及相关文学资料——岁运太过不及之年脏腑发病规律图表、中庸思想视频、领导艺术的管理智慧。

（二）案例内容

1. 案例形式：视频、图片＋讲授、PPT展示。
2. 视频、图片名称：岁运太过不及之年脏腑发病规律图表、中庸思想视频、领导艺术的管理智慧。

3. 让我们一起来总结这些视频、图片带给我们的启示。

（1）根据公司企业家领导者的管理来深刻认识五运太过不及之年的脏腑发病规律，让学生感受中庸之道的重要性（思政）。

（2）本文论述的内容无不体现了"气一元论"的哲学思想。"气一元论"认为气是万物的本原，万物在气的运动变化中产生和终止。正是因为五运之气与人体之气的相通相应，才产生天与人同步变化与矛盾碰撞。学生要认真领悟"气一元论"的哲学内涵，将"玄同"思想运用到生活实践中，以不断提高自身道德修养。同时，"气一元论"中关于气的运动变化的讨论体现了中医的变易思维，万物在气的运动中联系变化，自然物候和人体脏腑也在气的运动中变化发展。由此引导学生要学会适应不断变化的外部环境，并坚守初心，坚守为医者以患者为中心的原则。

（3）岁运太过之年脏腑发病规律：

| 病　位 | 岁木太过 | 岁火太过 | 岁土太过 | 岁金太过 | 岁水太过 |
|---|---|---|---|---|---|
| 本脏受病 | 肝木 | 心火 | 脾土 | 肺金 | 肾水 |
| 所胜脏受病 | 脾土 | 肺金 | 肾水 | 肝木 | 心火 |
| 来复为病 | 肺金 | 肾水 | 肝木 | 心火 | 脾土 |

（4）岁运不及之年脏腑发病规律：

| 病　位 | 岁木不及 | 岁火不及 | 岁土不及 | 岁金不及 | 岁水不及 |
|---|---|---|---|---|---|
| 本脏受病 | 肝木 | 心火 | 脾土 | 肺金 | 肾水 |
| 所不胜脏乘而受病 | 肺金 | 肾水 | 肝木 | 心火 | 脾土 |
| 所胜之脏侮而发病 | 脾土 | 肺金 | 肾水 | 肝木 | 心火 |
| 来复为病 | 心火 | 脾土 | 肺金 | 肾水 | 肝木 |

## 三、分析讲解

### (一) 重点分析:案例与本讲内容的关联度

本篇详细讨论了天地之气的上下相召、升降相因、交互感应而导致气的变化的重要内容,故称"气交变大论"。课程思政案例岁运太过、不及之年脏腑发病规律图表、中庸思想视频、领导艺术的管理智慧等内容,与本讲的协调之治内容是完全契合的。通过学生案例前的讨论,并结合最后的总结和升华,让学生对本次课"天人合一"的整体观、古人"不偏不倚"的中庸之道、变易思维以及位序文化的认识得到提升,表现在:① 学生能够掌握对于脏腑发病而言,岁运太过或不及的作用,并体会五运太过和不及之年的脏腑发病规律的意义;② 帮助学生在自然科学与人文科学之间搭建桥梁,体悟公司企业家领导者管理中的"中庸之和,文质并重"的内在思想;③ 学生能够体悟"天人合一"的整体观,以及变易思维和位序文化,在哲学、生命及社会人文的体现及实际意义。本讲案例的引入非常契合本节课的教学内容和教学目标,不仅能够激发学生的理论学习兴趣,使其吸收古代哲学的精髓,提升思想境界,而且使学生对"文质并重"的认识具有指导意义。

### (二) 如何达成课程思政预期目标:采取适宜的教学方法和教学模式

1. 通过提问和小组讨论的方式进行案例导入,创设问题情境,启发学生思考问题,使学生能够在一定历史知识积累的背景下思考问题。问题意识既是一种心理品质,也是一种思维习惯,它的培养和形成需要不断地刺激和强化。

2. 通过让学生们观看情景剧,使学生切身感受"以人为中心"思想的重要性。同时,观看视频也能让学生在脑海中预先形成一个直观的认识,提升个人综合分析的能力。

3. 使用讲授法,在案例后进行总结。对脏腑发病而言,通过学生对岁运太过或不及的作用的理解,让学生体会五运太过和不及之年的脏腑发病规律的意义。帮助学生在自然科学与人文科学之间搭建桥梁,体悟管理中的"中庸之和,文质并重"的内在思想。结合视频及图片,使学生感悟"天人合一"的整体观以及变易思维和位序文化,在哲学、生命及社会人文的体现及实际意义。

此外,明确为医者应具备渊博的知识和精湛的医疗技术,这是为医的基本条件。同时,要做到拘古不泥古,创新不离宗,切不可人云亦云,更不能断章取义,随意任性地发挥古人之见。

## 参考文献

[1] 毛世英. 中庸之道:企业管理的大智慧[J]. 人力资源,2022(05):94-96.

[2] 张茜,杜武勋,李晓凤,等.《黄帝内经·素问·气交变大论》脏腑发病规律研究[J]. 时珍国医国药,2019,30(10):2459-2461.

(张雅宁　马会霞)

# 第五讲 《素问·疏五过论》

## 一、教学目标

### (一)课程思政教学目标

1. 通过视频观看和讨论,让学生掌握诊治疾病中的五种过错和四种品德,包括在诊治过程中,医生易犯下的不结合病人生活基本情况等诊治的各类错误以及诊治的几项关键要领(教学);感悟中医整体观念及"以人为本"的民本思想,在把握病因病机,诊治原则的基础上,树立规则意识、大局意识、责任意识,培养学生以德立身的品质(思政)。

2. 通过原文的学习,理解对于疾病治疗而言,医德、医道、医工在疾病治疗中的作用,让学生体会"治病之道,气内为宝,循求其理,求之不得,过在表里……揆度阴阳,奇恒五中,决以明堂,审于终始,可以横行"和"必知终始,有知余绪"的内在思想(教学);对于医者而言,应坚持以人为本,以患者为中心,重视医患关系。治疗前详细诊察疾病病情;治疗时谨守治则之理;了解取穴原则,按理针灸(思政)。

### (二)课程思政教学目标的体现

1. 本篇论述了诊治疾病中的五种过错即不了解病情而误诊;不知该用补法还是泻法而误诊;不懂得类比、不晓奇恒和疾病的变化规律而误诊;敷衍治疗而导致治疗失败;不明病情不问病因而致病人死亡等五种过错,以此来警示后世医者,并提出四种品德来纠正医者。通过对这些内容的观看与讲解,帮助学生深刻理解诊治疾病中的五种过错和四种品德,使学生更加深刻地意识到中医的整体观念及"以人为本"的民本思想,在学习过程中树立规则意识、大局意识、责任意识,培养其以德立身的品质。

2. 通过论述诊治疾病中的五种过错和四种品德,尤其是对疾病治疗和医德、医道、医工作用的论述,使学生深刻认识"必知终始,有知余绪""大医精诚"

的内在思想,让学生感受作为医者所应具备的医德与医工:医生诊治疾病,必须了解发病前后的经过,察知本末以知病情。在切脉定名的时候,应注意到患者的情绪之要,如生离死别,情志郁结,忧愁、恐惧、喜怒等情绪变化。正如《素问·疏五过论》中所说的,对于心理失衡问题,一些医生不仅不能说服教育病人,帮助病人改变不利于治疗的各种心理因素,有的在治疗时还无形中加重病人的心理负担。这既存在对心理因素重视不够的问题,也存在医德浅薄、医风不正的问题。

## 二、课程思政案例内容

(一)案例引出

课堂活动:

> 1. 提问:谈谈生物—心理—社会医学模式的三个重点把握以及该模式下的治疗。
> 2. 提问:浅议本篇的临证诊治及情志因素。
> 3. 提问:试论中华传统医德教育。

通过学生的不同回答,引出本课的课前视频、图片资料以及相关文学资料——生物—心理—社会医学模式图、针刺治疗分析(不同情况下)、医德医风教育。

(二)案例内容

1. 案例形式:视频、图片+讲授、PPT展示。
2. 视频、图片名称:生物—心理—社会医学模式图、针刺治疗分析(不同情况下)、医德医风教育。
3. 让我们一起来总结这些视频、图片带给我们的启示。
(1)根据疾病治疗和医德、医道、医工的作用来深刻认识"必知终始,有知余绪"和"大医精诚"的内在思想,让学生了解作为医者所应具备的医德、医工(思政)。同时,让学生了解诊治疾病中的五种过错和四种品德(教学)。

(2) 生物—心理—社会医学模式的三个重点把握以及该模式下的治疗。

生物—心理—社会医学模式的三个重点把握：① 重视社会生活事件对疾病的影响；② 重视情绪和环境对疾病的影响；③ 重视心理支持及干预对疾病的影响。

在生物—心理—社会医学模式下全力推进"疑难杂病"的新治疗观：①"病证结合"背景下的诊断和辨证施治；② 建立"整体化"治疗体系；③ 发展中西医综合治疗模式（教学）。

(3) 本篇的临证诊治。

临证中的五种过错：

1) 不问病人职业地位的变迁，一错也。

2) 不问饮食起居、思想情绪的变化，二错也。

3) 不能细致分析脉象的变化，三错也。

4) 不问地位贵贱、变迁的变化和有无升官发财的妄想，四错也。

5) 不了解发病的原因和发病后的情况，五错也（思政）。

(4) 中华传统医德教育。

1) 有利于帮助学生树立正确的义利观。

2) 有助于促进医学生对高尚的职业道德的追求。

3) 有利于帮助学生养成严谨的医学学风。培养学生勤奋求学、精益求精的品质是学生思想教育的重要内容，这与"刻苦习业、精勤敬业"的修习态度不谋而合。

4) 中华传统医德渗透有利于培养医学生的社会责任意识。医学教育，德育为先。"健康所系，性命相托"的誓言，蕴含了医学教育中社会责任感和道德责任感。利用优秀传统医德启迪教育医学生要将为解除患者病痛和维护人民健康作为自己的神圣使命（思政）。

## 三、分析讲解

（一）重点分析：案例与本讲内容的关联度

本篇详细讨论了诊治疾病中的五种过错和四种品德，故篇名曰"疏过五论"。课程思政案例中生物—心理—社会医学模式图、针刺治疗分析（不同情况下)、医德医风教育等内容,和本讲的协调之治内容是完全契合的。通过学生案例前的讨论,并结合最后的总结和升华,让学生对"必知终始,有知余绪"内涵和医者的整体观念、"以人为本"的思想、责任意识、医患关系、规则意识、大局意识,以及以德立身的品质得到提升,表现在:① 学生能够理解在疾病治疗中医德、医道、医工的作用,并体会"必知终始,有知余绪"的内在思想;② 帮助学生在自然科学与人文科学之间搭建桥梁,体悟国家治理中的"必知终始,有知余绪"的内在思想;③ 学生能够体悟整体观及责任意识、医患关系、规则意识、大局意识,在哲学、生命及社会人文的体现及实际意义。本讲案例的引入非常契合本节课的教学内容和教学目标,不仅能够激发学生的理论学习兴趣,使其吸收古代哲学的精髓,提升思想境界,而且对医德、医道、医工的认识具有指导意义。

(二) 如何达成课程思政预期目标:采取适宜的教学方法和教学模式

1. 通过提问和小组讨论的方式进行案例导入,创设问题情境,启发学生思考问题,使学生能够在一定历史知识积累的背景下思考问题。

2. 让学生们观看情景剧,使学生切身感受"以人为中心"的思想的重要性。同时,通过观看视频也能让学生在脑海中预先形成一个直观的认识,进而提升个人综合分析的能力。

3. 使用讲授法,在案例后进行总结,并体会"治病之道,气内为宝,循求其理……揆度阴阳,奇恒五中,决以明堂,审于终始,可以横行"和"必知终始,有知余绪"的内在思想。结合视频及图片,使学生感悟整体观及责任意识、医患关系、规则意识、大局意识,在哲学、生命及社会人文上的体现及实际意义。

总之,《素问·疏五过论》提出了医者诊治疾病时必备的常法和规范,强调了医者必须精通医术,全面细致掌握各种情况。同时,也告诫医者应当避五过,从四德,只有这样才能对病者做出正确的诊断与治疗。

# 参考文献

[1] 田文革,司景方,李铮. 中华传统医德在当代医学生思想教育中的价值研究[J]. 枣庄学院学报,2019,36(03):126-130.

［2］王建军,虢周科.试从《内经·素问疏五过论》论"疑难杂病"新治疗观[C]//中医神志病重点专科建设与发展、临床诊疗标准化及专业教材建设研讨会专家讲课和论文汇编.中华中医药学会,2012:72-77.

［3］李德胜,李少中.浅论《素问·疏五过论》重视心理因素及其现实意义[J].内蒙古中医药,1996(S1):136.

［4］王普霞.《素问·疏五过论篇第七十七》探析[J].南京中医药大学学报(自然科学版),2002(06):331-332.

（张雅宁　马会霞）

# 第六讲 《素问·五脏生成》

## 一、教学目标

### （一）课程思政教学目标

1. 通过视频观看和讨论，让学生掌握脉、髓、筋、血与脏腑组织之间的联系；五脏之间的生克制化；五脏与五味的对应关系，五味太过的临床病理表现；五脏的正色、生色与死色；五脏的病理、病证；脉色合参的临床意义等（教学）；万物化生，无不体现了"中和"的思想，在把握万物化生和人事发展的基础上，引导学生认识古代"不偏不倚，折中调和"的中庸思想，从而教育学生自觉地"慎独"，深刻理解自我反省的意义（思政）。

2. 通过原文以及相关资料的学习，掌握对于五脏而言，诊断五脏疾病的基本方法及原则，让学生体会"脉之小大滑涩浮沉，可以指别；五藏之象，可以类推；五藏相音，可以意识；五色微诊，可以目察。能合脉色，可以万全""诊病之始，五决为纪，欲知其始，先建其母"的重要性（教学）；在处理事务过程中，只有通过认真严密地探索与深入细致地研究，才能做到由浅入深，由表及里，去粗取精，由此及彼，把粗浅的认识深刻化、精细化，把模糊的认识具体化、关键化，准确地把握事物的本质规律。由此来提示学生坚持两点论和重点论，重视医患关系，以患者为中心，坚持以人为本，培养积极进取的优秀品质以及认真严谨的治学态度，并充分发扬自身责任感、使命感（思政）。

### （二）课程思政教学目标的体现

1. 本篇以五脏为核心，论述了脉、髓、筋、血与脏腑组织之间的联系；五脏之间的生克制化；五脏与五味对应关系，五味太过的临床病理表现；五脏的正色、生色与死色；五脏的病理、病证；脉色合参的临床意义等，并从多角度强调了诊断五脏疾病的基本方法及原则。通过对这些内容的观看与讲解，以及对诊断疾病的基本方法及原则的了解，使学生更加深刻地意识到因脉以知其内，因色以察于外,"内外相应"的真谛。由此,要求学生除去杂质,留取精华;辨别假事物,保留下真事物;由此现象联系到彼现象;从表面现象看到本质。此外,我们也应秉持"谨察病机,各司其属"的原则,在诊治疾病过程中,审证求机论治,审疾病关键之所在,疾病的变化之所在。加之,调整整体平衡、明辨标本缓急、把握动态变化、顺应异法方宜、据证因势利导、早期治未病、重视养慎等疾病治疗预防思想。

2. 通过对五味太过所引起身体病理反应的讲授,提高同学对古代"中庸"之道的认识。中国自古有言:"月满则亏,水满则溢,花开则谢",即凡事不能追求过度完美圆满,生命的意义在于内心的丰富与充盈,而绝非外在的浮华和虚无,若一味地追求与索取,只会在前进之路上迷失自我。

## 二、课程思政案例内容

### (一)案例引出

课堂活动:

> 1. 提问:请谈谈你对古代"中庸之道"的看法。
> 2. 提问:浅议中医治疗思想。
> 3. 提问:诊病过程中,我们只有把握住疾病本质,方可对症下药。请从这句话考虑"知人善任,人尽其才,量才而用"中的智慧。

通过学生的不同回答,引出本课的课前视频、图片资料——中庸思想视频、治则治法脉络图例、领导艺术的智慧。

### (二)案例内容

1. 案例形式:视频、图片+讲授。
2. 视频、图片名称:中庸思想视频、治则治法脉络图例、领导艺术的智慧。
3. 让我们一起来总结这些视频、图片带给我们的启示。
(1) 中庸之道是我国古代大思想家、教育家孔子向其弟子及世人倡导的道德规范,也是儒家的最高道德标准。

中庸之道以"和"为先,《中庸》曾论述到一个人心中平静淡然,叫作"中";对喜怒哀乐进行合理性的把握,做到符合常理,有节度,就叫作"和"。二者相互协调平衡,便是"中和"。可见,中庸之道所追求的是一种"天下大同"的理想状态,处处以"和"为先,包括人与人之间、国与国之间、人与自然之间等。

中庸之道用"和"去处理各种关系,凡事不走极端,而是循序渐进,一步一个脚印走下去,这是中庸之道的精神实质。要做到中庸之道,必须克服感情上的各种障碍,遵照事物的发展规律,坚持不偏不倚的理念,采取符合常理,使主观认识与客观事物协调和谐的做法。

孔子认为,要实行中庸之道,必须进行积极修养自身德行,并且身体力行,靠实践来加以实现。要在天下实行中庸之道,一切应从自己做起,从自己身边的事情做起(思政)。

(2) 让学生掌握脉、髓、筋、血与脏腑组织之间的联系;五脏之间的生克制化;五脏与五味对应关系,五味太过的临床病理表现;五脏的正色、生色与死色;五脏的病理、病证;脉色合参的临床意义(教学)。

(3) 议中医治疗思想

广泛的治疗思想包括中庸思想、动态思想、融化发展思想、平衡思想、形神统一思想、整体和谐思想、天人合一思想、辩证思想、相反相成思想、治未病思想等。随着中医临床实践的深入发展,治疗思想的不断充实,治则也得到不断丰富。治疗思想与治则在医疗实践中是紧密联系、不可分割且相互影响、相互渗透的。中医诊治思想与治则都指导着中医的临床实践,但指导的层次有高低之分,指导的范围有大小之别。中医治疗思想与治则是指导与被指导的关系。中医的治疗思想有较高的抽象性,属于上层建筑,而治则的抽象性就低一些,具实性就强一些(教学)。

(4) 在历史上,我们不难发现李世民"知人善用"的领导艺术。唐太宗李世民善用贤人,可以说是无人不晓。魏征勇于纳谏,以谏诤为己任,纠正唐太宗行为;房玄龄大公无私,鞠躬尽瘁死而后已;李靖严谨治军,孜孜奉国。可以说,正由于唐太宗知人善用,人尽其用,量尽其才,才开创了"贞观之治"的辉煌盛世(思政)。

## 三、分析讲解

### （一）重点分析：案例与本讲内容的关联度

本讲的内容是"五藏生成论"，五脏之间有相克而后才有相生，有相生方有相成，本篇首论五脏的生克制化关系，因而篇名为"五藏生成论"。课程思政案例中庸思想视频、治则治法脉络图例、领导艺术的智慧等内容，和本讲课的协调之治内容是完全契合的。本讲通过学生案例前的讨论，并结合最后的总结和升华，让学生对本次课"五味太过的病理变化"和医者对为医为人之道、自省、领导力的认识感得到提升，表现在：① 学生能够掌握脉、髓、筋、血与脏腑组织之间的联系；五脏之间的生克制化；五脏与五味对应关系；五味太过的临床病理表现；五脏的正色、生色与死色；五脏的病理、病证；脉色合参的临床意义；② 使学生了解到中医治疗思想、治疗原则、治疗方法，对疾病治疗起到启示作用；③ 帮助学生在自然科学与人文科学之间搭建桥梁，体悟李世民"知人善用，人尽其用，量尽其才"的治国之道；④ 学生能够体悟中庸之道及社会人文的体现及实际意义。本案例的引入非常契合本节课的教学内容和教学目标，不仅能够激发学生的理论学习兴趣，使其吸收古代哲学的精髓，提升思想境界，而且能够使学生利用所学的专业理论、思想，在现实生活中发挥个人价值。

### （二）如何达成课程思政预期目标：采取适宜的教学方法和教学模式

1. 通过提问的方式进行案例导入，创设问题情境，启发学生思考问题，使学生能够在积累一定的文章语句及相关资料的基础上思考问题。问题意识是一种思维行为习惯，它的培养需要我们不断自我强化。

2. 使用中庸思想视频，让学生认识古代"不偏不倚，折中调和"的中庸思想，从而教育学生自觉地"慎独"，深刻地自我反省，成为更理想的自己。

3. 使用讲授法，在案例后进行总结，即大医需具备"上知天文、下知地理、中知人事"的能力。本节"脉之小大滑涩浮沉，可以指别；五藏之象，可以类推；五藏相音，可以意识；五色微诊，可以目察。能合脉色，可以万全""诊病之始，五决为纪,欲知其始,先建其母"在自然科学与人文科学之间搭建桥梁,体悟李世民"知人善用,人尽其用,量尽其才"的治国之道。结合视频及图片,使学生体悟中庸之道及社会人文的体现及实际意义。

## 参考文献

[1] 周超凡.中医治疗思想、治疗原则、治疗方法的区别与联系[J].中国中医药信息杂志,2005(03):1-2.

[2] 范照明.浅谈中庸之道[J].探求,2005(01):78-79+77.

(张雅宁　马会霞)

# 第七讲 《素问·五脏别论》

## 一、教学目标

（一）课程思政教学目标

1. 通过视频观看和讨论，让学生掌握奇恒之腑和传化之腑的差别，以及五脏六腑的总体功能特点，并具体说明切寸口脉诊病的道理、诊断疾病的一般方法，以及信巫不信医的危害性（教学）；在体悟五脏和六腑的独特之性以及诊察疾病应注意的原则中，把握古代整体观以及"各守其位，各司其职，各尽其责"的位序文化，让学生保持认真严谨的治学态度，学会抓住事物本质，自觉发扬自身责任感使命感，懂得扬长避短，坚持两点论和重点论，重视医患关系，以患者为中心，坚持以人为本，强化自身的进取精神（思政）。

2. 通过原文的学习，理解诊治疾病过程中人文科学精神的重要作用，让学生体会"拘于鬼神者，不可与言至德；恶于针石者，不可与言至巧；病不许治者，病必不治，治之无功矣"的意义（教学）；对于过分迷信的人，厌恶针石治疗的人，不愿接受、不配合治疗的人采用不予治疗的处理方式，以弘扬医学科学精神，坚持医学科学精神与医学人文精神并重（思政）。

（二）课程思政教学目标的体现

1. 本篇论述奇恒之腑和传化之腑的区别，以及五脏六腑的功能，并具体说明寸口脉诊之理和诊治疾病方法，告诉我们奇恒之腑是禀受地气而生的，其功能特点都是储蓄阴精，且藏而不泻。传化之腑是禀承天气而生的，其功能特点就像天体一样运转不息，且泻而不藏；又进一步说明五脏的功能是藏精而不外泻的；六腑功能是传化水谷，而不贮藏的。对于寸口脉诊病的道理，又强调了"凡治病必察其下，适其脉，观其志意，与其病也"的治疗原则。通过对这些内容的观看与讲解，帮助学生深刻理解奇恒之腑和传化之腑的区别，以及五脏六腑的功能，并具体说明寸口脉诊之理和诊治疾病方法。同时，对于学生来讲能更加深刻把握古代整体观以及"各守其位,各司其职,各尽其责"的位序文化,保持认真严谨的治学态度,学会抓住事物本质,自觉发扬自身责任感使命感,懂得扬长避短,坚持两点论和重点论,重视医患关系,以患者为中心,坚持以人为本,强化自身的进取精神。

2. 通过"拘于鬼神者,不可与言至德;恶于针石者,不可与言至巧;病不许治者,病必不治,治之无功矣"体会"医学人文科学并重"。中医学自诞生之日起便是科学与人文并重的。《素问·宝命全形论》云"天覆地载,万物悉备,莫贵于人",即天地之间人最为贵重,医生在治疗病人之时应全神贯注,以人为本。《灵枢·师传》云"使百姓无病,上下和亲,德泽下流,子孙无忧,传于后世,无有终时",即医生不仅有治疗疾病之功,还应注重对病人的关爱,营造医患之间的和谐关系。药王孙思邈在《大医精诚》中视"精"与"诚"为医者两大不可或缺的要素,其中"精"体现了医学的科学精神,"诚"则体现了医学的人文精神。在我国古代,医学充满了浓厚的哲学意蕴,正是以生命为本的医学本质观,引领古代医学保持了"济世救人、仁爱为怀"的传统,并让中医学成为融医学科学精神和人文精神于一体的朴素科学。由此,提醒学生"大医精诚"是我们每位同学都应该做到的,即不仅医术精湛,而且要有人文情怀。

## 二、课程思政案例内容

(一)案例引出

课堂活动:

> 1. 提问:脏腑虚实的补泻规律是什么?
> 2. 提问:浅谈"虚不受补"。
> 3. 提问:浅谈从生物医学模式到生物—心理—社会医学模式的转变对中医学的影响。

通过学生的不同回答,引出本课的课前视频、图片资料以及相关文学资料——补泻规律图表、方剂分析图谱、医学发展线索追踪。

(二) 案例内容

1. 案例形式：视频、图片＋讲授、PPT展示。
2. 视频、图片名称：补泻规律图表、方剂分析图谱、医学发展线索追踪。
3. 让我们一起来总结这些视频、图片带给我们的启示。

(1) 根据"拘于鬼神者，不可与言至德；恶于针石者，不可与言至巧；病不许治者，病必不治，治之无功矣"深刻理解"医学人文科学并重"的重要意义（思政）。对于奇恒之腑和传化之腑的差别，以及五脏六腑的总体功能特点的理解（教学）。

(2) 脏腑虚实的补泻规律

1) "六腑以通为顺"的理论根源。原文指出六府为"传化之府""传化物而不藏""水谷不得久藏""此不能久留，输泻者也""魄门亦为五藏使"（魄门即肛门）以及"其气象天"等内容都是说明和强调六腑作为食物的过道，必须保持畅通无阻，一有积滞，秽浊不除，浊气不降，不仅会出现壅滞之象，也可以生发变证。所以常说"六腑以降为顺，以通为用"。根据这一理论，现代临床用于指导各种急腹症的治疗。

2) 腑病多实，脏病多虚。六腑的生理功能以通为顺，不通则病于"满"，故腑病多实。五脏的精气以满为贵，不满则病于不足，故脏病多虚。此即所谓"阳道实，阴道虚"（《素问·太阴阳明论》），就是说阳明胃腑多实证，太阴脾脏多虚证（教学）。

(3) "虚不受补"

清代医家吴鞠通所著的《医医病书》即从脾胃因素对"虚不受补"的情况进行了分析。"一者湿热盘居中焦，二者肝木横穿土位，三者前医误用呆腻闭塞胃气、苦寒伤残胃阳等弊……随症类推，惟胃气绝者不受补，则不可救矣"，认为脾胃虚损不能运化吸收药物。治疗可以从调理脾胃入手（教学）。

(4) 生物—心理—社会医学模式不仅注重疾病本身，更注重疾病的主体（人）——"以人为本"的思想。只有医学科学精神与人文精神相融合，才能消除技术主义和科学非人格化的严重影响，并最终复归"医乃仁术"的本质。

医学模式的转变为科学精神和人文精神的融合，以及中医的发展创造了契机。既重视科学精神，又重视人文精神的生物—心理—社会医学模式的提出，为中西医结合提供了可能（思政）。

## 三、分析讲解

### (一)重点分析:案例与本讲内容的关联度

别,当"另"讲。同"阴阳别论"一样,因本篇论述的内容与脏腑有关,且与其他篇章不同,自成一家之言,所以篇名为"五脏别论"。课程思政案例补泻规律图表、方剂分析图谱、医学发展线索追踪等内容,和本讲的协调之治内容是完全契合的。同时,课程思政案例论述了奇恒之腑和传化之腑的区别,以及五脏六腑的功能,并具体说明寸口脉诊之理和诊治疾病的方法。通过学生案例前的讨论,并结合最后的总结和升华,让学生对本次课"医学人文科学"和医者的整体观念、责任意识、医患关系及"大医精诚"思想得到提升,表现在:① 学生能够掌握诊治疾病过程中人文科学精神发挥的重要作用,让同学体会"拘于鬼神者……治之无功矣"的重要意义;② 帮助学生在医学科学精神与医学人文精神之间搭建桥梁,体悟中医学的"大医精诚"的内在思想;③ 学生能够体悟古代整体观及"各守其位,各司其职,各尽其责"的位序文化,在哲学、生命及社会人文的体现及实际意义。本案例的引入非常契合本节课的教学内容和教学目标,不仅能够激发学生的理论学习兴趣,使其吸收古代哲学的精髓,提升思想境界,而且对"精"和"诚"的认识具有指导意义。

### (二)如何达成课程思政预期目标:采取适宜的教学方法和教学模式

1. 通过提问和小组讨论的方式进行案例导入,创设问题情境,启发学生思考问题,使学生能够在一定历史知识积累的背景下思考问题。

2. 让学生们观看情景剧,使学生切身感受"以人为中心"思想的重要性。同时,观看视频也能让学生在脑海中预先形成一个直观的认识,进而提升个人综合分析的能力。

3. 使用讲授法,在案例后进行总结,即大医具备"上知天文、下知地理、中知人事"的能力。帮助学生认识在诊治疾病过程中,人文科学精神发挥的重要作用。帮助学生在医学科学精神与医学人文精神之间搭建桥梁,体悟中医学的"大医精诚"的内在思想。结合视频及图片,让学生体悟古代整体观及"各守其位,各司其职,各尽其责"的位序文化,在哲学、生命及社会人文的体现及实际意义。

有些病,病人不理解中医的基本原理,对气血阴阳毫无认识,不信任中医的诊断和辨证,这种情况下是难以取得治疗效果的。这就要求医者与患者信任互通,着重培养医者的医道医德,带领其体悟"大医精诚"思想以及古代以民为本的民本思想。

## 参考文献

[1] 谢冬梅,贾宪洲,潘秋予. 论科学精神和人文精神在医学人文教学实践中的合作[J]. 卫生职业教育,2016,34(03):5-7.

[2] 王洪武,王玉兴. 从《素问·五藏别论》谈"虚不受补"[C]//中华中医药学会第十二届全国内经学术研讨会学术论文集. 中华中医药学会,2012:231-233.

[3] 凌耀星. 脏腑虚实的补泻规律——《素问·五脏别论》小议[J]. 浙江中医学院学报,1981(04):10-12.

(张雅宁 马会霞)

# 第八讲 《灵枢·邪气藏府病形》

## 一、教学目标

### （一）课程思政教学目标

1. 通过视频观看和讨论，让学生掌握邪气中人的不同原因和部位，以及中阴中阳的区别。通过讨论脏腑与经络、气血之间的关系，说明了邪气入侵人体的病理过程，介绍了邪气在人体内的不同表现形式（教学）；感悟中医整体观及辨证论治的思想，明确治疗疾病需要根据具体情况，灵活运用针灸手法和方法，既要顺应病情和身体特点，又要遵循针灸的基本原则，以达到最好的疗效。

2. 通过原文的学习，了解到在治疗过程中，针灸师需要准确把握病情，选择合适的穴位和手法，避免误伤肉节和筋骨，以保护患者的身体和健康。对邪气滞留、病情复杂的情况，应慎用针灸，避免逆行治疗导致病情加重（教学）。同时，提醒医学生行医要谨慎，对待疾病，一定要认真审查（思政）。

### （二）课程思政教学目标的体现

1. 原文中黄帝和岐伯指出，邪气入侵人体可能表现为不同的病症和病态，而治疗应根据具体情况进行调整。岐伯提到，刺针时需根据病情的轻重缓急，调整针刺的深浅和快慢。此外，针刺时还需要遵循针灸的基本原则，包括刺穴准确、注意力的集中等。这一观点体现了治疗疾病需要根据具体情况，灵活运用针灸手法和方法，既要顺应病情和身体特点，又要遵循针灸的基本原则，以达到最好的疗效。

2. 岐伯提到，针灸治疗要注意避免误伤肉节筋骨，确保治疗的安全性和有效性。由此，引出医师在实施针灸时要准确把握病情，根据病人的具体情况选择合适的穴位和手法，准确把握穴位的位置和深度，避免对人体组织造成不必要的伤害，以确保治疗的可靠性和有效性。

## 二、课程思政案例内容

（一）案例引出

课堂活动：

> 1. 提问：请各位同学思考我们在临床针灸诊疗中应当注意什么？
> 2. 提问：在临床诊疗当中，我们确立针灸治法的依据和原则是什么？

通过学生的不同回答，引出本课的课前视频、图片资料——针灸手法图，针灸突发情况处理。

（二）案例内容

1. 案例形式：视频、图片＋讲授。
2. 视频、图片名称：针灸手法图，针灸突发情况处理。
3. 让我们一起来总结这些视频、图片带给我们的启示。

（1）在临床针灸诊疗中，我们应当注意以下几点：

第一，全面了解患者的病情和身体特点。在进行针灸治疗之前，需要对患者进行详细的询问和体检，了解病情的起因、发展过程和症状表现，综合分析患者的身体状况，为后续治疗提供准确的依据。

第二，合理选择穴位和针灸手法。根据患者的病情和疼痛部位，选择相应的穴位进行针刺。根据经络和腧穴的路径，运用适当的针灸手法，包括插刺、搅转、抽刺等，以达到疗效最佳的治疗目的。

第三，注意穿刺的深度和灵活性。在针刺过程中，需要根据患者的体质和病情，调整针刺的深度和角度，保证针刺的准确性和有效性。灵活运用针灸手法，以适应不同患者的需要。

此外，严格遵守针灸的操作规范和卫生要求。在进行针灸治疗时，必须保证手术无菌，使用消毒针具，并妥善处理废弃物。在针刺过程中，医师要细心观察和掌握患者的反应，注意观察针灸后的疗效和病情变化，及时调整治疗方案；针灸治疗需要与患者建立良好的沟通与信任关系，倾听患者的反馈和需求,耐心解答患者的疑虑和问题,为患者提供全面的医疗和护理服务,确保治疗效果的最大化。

(2) 在临床诊疗中,确立针灸治法的依据和原则主要是基于患者的病情和病机。针灸治疗的核心是通过调整人体的气血运行,以达到恢复健康的目的。以下是针灸治法的依据和原则:

第一,依据患者的病情进行综合分析。医生需要全面了解患者的病史、症状和体征,通过仔细观察和病史询问,综合分析患者的病情和病机,从而确定针灸治疗的依据。

第二,根据经络理论选择穴位。针灸治疗的基础是经络学说,即穴位与器官之间的相互关系。医生可以根据患者的病情和症状,选择与病变相关的经络和穴位,从而达到刺激相应经络、疏通气血的目的。

第三,根据针灸学的理论和经验选择针灸手法。针灸的手法有很多种,如插刺、揪转、抽刺等。医生需要根据患者的病情和需要,选择合适的针灸手法和技术,以确保针灸的准确性和疗效。

此外,针灸治疗还需要根据患者的体质和病情,确定治疗的时机和频次。针灸治疗的效果通常需要反复的针刺和调理,医生应根据患者的反应和疗效,及时调整治疗方案。

最后,针灸治疗需要综合运用辨证施治理论,根据患者的肢体、舌质、脉象等辨证要素进行诊断和治疗。

## 三、分析讲解

重点分析:案例与本讲内容的关联度

本讲的内容是"邪气藏府病形",藏府,即为脏腑,即人体的五脏六腑;邪气,即"六淫";病形,即外邪侵入人体后五脏六腑出现的各种病症。本篇主要阐述了以下四大块内容:① 论述了邪气中人的不同原因和部位,以及中阴、中阳的区别。② 阐述了察色、按脉、问病、诊尺肤等诊法在诊断上的重要性,以及色与脉、脉与尺肤的相应情况。③ 列举了五脏病变的缓、急、大、小、滑、涩六脉及其症状和针刺治疗的原则。④ 列举了六腑病变的症状、取穴法与针刺法。

课程思政案例中的针灸注意事项、确立针灸治法的原则等内容,与本讲的协调之治内容是完全契合的。同时,课程思政案例也把历史背景及特殊情况下的应对技能展现出来。通过学生案例前的讨论,并结合最后的总结和升华,使本节课的主题得到了提升,表现在:① 治疗疾病需要根据具体情况,灵活运用针灸手法和方法,既要顺应病情和身体特点,又要遵循针灸的基本原则,以达到最好的疗效。② 在治疗过程中,针灸师需要准确把握病情,选择合适的穴位和手法,避免误伤肉节和筋骨,保护患者的身体和健康。③ 治疗过程中,医生应基于具体病情,根据经络和气血的运行规律,恰当地选择泻或补的方法,防止邪气的滞留和正气的虚损,以促进身体的康复和健康。

本案例的引入非常契合本节课的教学内容和教学目标,不仅能够激发学生的理论学习兴趣,使其吸收古代哲学的精髓,提升思想境界,而且能使学生利用所学的专业理论、思想,在现实生活中发挥个人价值。

(高志翔　徐　静)

# 第九讲 《素问·移精变气论篇》(二)

## 一、教学目标

### (一) 课程思政教学目标

1. 通过视频观看和讨论,明确端庄的举止,凝神静思的诊治态度,是为医者应有的风范,了解疾病起因,才好对症下药(教学);同时,认识与践行"大医精诚"精神(思政)。

2. 通过原文的学习,明确为医者不仅要做到认真诊察病情,更要以患者为先,做患者的知心人,为患者保守秘密,尊重患者意愿(教学);同时,树立正确的职业价值观和崇高的职业理想,强调医德与医术相统一,从而进一步弘扬社会主义核心价值观,促进社会文明和谐(思政)。

### (二) 课程思政教学目标的体现

1. 岐伯言,医生诊病需"闭户塞牖,系之病者,数问其情,以从其意";张介宾在《类经》中解释道:"闭户塞牖,系之病者,欲其静而无扰也。"可见,临床诊治疾病的关键是从与患者接触中问得病情,但询问病情时要选择一个安静的环境,关好门窗,摒除外界干扰,有利于治疗师集中精神,专注于来访者及治疗过程,以促进心理治疗的顺利开展进而取得良好效果。孙思邈也告诫医生:"省病诊疾,至意深心。详察形候,纤毫勿失。处判针药,无得参差。"精确的诊断既是医生精湛医术的直接体现,也是"大医"应该具备的基本素质;既是对患者的尽职,也是对自身的负责。

2. "闭户塞牖"要求有一个保密的环境,让患者处于虚静状态,以泯去医患之间的人我区别及社会环境产生的后天差异等,以消除患者顾虑。安静的治疗环境,也有利于来访者心理放松,情绪稳定,思维清晰,从而更理性地认识、探索自我,更合理地看待周围事物。在保证安全、密闭、不受外界和他人干扰的治疗环境的同时,更要求治疗师要严格保管来访者个人资料,并对谈话内容严格保密,不得在治疗室以外的其他环境下谈论患者的病情。坚持保密原则是对来访者的尊重,能使来访者对治疗师更加信任,有助于医患双方良好治疗关系的建立。与此同时,医者要耐心、细致地询问,认真、专注地观察和倾听,力求与患者建立信任关系,以实现心理沟通,从而更加全面、准确地把握病情。

## 二、课程思政案例内容

(一)案例引出

课堂活动:

> 1. 提问:如何做到专业与人文并重?
> 2. 提问:浅析社会和谐关系的构建。

通过学生的不同回答,引出本课的课前视频、图片资料——专业与人文并重、社会和谐关系的构建。

(二)案例内容

1. 案例形式:视频、图片+讲授。
2. 视频、图片名称:专业与人文并重、社会和谐关系的构建。
3. 让我们一起来总结这些视频、图片带给我们的启示。

(1)医疗活动起初是一种帮助他人的善良行为,在其发展进程中一直展现着人文关怀的光辉,对医学生进行人文观念的熏陶,努力满足患者情感上的需求,无疑是治疗的重要组成部分。让临床医学生专业知识与人文关怀并重,在努力提高自己专业知识面的同时学习医患沟通知识,树立积极向上的医患关系认知态度,提升自我沟通能力,对于构建良好的医患关系具有重大帮助。

(2)钟南山教授曾说过:"如今中国的医生差的不是技术,而是医德,是为患者服务的意识。"作为医学生,应加强医学人文素质,修"仁德",学"仁术",做"仁人"。在当今这个键盘侠横流的时代,我们更要坚守底线,保持初心,做好医患之间的情感沟通,以避免不必要的社会舆论。

## 三、分析讲解

### （一）重点分析：案例与本讲内容的关联度

《移精变气论》是《黄帝内经》中关于精神疗法的专论，可以运用祝由调节患者精神，缓解心身紊乱的病理状态，进而达到治愈疾病的目的。原文中提到临床诊治疾病的关键之一是"闭户塞牖，系之病者，数问其情，以从其意，得神者昌，失神者亡"，其明确告诉我们保密原则与良好治疗关系的建立应注意的事项。课程思政案例专业与人文并重、社会和谐关系的构建等内容，与本讲的内容是完全契合的。医学的诊疗涉及医患双方，这不仅要求医者拥有过硬的专业技术，更需要具备相应的沟通技巧，即兼具专业与人文素养。由此升华至社会主义和谐社会的构建，让本次课关于医者培养的认识得到提升，让学生深刻体悟了"仁人"思想在社会人文的体现及实际意义。

### （二）如何达成课程思政预期目标：采取适宜的教学方法和教学模式

1. 通过提问的方式进行案例导入，创设问题情境，启发学生思考问题，使学生能够在一定历史知识积累的背景下思考问题。问题意识既是一种心理品质，也是一种思维习惯，它的培养和形成需要不断地刺激和强化。

2. 钟南山教授曾说过："如今中国的医生差的不是技术，而是医德，是为患者服务的意识。"作为医学生，应加强医学人文素质，修"仁德"，学"仁术"，做"仁人"。

3. 使用讲授法，在案例后进行总结，即医学的飞速发展，不仅是医疗技术层面的提高，它还逐步形成了一种对医务人员的行为规范和社会责任的新认识，对医生的要求不再局限于对疾病的认识，还包括了解患者的心理、尊重患者的差异性，与其建立和谐、平等的医患关系。由此，引导并培养学生树立正确的职业价值观和崇高的职业理想，进而使自身达到医德与医术的统一。

（苏雯博　于荣霞）

# 第十讲 《素问·调经论》

## 一、教学目标

### (一)课程思政教学目标

1. 通过对原文的学习,让学生掌握神、气、血、形、志有余不足的临床表现及治法,并论述了不同的致病因素所导致的脏腑经络发生的虚实变化(教学);从《黄帝内经》中感悟哲学的物质观思想,使学生了解中国传统文化与马克思主义相结合的大方向,培养学生的专业自信、文化自信,引导学生增强传承和弘扬中医药文化的责任(思政)。

2. 通过原文的学习,让学生掌握中医的形神一体观(教学),教育学生要追求知行合一的境界,提升道德修养,注重身心健康发展(思政)。

3. 通过学习原文,掌握中医学"泻实补虚,以平为期,中病即止"的思想(教学),让学生体悟"致中和"的思想,提示大学生要以平和的心态对待生活。

4. 让学生掌握神、气、血、形、志有余不足的临床表现和治法,并论述了不同致病因素是脏腑经络发生虚实变化的主要原因,以及针刺补泻手法这一事实(教学);这些论述为后世研究疾病发生机理及指导临床应用具有重要意义。因此,要提示学生要重视经典学习,培养中医创新思维(思政)。

5. 通过学习原文,让学生掌握三因制宜思想(教学);教导学生要全面的思考问题,在治疗疾病时做到以人为本,关爱患者,珍爱生命(思政)。

6. 感悟原文中针刺治疗的因势利导思想(教学);提示我们要紧跟时代潮流,践行社会主义核心价值观,在时代主旋律的舞动中抓住机遇,顺势而为(教学)。

### (二)课程思政教学目标的体现

1. 本文讲述了人体物质结构病变能引起疾病,并以人体神、气、血、形、志为基础进而讲述了病变的机理,体现了《黄帝内经》的物质观。由此,通过与马克思唯物主义内容相联系,从而引出传统文化的现代化转型问题,以体现课程思政目标。

2. 原文将人的情志与人体结构联系起来,并提出因神的有余不足而造成的人体疾病,体现了中医学中形神一体的观点。古代美学注重形与神的辩证统一,即在形的基础上,传神是作品的灵魂。本讲案例引用方薰的《山静居画论》体现了美学的形神一体观。形神观,在中医学和中国美学方面都有体现,将两者相结合运用在教学中,可以让学生更加深入地了解形神观的内涵,从而契合思政教学目标。

3. 本文表明针刺治疗要根据患者病位、体质、四时气候等不同因素进行恰当运用,其体现了中医学因人,因时制宜的治疗原则。而本讲所引入的因地制宜进行农村环境治理的案例,与本文内容相呼应,体现了现代社会保护环境的主旋律,从而达到与思政目标相契合的目的。

## 二、课程思政案例内容

(一)案例引出

课堂活动:观看本课的课前资料,并提问以引发学生思考。

1. 提问:通过阅读名言,谈一谈其中的道理?
2. 提问:观看材料,思考一下医生如何践行"以人为本"的思想?

(二)案例内容

1. 案例形式:视频、文本+讲授。
2. 展示材料:

(1)马克思主义唯物论基本思想:物质是标志客观实在的哲学范畴,是对一切可以从感觉上感知的事物的共同本质的抽象。因而它既包括一切可以从感觉上感知的自然事物,也包括一切可以从感觉上感知的人的感性活动,即实践活动。

(2)物本无心,何与人事。其所以相感者,必大有妙理。(方薰《山静居画论》)

(3) 太阳中风,阳浮而阴弱,阳浮者,热自发,阴弱者,汗自出,啬啬恶寒,淅淅恶风,翕翕发热,鼻鸣干呕者,桂枝汤主之。(《伤寒论》)

(4) 农村环境治理相关案例。

3. 让我们一起来总结这些视频、图片带给我们的启示。

(1) 原文"人有精气津液、四支、九窍、五藏十六部、三百五十六节,乃生百病""夫心藏神,肺藏气,肝藏血,脾藏肉,肾藏志,而此成形。志意通,内连骨髓,而成身形五藏。五藏之道,皆出于经隧,以行血气,血气不和,百病乃变化而生,是故守经隧焉",表明《黄帝内经》承认人体发生病变是在人体物质结构变化的基础上的,并将物质与意识相统一,认为人的情绪会对人体生理病理变化造成影响。其与马克思主义唯物论的基本思想相符合,体现了我国古代哲学思想的智慧,对培养学生的哲学思辨精神具有重要意义。同时,也提示我们要以辩证唯物主义观去思考解决问题,要注重物质与意识的统一,要坚持以马克思主义基本原理为指导,将马克思主义基本原理与中国传统文化相结合的号召付诸行动,加快中医药文化的创新性转化与发展。

(2) 本文中的"夫心藏神,肺藏气,肝藏血,脾藏肉,肾藏志,而此成形",将人的情志与人体结构联系起来,并提出因神的有余不足而造成的人体疾病,体现了中医学中形神一体的观点。形神观是中国美学的范畴,中国文化有形神兼具的特点,文人墨客写诗作画都讲究形与神俱,如方薰《山静居画论》中讲到"物本无心,何与人事。其所以相感者,必大有妙理",充分表明了画作要有感染力,令观赏者无意中能借景抒情,这样的一幅画就有了灵魂。中国传统文化对形神统一性的重视体现了中国古人的人文情怀,从诸多古代文字中,我们可以发现中国人极为重视内在修养与思想境界的提升。因此,告诉我们要追求知行合一的境界,提升道德修养,注重身心健康发展。

(3) 本文强调刺微邪一定要"勿之深斥,勿中其经",以防止损伤精气,导致在络邪气内陷;并讲述到根据神、气、血、形、志以及经络支节等病变部位的不同,针刺治疗的部位也不同,治疗疾病时,要精准抓住病位,掌握虚实症状和针刺的补泻原则,做到中病即止,不可太过和不及,泄实补虚,以恢复机体的生理平衡。同时,原文中提到"夫阴与阳,皆有俞会。阳注于阴,阴满之外,阴阳匀平,以充其形,九候若一,命曰平人",说明了气血阴阳的生理平衡对人体健康的重要性。本文体现了"致中和"的哲学思想,告诉我们凡事要遵循适度原则,提示大学生在生活中要放平心态,既要勇于面对挫折,又要虚心看待成就。

(4) 原文"阳受气于上焦,以温皮肤分肉之间。令寒气在外,则上焦不通,上焦不通,则寒气独留于外,故寒慄"与"上焦不通利,则皮肤致密,腠理闭塞,玄府不通,卫气不得泄越,故外热",分别叙述了阳虚则外寒和阳盛则外热的发生机理,与《伤寒论》中恶风发热症状发生机理相符。本文讲述了神、气、血、形、志有余不足的临床表现和治法,并论述了不同致病因素是脏腑经络发生的虚实变化的主要原因,及针刺补泻手法的事实。这些论述对后世研究疾病发生机理及指导临床应用具有重要意义。同时,本篇又将病因分为三条:风雨寒暑、阴阳喜怒和饮食居处,为后世病因学的形成与发展奠定了基础。通过对本文的讲解,我们可以感受到学习经典的必要性,经典学习对于我们中医思维的形成和文化底蕴的培养具有重要作用,所以我们要端正学习态度,重视对经典的学习。

(5) 原文"此者,取之经隧,取血于营,取气于卫,用形哉,因四时多少高下",表明针刺治疗要根据患者病位、体质、四时气候等不同进行恰当运用,其体现了中医学因人,因时制宜的治疗原则。从案例报道中,我们可以看到通过因地制宜地进行农村环境整治,取得了不错的成果。由此,告诉学生要全面地思考问题,治疗疾病时要做到以人为本,关爱患者,珍爱生命。

(6) 原文"针勿置,以定其意,候呼内针,气出针入,针空四塞,精无从去,方实而疾出针,气入针出,热不得还,闭塞其门,邪气布散,精气乃得存,动气候时,近气不失,远气乃来,是谓追之",讲述了借助病人呼吸实施补泻的针刺手法,通过顺应经气运行之势以达到治疗目的,体现了因势利导原则。同时,也提示我们要紧跟时代潮流,践行社会主义核心价值观,在时代主旋律的舞动中抓住机遇,顺势而为。

## 三、分析讲解

(一) 重点分析:案例与本讲内容的关联度

本讲的内容是"调经论",主要介绍了神、气、血、形、志有余不足的临床表现及治法,并讲述不同致病因素致使脏腑经络发生的虚实变化,以及要根据患者病位、体质、四时气候等不同进行恰当的针刺治疗的事实。课程思政案例中马克思主义唯物论基本思想、名言和农村环境治理的报道等内容,与本讲的内容是完全契合的。本讲案例的引入非常契合本节课的教学内容和教学目标,不仅能够激发学生的理论学习兴趣,使其吸收古代哲学的精髓,提升思想境界,而且能使学生利用所学的专业理论、思想,在现实生活中发挥个人价值。

(二)如何达成课程思政预期目标:采取适宜的教学方法和教学模式

1. 通过提问的方式进行案例导入,创设问题情境,启发学生思考问题,使学生能够在一定历史知识积累的背景下思考问题。问题意识既是一种心理品质,也是一种思维习惯,它的培养和形成需要不断刺激和强化。

2. 通过案例材料的阅读,既能加深学生对中医知识的印象,又能起到立德树人的作用;既能让学生感受到中国传统文化的魅力,又能厚植其家国情怀。

3. 使用讲授法,在案例后进行总结,即大医需具备"上知天文、下知地理、中知人事"的能力。根据本节课程内容的讲解,帮助学生在自然科学与人文科学之间搭建桥梁,体悟中医知识与古代哲学思想之间的联系。结合案例材料,让学生体会中医文化在社会人文中的体现及实际意义,并使其更加深刻地意识到生命的整体性和合而为一的功能性的价值,帮助学生在提升自身修养,增强文化自信的同时厚植家国情怀,从而奉献社会。

(彭旭彤　于荣霞　王　萌)

# 第九篇 忆往昔峥嵘岁月篇

## 第一讲 《素问·病能论》

### 一、教学目标

（一）课程思政教学目标

1. 通过视频观看和讨论，让学生认识多种疾病的临床表现及几种脉象的特点，掌握其治则、治法等（教学）知识；感悟中医辨证论治的思想及注重个体化的治疗理念，强化治病求本，审因论治的思想（思政）。

2. 通过原文的学习，了解人体与自然的关系，让学生体会"天人合一"的理念（教学）；四时阴阳变化与人体息息相关，由此引导培养学生的观察能力，使其做到通晓自然变化之道，拥有尊重敬畏自然之心（思政）。

（二）课程思政教学目标的体现

1. 本篇论述了多种疾病的临床表现，阐述了胃脘痈的症状、病机、诊法；卧不安及不能偃卧的机理、脉象；腰痛症状、诊法；怒狂的病因、病机、症状、治则、治法；酒风的症状、治疗等内容。其中的"不能偃卧"探寻其机理，是由于肺处于最高位，就如同脏腑的盖，肺气壅盛，故络脉就胀大，于是便不能仰卧。通过治病求本、审因论治的思想以寻找疾病的起因、病机等。再如，原文中提到治疗颈痈病的做法，通过同病异治的方法，让学生深刻意识到中医个体化的治疗理念，帮助学生感悟中医辨证论治的基本原则，培养其中医思维。

2. 通过原文中的"冬诊之，右脉固当沉紧，此应四时，左脉浮而迟，此逆四时"，说明脉象的变化与四时阴阳变化息息相关。在原文最后提及的几本古医书中,《上经》是论述人与自然的关系,《奇恒》中讲的"恒病"是指依照四时变化决定死生,《揆度》也是阐述结合四时气候以判断病情。通过对自然环境的观察,掌握自然之道,以此体悟"天人合一"的中医理念。在此基础上,通过对中医在临床中灵活应用自然气候规律、遵循自然变化的知识起方开药,进行疾病预测,提醒患者注意防范等中医知识的展现,这让学生坚定中医文化自信,从而推动中医文化的发展。

## 二、课程思政案例内容

### (一) 案例引出

课堂活动:

> 1. 提问:清政府时期,官僚人士们想用"中体西用"的方法改造中国这一事件给我们什么启发?
> 2. 提问:请各位同学思考名医华佗给李延、倪寻二人治病的故事。
> 3. 提问:在生活中同学们都观察到了什么奇特或有趣的自然现象?

通过学生的不同回答,引出本课的课前视频、图片资料——中体西用的分析、华佗对症下药、二十四节气。

### (二) 案例内容

1. 案例形式:视频、图片+讲授。
2. 视频、图片名称:中体西用的分析、华佗对症下药、二十四节气。
3. 让我们一起来总结这些视频、图片带给我们的启示。

(1) 根据清政府时期,官僚人士们只看得到西方国家拥有先进的科学技术,便想通过采用"中体西用"的方法改造中国,但他们没有看到更加深层次的根本原因——腐朽没落的封建主义已不能抵抗新兴的资本主义,这才导致了中国的衰败。由此,让学生理解治病求本,审因论治的辩证思维(思政)。有人不能偃卧的原因是什么?其机理是什么?为什么这样思考(教学)?

(2) 治疗颈痈病,有的医生使用砭石治疗,有的医生通过采取针灸治疗,但都达到了较好的治疗效果,这种治法的道理在哪里呢?原来是由于病名相同但类型不同,以气滞为主的颈痈,宜通过针灸治疗来泻除病邪;而以气滞血瘀为主的颈痈,则宜使用砭石治疗,以清除邪气。在学习过程中,要求学生重点掌握"同病异治"的理念(教学)。

(3)不论通过针灸治疗清除病邪还是通过砭石治疗泻除邪气,都是治疗颈痈病的方法。华佗给倪寻和李延治疗头痛身热这一相同症状时,依据二人病因病机分别给出了泻外实和内实两种不同的治疗思路。华佗对症下药的故事让我们更加深刻地理解了"同病异治"这一方法(思政)。

(4)通过对四时阴阳变化的观察来判断病情,感悟"天人合一"的理念。二十四节气是古代劳动人民在长期实践中总结出来的经验,其创造结合了古代天文学和气象学,反映了地球上的四季变化、降水状况等自然现象。人若不适应四时节气变化就会很容易受到六淫病邪的侵袭,继而发生恶寒发热等一系列疾病。而且四时节气太过或不及都会对机体产生相应的影响,导致疾病的产生(教学)。所以,鼓励学生细心观察自然气候变化对人身变化的影响,总结规律,掌握中医节气知识,坚定我们的文化自信(思政)。

## 三、分析讲解

(一)重点分析:案例与本讲内容的关联度

本讲的内容是"病能论",病能,即疾病的表现。因本篇论述了多种疾病的临床表现,故以"病能论"名篇。课程思政案例中体西用的分析、华佗对症下药等内容,与本讲的辨证之治内容是完全契合的。同时,课程思政案例也把二十四节气对人体的指导展现出来。通过学生案例前的讨论,并结合最后的总结和升华,让学生的辨证论治思维、个体化治疗理念和中医节气思想得到提升,表现在:① 学生能够真正理解到辨证论治、治病求本、审因论治的思想;② 学生能感悟中医个体化治疗的精髓,深化对症下药理念;③ 使学生在自然科学与人文科学之间搭建桥梁,体悟自然之国与人体"身国"的联系。本案例的引入非常契合本节课的教学内容和教学目标,不仅能够激发学生的理论学习兴趣,使其吸收古代哲学的精髓,提升思想境界,而且能使学生利用所学的专业理论、思想,在现实生活中发挥个人价值。

（二）如何达成课程思政预期目标：采取适宜的教学方法和教学模式

1. 通过提问的方式进行案例导入，创设问题情境，启发学生思考问题，使学生能够在一定历史知识积累的背景下思考问题。问题意识既是一种心理品质，也是一种思维习惯，它的培养和形成需要不断刺激和强化。

2. 使用视频《华佗对症下药》，让学生切身感受华佗对李延、倪寻二人所运用的"同病异治"的方法，通过望、闻、问、切对患者进行分析辨证，结合患者的体质、身处的地域环境及四时气候等，确定相应的治疗原则，并起方开药。同时，观看视频也能让学生在脑海中预先形成一个直观的认识，从而有利于对知识的把握。

3. 使用讲授法，在案例后进行总结，即大医需具备"上知天文、下知地理、中知人事"能力。根据本节"有病厥者，诊右脉沉而紧，左脉浮而迟，不然，病主安在？冬诊之，右脉固当沉紧，此应四时，左脉浮而迟，此逆四时，在左当主病在肾，颇关在肺，当腰痛也"，帮助学生在自然科学与人文科学之间搭建桥梁，使学生体悟自然之国与人体"身国"的联系。结合视频及图片，使学生感悟"天人合一"及古代序文化在哲学、生命及社会人文的体现及实际意义，帮助学生坚定为医者要为患者服务的信念，为医者要医者仁心为患者考虑，要传承"大医精诚"文化，精于医术，诚于患者，心系苍生，肩负起捍卫人类健康的重任。

（单双宇　贾永森）

## 第二讲 《灵枢·背腧》

### 一、教学目标

（一）课程思政教学目标

1. 通过视频观看和讨论，让学生理解通过按压来验证穴位位置的内容（教学）；教育学生实践是检验真理的唯一标准，医者要保持严谨的工作态度，培养辩证唯物主义的实践观，强化为医者的责任与担当（思政）。

2. 通过原文的学习，掌握在治疗时取用背腧穴，在补泻方法上是宜灸而禁针的知识要点（教学）；体会在成功路上，找对方法的重要意义（思政）。

（二）课程思政教学目标的体现

1. 本篇论述"欲得而验之，按其处，应在中而痛解，乃其腧也"。人后背的穴位有很多，想要确定其位置，就需要通过手去按压，如若病人感到酸痛，或是原有就酸痛，可按压此处而缓解，这就是腧穴所在的位置。通过对这些内容的观看与讲解，让学生意识到实践的重要性，并感悟"大医精诚"的精神，帮助学生培养辩证唯物主义实践观，强化为医者的责任与担当，保持严谨的工作态度，坚定医者为患者服务的责任。

2. 通过"灸之则可，刺之则不可"，让学生明白只有找对方法才能达到事半功倍的效果。成功是许多人梦寐以求的事情，但成功又是许多人难以实现的事情。其实，实现成功并非难如登天，关键是在于方法。用对了方法，成功便能水到渠成。由此，要求学生要学会"巧干"，掌握方法论。在学习道路上，既要有热情和能力，又要讲究学习方法，这样可以节省学习时间，提高学习效率，从而得到更好的学习成果。

## 二、课程思政案例内容

### (一)案例引出

课堂活动:

> 1. 提问:请各位同学思考神农尝百草的精神启示有哪些?
> 2. 提问:诸葛亮草船借箭给我们什么启发?
> 3. 提问:在成功道路上,需要具备哪些因素呢?

通过学生的不同回答,引出本课的课前视频、图片资料——神农尝百草、诸葛亮草船借箭、成功因素。

### (二)案例内容

1. 案例形式:视频、图片＋讲授。
2. 视频、图片名称:神农尝百草、诸葛亮草船借箭、成功因素。
3. 让我们一起来总结这些视频、图片带给我们的启示。

(1)神农亲自试吃各种植物,以辨别它们对百姓能否有用处。从神农在大自然中试吃了很多种植物,从而分清了五谷、药材和毒药这一事实来表明神农并不是一个纸上谈兵的人,他用身体力行的实践告诉我们只有通过切身实践才能得到自己想要的答案的道理(思政)。本文是通过什么行动来确认腧穴的位置呢?这又告诉我们什么道理呢(教学)?

(2)文中"灸之则可,刺之则不可",讲的是治疗时取背腧穴,在补泻方法上是宜灸而禁针的,即不能采用针刺的方法,而要用正确的灸法,这说明什么呢?这又告诉我们什么道理呢(教学)?

(3)在草船借箭的故事中,周瑜嫉妒诸葛亮的才干,为了陷害诸葛亮,要他造出十万支箭,而时限只有十天。诸葛亮一眼就识破了这是一条害人之计,却淡定地表示"只需要三天",诸葛亮已经想好了应对办法,通过借助大雾和利用曹操多疑的性格,调用几条草船来诱敌,终于借足十万支箭。正所谓"磨刀不误砍柴工",找对方法更轻松(思政)。

（4）在学习道路上，想要成功同学们需要具备什么因素呢？不仅要有明确的目标和过硬的能力，还要具备主观能动性，肯于钻研并动手实践。"纸上得来终觉浅，绝知此事要躬行"，紧密结合自身特点，在实践中检验自己的知识和水平。通过实践，使所学的专业理论知识得到了巩固和提高。就如文中想要验证腧穴的位置，那就动手去按压来感受。

当然，好方法也是很重要的。只有掌握属于自己的技巧和方法，才能更好地提高学习效率，促进学习进步。同理，作为一名医学生，需要掌握的知识繁多，那么这就需要同学们坚定目标，保持严谨的学习态度，运用方法去实践，最终实现成功。

## 三、分析讲解

（一）重点分析：案例与本讲内容的关联度

本讲的内容是"背腧"，腧，同"输"，即腧穴，亦作俞穴。因为腧穴是人身气血神气游行出入转输之处，故名之为输（俞、腧）。本篇主要论述五脏背部腧穴的部位，故篇名"背腧"。课程思政案例神农尝百草、诸葛亮草船借箭等内容，与本讲的内容是完全契合的。同时，课程思政案例也把想要成功需要具备的要素展现出来。通过学生案例前的讨论，并结合最后的总结和升华，让学生对实践观和方法论的认识得到提升，表现在：① 学生能够掌握实践观，增强主观能动性；② 学生能够感悟到方法论的重要性，并运用于实践以提高效率；③ 结合前两方面总结成功的要素，本讲案例的引入非常契合本节课的教学内容和教学目标，不仅能够激发学生的理论学习兴趣，使其吸收古代哲学的精髓，提升思想境界，而且能够使学生利用所学的专业理论、思想，在现实生活中发挥个人价值。

（二）如何达成课程思政预期目标：采取适宜的教学方法和教学模式

1. 通过提问的方式进行案例导入，创设问题情境，启发学生思考问题，使学生能够在一定历史知识积累的背景下思考问题。问题意识既是一种心理品质，也是一种思维习惯，它的培养和形成需要不断地刺激和强化。

2. 使用视频《诸葛亮草船借箭》,让学生切身感受掌握好方法的重要性。同时,通过观看视频也能让学生在脑海中预先形成一个直观的认识,提高思想觉悟,掌握正确的方法论。

3. 使用讲授法,在案例后进行总结。根据本文中提到的"欲得而验之,按其处,应在中而痛解,乃其腧也"和"灸之则可,刺之则不可",让同学们感悟其中的道理,同时思考作为当代中医学子,应该如何做?

作为一个中医药人才,我们身上担负着传承和发展中医药的使命,所以我们更应该努力学好中医药知识,深入钻研中医经典,坚定中医文化自信,保持中医文化定力,传承精华,守正创新,学习好、发展好中医药文化,使更多的人了解中医药、相信中医药。中医不是抽象的理论和概念,它源于丰富的临床和生活实践。只有在实践中创新、在保护中传承,才能有效促进中医药事业和产业的高质量发展,为建设健康中国、增进人民健康福祉做出更大贡献。

(单双宇　贾永森)

# 第三讲 《灵枢·玉版》

## 一、教学目标

(一) 课程思政教学目标

1. 通过观看针灸视频和课堂讨论,让学生明白针灸在治疗疾病时的重要作用,及其治疗时根据疾病顺逆需要注意的准则(教学);体悟针刺重要性的深层含义——"以人为本"的科学发展观,这要求我们提高知识储备,保持对生命的敬畏之心(思政)。

2. 通过原文的学习,让学生了解针刺,体会"脓已成,十死一生,故圣人弗使已成,而明为良方,著之竹帛,使能者踵而传之后世,无有终时者,为其不予遭也"的意义(教学);中医今日的辉煌成绩,是传承精神的最好体现,强化中医认同感,增强学生的民族自信和文化自信(思政)。

(二) 课程思政教学目标的体现

1. 本篇论述了针刺的重要性及其原则,开篇将"小针"与"五兵"相对比,"五兵"是"死之备",而"小针"是"生之具"。以"人者,天地之镇也"突出了针刺治人之功,强调其重要作用。通过视频的观看和原文的理解,可以增强学生对生命的敬畏之心。如文中所言,"(针)能杀生人,不能起死者也"。树立起对生命的敬畏之心不仅可以更好地帮助学生端正学习态度,秉持严谨精神,也能催生学生内心医德的胚芽。同时,根据它对人的作用判断一个事物的价值,这可以引导同学树立良好的价值观。而这种判断是以人为本的科学价值观的体现,这有利于学生深刻理解"以人为本"的内涵。

2. 通过对"脓已成,十死一生,故圣人弗使已成,而明为良方,著之竹帛,使能者踵而传之后世,无有终时者,为其不予遭也"的理解,体会如今中医事业的欣欣向荣与中医药文化传承之间的关系。中医这颗明珠没有因历史的变迁而蒙上灰尘,反而在仁者志士的传承下愈发熠熠生辉,我们应感谢前辈。正如文中所写,中医先贤将他们的经验写下来。让文字在竹帛上流动起来,流向每一个中医人,"无有终时"。文字的传承是最基本的,除此之外,口口相传的师带徒模式也促进了中医药文化的继承和发展。现今,中医作为我国灿烂文化的重要组成部分,作为中国传统医学的智慧结晶,始终坚持为人类健康福祉贡献力量。这不仅可以强化学生对中医的认同感,还可以增强学生的民族自信和文化自信。

## 二、课程思政案例内容

(一)案例引出

课堂活动:

> 1. 提问:请问同学们有没有体验过针灸?你觉得针刺有危险吗?举例说说。
> 2. 提问:请各位同学思考,细小的针和炫酷的刀剑(材质相同)二者相比,谁的价值更大呢?
> 3. 提问:中医为何到如今依旧能够熠熠生辉?

通过学生的不同回答,引出本课的课前视频、图片资料——古今中国照片、针灸视频、针刺事故案例。

(二)案例内容

1. 案例形式:视频、图片+讲授。
2. 视频、图片名称:古今中国照片、针灸视频、针刺事故案例。
3. 让我们一起来总结这些视频、图片带给我们什么启示。

(1)"人者,天地之镇也",这是岐伯所说。以人为本的思想是岐伯判断针比武器价值更大的原因。同时,它也可以理解为以人为本的治病理念。中医讲究个体化治疗,同一种疾病出现在不同人身上可能会采取不同的治法,体现了中医治病的整体观念和辨证论治思想(教学)。搜集两张古今中国生活照片进行对比,我们可以明显感受到如今中国人民生活越来越幸福,生活水平越来越高的事实,而这样的美好生活得益于国家制度的进步,由此可增强学生的制度自信,涵养爱国情怀(思政)。

(2) 文中多次提出了疾病顺逆,针刺其实有很多需要注意的地方,如若操作不当,可能会造成医疗事故(可多案例举例)。

其实针刺事故既有医者取穴与操作上的失误,又有患者自身的因素。要想规避医疗事故,医生应提升自身的医术,抱着对生命的敬畏之心,潜心学习。这就要求医生应强化自身的思维,加强和患者的交流。治病的核心就是以人为本,多了解患者与疾病相关的其他情况,便多一分把握,少一分失误。

首先,为医者应具备渊博的知识和精湛的医疗技术,这是基本要求。其次,为医者要对生命怀有敬畏之心,这是为医的基本态度。针刺之术是中医常用的治疗手段,卓有成效的治疗水平让人啧啧称奇。但是"(针)能杀生人,不能起死者也",简单的一句话却是至理名言。如果医生不学无术、粗心大意,那么针就无异于刽子手的刀。医生虽不能让病人起死回生,但是庸医却可以让病人丧命(思政)。

(3) 针刺在治未病上也有很好的效果。原文中说"故圣人自治于未有形也,愚者遭其已成也"。一名优秀的医生要有防微杜渐的意识,用发展的眼光看待疾病,力求未病先防,在疾病未形成的时候杜绝它,达到治未病的目的。俗言道:"常灸足三里,胜吃老母鸡"。这说明针灸具有强身健体功效(教学)。

在百弊丛生的时代,我们需要具有防微杜渐的意识,引导学生抛弃安逸心理,规划好大学生活,为将来实现自我价值做好准备,以此来端正学习态度,提升学生学习的内在动力,预防学术不端等问题的出现。

引导学生端正态度,可以更好地实现自我价值、实现梦想,制定相应的学习和生活计划。比如,短期计划是好好学习,考研考公等,长期计划是做一名医术与医德兼具的中医医生。学生可以将计划详细化,在实现梦想的道路上踩实每一个脚印(思政)。

(4) 如今关于中医的书籍成千上万,它们都是传承下来的中医瑰宝。标题"玉版"就是将重要的文章刻在玉上面传承下来。中医文化的传承从古至今不曾停息,而如今,中医文化也在不断向海外传播,在国际上具有一定的影响力。这可以强化学生对中医的认同感,增强学生的民族自信和文化自信(思政)。

## 三、分析讲解

### (一)重点分析:案例与本讲内容的关联度

本讲的内容是"灵枢·玉版",古代把重要文献刻于玉版之上,以示珍重。篇名《灵枢·玉版》,亦是珍重之意。本篇论述针刺的重要性及其若干禁忌问题,作者认为这些内容至关重要,值得把它篆刻在玉版上以长久地流传下去,故以"玉版"命名该篇。课程思政案例中的古今中国照片、针灸视频、针刺事故案例等内容与本讲"以人为本"的内容是完全契合的,同时也把防微杜渐及"大医精诚"的理念展现出来。通过案例前的讨论,并结合最后的总结和升华,让学生对针刺的基本原则和医者大局观、行动力的认识得到提升,表现在:① 明白针刺"以人为本"的重要性,并树立正确的价值观;② 涵养品德,坚定意志,树立梦想,将理论知识同生活实际联系起来;③ 从中医的世代传承中汲取智慧,提高中医文化自信和民族自信。本案例的引入非常契合本节课的教学内容和教学目标,不仅能够激发学生的理论学习兴趣,使其吸收古代哲学的精髓,提升思想境界,而且能使学生利用所学的专业理论、思想,在现实生活中发挥个人价值。

### (二)如何达成课程思政预期目标:采取适宜的教学方法和教学模式

1. 通过提问的方式进行案例导入,创设问题情境,启发学生思考问题,使学生能够在一定历史知识积累的背景下思考问题。问题意识既是一种心理品质,也是一种思维习惯,它的培养和形成需要不断的刺激和强化。

2. 使用针灸视频或者采取现场针灸的形式,让学生切身感受针灸的魅力。同时,观看视频也能让学生在脑海中预先形成一个直观的认识,激发学生学习针灸的兴趣。

3. 使用讲授法,在案例后进行总结,即针刺是中医的常用治疗手段,要想做一个优秀的中医医生,必须对针刺有一定的了解。本篇"玉版"就是将关于针刺的重要言论记录下来,学生在文章中既可以学到知识,又可以获得人生启示,涵养品德,坚定意志,树立梦想,将理论知识同生活实际联系起来。

篇中"以人为本"的思想是中医非常重要的治病原则。它不仅可以与治病理论相结合，也可以与现代理论相结合。春秋时期，管仲对齐桓公陈述霸王之业曾言："夫霸王之所始也，以人为本。本理则国固，本乱则国危。"现代，胡锦涛同志提出"以人为本"是科学发展观的核心，也是中国共产党人坚持全心全意为人民服务的根本宗旨。归根结底，以人为本就是要以实现人的全面发展为目标，从人民群众的根本利益出发以谋发展、促发展，不断满足人民群众日益增长的物质文化需要，切实保障人民群众的经济、政治和文化权益，让发展的成果惠及全体人民。而在这样的浪潮之中，我们要学会借力打力，不断提升自我的专业知识和思想品德，坚守以人为本原则。

"十年树木，百年树人。"先十年，我们借助以人为本的发展基础不断攀升；后百年，我们以满腔热血回馈社会。滴水之恩，当涌泉相报。新时代为我们提供的福利不是"滴水"能全面概括的，那我们更要竭尽所能回馈新时代，创建更加美好的社会。

（孟祥蕊　闫　昕）

# 第四讲 《灵枢·五禁》

## 一、教学目标

### (一) 课程思政教学目标

1. 通过原文的学习,了解针刺的禁忌,趋利避害,避免医疗事故的发生(教学);要想掌握一项技术需要全面了解,趋利避害,以此达到事半功倍的效果(思政)。

2. 通过原文的学习,了解针刺的五过,让学生体会"补泻无过其度"的意义(教学);理解中庸之道思想,将其在现实生活中灵活应用(思政)。

3. 通过原文的学习和视频,理解针刺原则的五禁,重视前人经验,联系相关知识(教学);坚定文化自信,担负起传承与发展中医药文化的重任,脚踏实地,真学实干(思政)。

### (二) 课程思政教学目标的体现

1. 通过视频可知,现如今国家大力发展中医药文化,强调中医药文化既是中国古代科学的瑰宝,也是打开中华文明宝库的钥匙。中医存在许许多多难以用现代西方科学解释的问题,这亟待更多的能人志士投身于中医的发展之中。作为新时代的中医人,更应担起中医药发展改革的重担,推动新时代中医药文化事业的发展。针刺的五禁也是中医文化中值得深入挖掘思考的问题。我们坚信在不远的未来,中医文化将会被更广泛得接受。

2. 通过教师的讲解,全面了解针刺的法则,趋利避害,更好地掌握针刺技术,为临床实践积累基础知识,激发学生学习针刺技术的兴趣。同时,建立更加缜密的思维逻辑,体悟中庸之道。

## 二、课程思政案例内容

（一）案例引出

课堂活动：

> 1. 提问：如果想要学好针灸技术，你觉得都要学习哪些方面？
> 2. 提问：请各位同学思考，如果和一个五岁小孩玩跷跷板，你有怎样感受？

通过学生的不同回答，引出本课的课前视频、图片资料——跷跷板不平衡、新时代中医发展——习近平新闻讲话视频。

（二）案例内容

1. 案例形式：图片+讲授。
2. 视频、图片名称：跷跷板不平衡、新时代中医发展——习近平新闻讲话视频。
3. 让我们一起来总结这些图片带给我们的启示。

（1）在文中提及了针刺的"五禁""五夺""五过""五逆""九宜"，针刺有时间上的禁忌，还有针法上的禁忌，要想掌握针刺，那么就要了解他的禁忌和方法，全面地掌握针刺的技术（教学）。万事万物都具有普遍性和矛盾性，如果想要做好一件事，那么我们只有趋利避害，才能达到最优结果。总而言之，想要做好一件事必须全面了解，掌握其多面性（思政）。

（2）原文中岐伯对五过的解释为"补泻无过其度"。不只是针刺方面补泻无过其度，其实在大多数事情上这个原则都适用，过犹不及，万事万物都有各自的尺度。一旦掌握不好度，就容易使得量变产生质变。就像是玩跷跷板，体型相距甚大的两个人一起玩，跷跷板立马一边倒，坐跷跷板的人怎么可能享受到快乐呢？这其实也蕴含着中庸之道的思想，"无过其度"即是一种和谐状态的保持。从哲学角度来思考，和谐是矛盾的一种特殊表现形式，体现着矛盾双方的相互依存、相互促进、共同发展。人体的和谐就是让自身正气维持相对稳定充足的中庸状态(思政)。

（3）本篇提出的五禁，依天干值日分属人体五部，逢禁日，对相应的部位应禁针，这是古人医疗实践的总结，值得我们重视。这反映了中医学人与自然相应，天地人一体的整体观。同样的内容，在《内经》中还多次出现，例如《灵枢·九针》篇提到的天忌日，对身体相应部位不可灸刺破痈等，确有一定的道理。脏腑经络与五运六气息息相关。一定脏腑配属一定经络，配属一定时日，一定时日人体脏腑主气也不同，所以针刺必有当忌禁日。目前针灸临床工作中已不讲禁日，这是否会影响针刺疗效，还需要深入研究。

肝主春，肝旺于春，而春病在肝，所以春天治病忌伤肝。同样道理，甲乙日属木应春，人的头部也应春，因此在甲乙日就不应在头部用针。当然这不是绝对的，但单纯从理论方面着手，认为这一因素值得考虑，并运用到临床工作中去。这方面内容，后世针灸书中所论尚多，如子午流注的依时取穴，干支日人神所在不宜针灸等。总之，本篇提出的五禁，值得进一步研究。

如今，像这样亟待研究的问题还很多，中医文化具有悠久的历史，其中经典数不胜数，而问题也随之产生了。这需要大量的人才投身到中医事业，深入研究中医经典中所蕴含的真理。

新时代的中医人自然就担负了传承和发展中医药事业的重任，这要求新时代的中医人真学实干。真学不仅体现在深厚的中医知识底蕴和熟练的中医技能上，还体现在灵活的辩证思维中，能取其精华去其糟粕，不迷信，有独立判断能力。实干既体现在丰富的临床实践上，也体现于对中医发展的研究和探索中。

## 三、分析讲解

### （一）重点分析：案例与本讲内容的关联度

本讲的内容是《灵枢·五禁》，主要论述针刺治疗中五禁、五夺、五逆、五过、九宜的意义。文中着重介绍了针刺五禁的内容，故以"五禁"命名该篇。课程思政的案例有不平衡的跷跷板、新时代中医发展——习近平新闻讲话视频，这些案例与本讲的针刺治疗的整体观念是完全契合的。同时，课程思政案例也把文化自信、辩证思维展现出来。通过案例前的讨论，并结合最后的总结和升华,让学生对针刺的禁忌原则和医者的整体观念、辩证思维得到提升,表现在:① 学生能够明白针刺禁忌和九宜,全面了解针刺内容,建立整体观念、辩证观念和中庸思想;② 学生在学习过程中坚定意志,树立梦想,勇于承担中医人的使命;③ 学生能从中医的传承与发展中增强中医文化自信和民族自信。本案例的引入非常契合本节课的教学内容和教学目标,不仅能够激发学生的理论学习兴趣,使其吸收古代哲学的精髓,提升思想境界,而且能使学生利用所学的专业理论、思想,在现实生活中发挥个人价值。

(二)如何达成课程思政预期目标:采取适宜的教学方法和教学模式

1. 通过提问的方式进行案例导入,启发学生思考问题,创设问题情境,使学生能够在教学相长中得到启发,问题意识是一种心理品质,也是一种思维习惯,它的培养和形成需要不断地刺激和强化。

2. 使用习近平主席的新闻视频,让学生能切身感受到中医的魅力,激发学生对针灸的学习兴趣,坚定理想信念。

3. 使用讲授法,在案例后进行总结,使学生了解针刺是中医常用的治疗手段,要想做一名优秀的中医医生,必须对针刺有一定的了解。本篇"五禁"就是对关于针刺的禁忌进行了讲解,学生在文章中既可学到知识,不断提升自我的专业能力,又可以涵养品德,坚定意志,树立梦想,为助推中医事业的改革与发展奠定基础。

(孟祥蕊　闫　昕)

# 第五讲 《灵枢·外揣》

## 一、教学目标

### (一)课程思政教学目标

1. 通过学习本篇内容,了解中医传承发展的过程,汲取中医精髓,深化理解中医思维(教学);使学生坚定文化自信和民族自信,并学会灵活运用中医知识,做到知行合一(思政)。

2. 通过对故事的讲解和教学引导,使学生理解并掌握"司外揣内"的内涵(教学);树立正确的世界观,坚定唯物主义理论,相信科学文明(思政)。

### (二)课程思政教学目标的体现

1. 通过本篇教学及讨论,我们可以更好地了解针灸,针灸作为中华传统文化之一,千百年传承仍不失其色。针灸能发展至今,我们要感谢像黄帝一样有着恒心与毅力,愿继承并发扬针灸文化的先辈们。"浑束为一"四字背后需要的不仅是一腔热血,还需要缜密的思维。正如同岐伯之比喻,日与月,水与镜,鼓与声是不可分割的,要具备整体观念,将相关事物整合为一,并能通过逻辑思维进行进一步推理分析。除此之外,针道与治国之道也是相通的,中国的"一国两制"便是最生动的案例。课本与生活的结合,能引导学生发散思维,掌握经典中的哲学道理。

2. 不论是幸存者偏差故事,还是本篇所提及的司外揣内、司内揣外,都讲求抓住本质看问题。透过现象观本质者,往往能化曲为直,傲视群雄。可是,把握本质并不容易,浮尘不拂,真珠难露。因此我们要学会多角度分析问题,联系问题的相关性,找出问题的关键点。这不仅是中医治疗疾病的方法之一,而且对个人发展、社会进步都具有指导作用。

## 二、课程思政案例内容

（一）案例引出

课堂活动：

> 1. 提问：你对针道传承了解有多少？展开谈谈。
> 2. 提问：有没有同学听说过"幸存者偏差"的故事，请谈谈个人理解。

通过学生的不同回答，引出本课的课前视频、故事资料——针道传承视频、"一国两制"的案例和幸存者偏差的故事。

（二）案例内容

1. 案例形式：视频、故事＋讲授。
2. 视频、故事名称："一国两制"的案例、幸存者偏差视频。
3. 让我们一起来总结这些视频、图片带给我们的启示。

（1）针道之复杂我们不难看出。中医文化能传承到今天，在国内和国际舞台上都展现出惊人的魅力，这要归功于先辈，他们总结经验，留下了一本又一本的经典著作。否则，很难掌握其精髓，并难以将它发扬光大。我们从这些经典中得到了较为完善且系统化的理论与诸多经典案例，它们使我们相信中医的魅力，坚定中医文化自信，油然生出民族自豪感（思政）。

"夫治国者，夫惟道焉，非道，何可小大深浅，杂合而为一乎。"面对疾病，我们必须有统一的法度，这样才可以根据一定的准则进行整体详细分析，从而采用更加完善的方法和标准，更有利于精准治疗疾病。这也对如今的我们起到指导作用，要将所学知识"浑束为一"，使得知识能与生活灵活结合，将所学知识付诸实践，实现知行合一。

（2）"浑束为一"体现了一种整体观念，是将多角度系统整合为一。岐伯所说的"非独针道焉，夫治国亦然"指出"浑束为一"不仅是针道发展的准则，也是治国理政的手段。一个国家即一个整体，一个整体必须有统一的规范才能谋求长远发展。

古有秦始皇统一六国,实现了真正的"六国毕,四海一",完成了中华大地的大一统,建立起了中央集权的多民族国家。现有"一国两制"的政策,实现了国家的统一与经济的繁荣发展。"浑束为一"在如今体现为一个中国的共识。在达成一个中国共识的基础上,港澳地区积极融入国家发展大局,主动对接国家发展战略,同祖国内地的交流合作领域日渐扩大,充分发挥了高度自由开放、同国际规则顺畅衔接等优势。这种优势在构建我国更大范围、更宽领域、更深层次对外开放新格局中发挥着重要功能。

(3) 幸存者偏差的故事告诉我们不要被外在因素所迷惑,要深入思考其内在意义。"司外揣内"的理念所体现的思想即是透过现象看本质。马克思等无数伟人曾反复强调,要透过现象看本质,足见其重要性。

事物皆有其多面性,其表象只起到麻木人心之用,而其本质才是事物的内核,才是"有所成"的真正捷径,因此,只有抓住本质才能从容坦然地面对任何问题。现如今,快时代来临,人心难免浮躁,只有静下心来思考,慢慢感悟,探索表象背后的实质,才能有新的发现。同样,国家的发展亦然,面对当今世界复杂多变的局势,只有透过现象看到本质,才能在纷繁复杂的表象中抓住问题的关键,制定出正确的策略。

"故远者司外揣内,近者司内揣外,是谓阴阳之极,天地之盖。"在中医学理论中关于人的生理病理的许多知识皆源于此。具体而言,如依照五音五色等的变化判断疾病病位,都是借助对外在生理病理现象的观察,以推测和判断内在脏腑的生理病理变化的,并以此作为诊断和治疗依据。"司外揣内"作为中医诊察疾病的原理之一,在中医诊断中发挥了重要作用(教学)。

## 三、分析讲解

(一) 重点分析:案例与本讲内容的关联度

本讲的内容是《灵枢·外揣》,揣,揣摩或推测。本篇主要是探讨用针之道和疾病诊断治疗的理论。人体是一个内外相应的统一整体,故能从五音五色等外表的变化中,推测出内在五脏的病变,即"司外揣内",故名"外揣"。课程思政案例中"一国两制"的案例和"幸存者偏差"的故事,与本讲的整体观念、司外揣内的内容是完全契合的。同时,课程思政案例也把文化自信,个人生活与国家发展的关系展现出来。通过学生案例前的讨论,并结合最后的总结和升华,本次课程让学生的思维能力和文化自信得到提升,表现在:① 学生能够了解针道发展传承的艰辛,坚定文化自信,从而感恩经典,传承文化;② 学生能够灵活应用"司外揣内"的基本原理,更加严谨地思考问题,不仅能提高临床诊断能力,还对生活具有指引作用;③ 学生能够体悟中医经典的魅力,根植爱国情怀,学会知行合一。本讲案例的引入非常契合本节课的教学内容和教学目标,不仅能够提升学生思想境界,而且能帮助学生树立正确的世界观、人生观和价值观。

(二)如何达成课程思政预期目标:采取适宜的教学方法和教学模式

1. 通过提问的方式进行案例导入,创设问题情境,启发学生思考问题,使学生能够在不同的背景下思考问题。问题意识既是一种心理品质,也是一种思维习惯,它的培养和形成需要不断地刺激和强化。

2. 使用播放针道传承视频的形式,让学生切身感受中医发展的困难历程,感恩前辈的奉献,提高学习动力,坚定文化自信。同时,通过观看视频也能让学生在脑海中预先形成一个直观的认识,提升学生对本篇文章的学习趣味。

3. 使用讲授法,在案例后进行总结,"司外揣内"是现在中医常用的诊断方法,它对于中医的基础诊断具有重要意义。因为人体内外是一个整体,由于整体之间相互联系,所以便可通过外在变化测知内在变化。这不仅可以应用于中医临床,而且可以作为基本方法论在生活中灵活使用,不论是对个人生活还是国家发展,"司外揣内"都具有较好的指导意义。

除此之外,"浑束为一"也是系统性思考的一种方法。将一种事物系统地整合,有利于对事物的深入理解和使用。一个事物必须要有一个标准法度,因为只有基于这个标准,人们才方便对其进行深入探索和思考。同样,在学习与临床实践中,我们也可以将其灵活应用,即将所学的知识进行统一划分,从而深入理解,做到知行合一。

(孟祥蕊 闫 昕)

# 第六讲 《灵枢·卫气失常》

## 一、教学目标

（一）课程思政教学目标

1. 通过对大国工匠视频的观看和对原文"夫病变化，浮沉深浅，不可胜穷，各在其处，病间者浅之，甚者深之，间者小之，甚者众之，随变而调气，故曰上工"的讨论，了解"上工"的要求，引导并培养学生因势而变的思维能力（教学），坚定其理想信念和爱国主义精神，通过学习工匠精神，提升学生的自我能力，使其积极奉献社会（思政）。

2. 通过故事和原文讲解，培养因人制宜的治疗理念，灵活运用中医知识和思维逻辑（教学），将课本知识与生活实际相联系，利用因人制宜的观念，解决问题（思政）。

（二）课程思政教学目标的体现

1. 在视频中，每一个大国工匠都经历了岁月的磨炼，在实践中积累了丰富的经验，用数以千计的日日夜夜拼搏努力，为国家贡献自己的一份力量。以大国工匠的故事为学生树立榜样，让学生明白成功二字背后不仅需要过硬的技术和完善的思维意识，还要有一颗勇担责任、不断拼搏的强大内心。由此，让学生以工匠精神淬炼自我意志，不断攀登成长为一名优秀"工匠"，为社会发展贡献力量。这样不仅培养了学生的"上工"思维意识，又坚定了学生学习中医的信心。

2. 本篇由华佗对症下药和通过对卫气失常后产生的病变做出分析，进而引出"因人制宜"的治疗原则。如伯高所言："其气积于胸中者，上取之，积于腹中者，下取之，上下皆满者，傍取之。"在中医治疗中，"因人制宜"的治疗原则广泛应用在临床诊断与治疗中。除此之外，因人制宜也可以作为哲学道理作用于不同的方面，如个人发展、团队协作，等等。

## 二、课程思政案例内容

（一）案例引出

课堂活动：

> 1. 提问：当提到"上工"，你脑海中浮现了谁的画面，请谈一谈。
> 2. 提问：你觉得因人制宜还可以作用于哪些方面？

通过学生的不同回答，引出本课的课前视频资料——大国工匠颁奖典礼视频、华佗对症下药小故事。

（二）案例内容

1. 案例形式：视频、原文+讲授。
2. 视频名称：大国工匠颁奖典礼视频、华佗对症下药小故事。
3. 让我们一起来总结这些视频、图片带给我们的启示。

（1）大国工匠颁奖典礼令人心生激动。他们所有的成就都是一点又一点付出而形成的积淀，一段段故事的背后是他们努力的背影。本篇曾言："夫病变化，浮沉深浅，不可胜穷，各在其处，病间者浅之，甚者深之，间者小之，甚者众之，随变而调气，故曰上工。"真正的中医大家往往具有恒动观念，在治疗疾病时秉持因势而变的逻辑思维，能够做到随着疾病的变化，而改变治疗手法（教学）。

学医艰辛，成医艰难。如果没有对理想事业的热爱之心，没有怀揣着无限的激情和闯劲，那么努力的过程将会十分折磨人的意志。心怀爱国之心，坚定理想之志，只有坚定不移地学习中医文化，才能提高自我的知识水平（思政）。

（2）依据《灵枢·卫气失常》有关"肥、膏、肉"的论述，结合卫气具有气态、液态、固态三种形态的观点，现代研究提出了卫气失常是肥胖发病之病机核心的论点，并进行了详细丰富的理论探讨。卫气生于水谷，是人体脏腑气化、肌肉运动的基础；多余的卫气可以转化为膏、脂存储于体内。若膏脂堆积过多，就会产生膏人、脂人、肉人，按照当代的认识，均属于肥胖范畴。因此，基于卫气失常形成的以肥胖为形态学特征的慢病病机，为采取以少食多动的方法来调整失常之卫气提供了理论依据,对防治肥胖具有指导意义,同时也对健康中国战略的实现具有重要意义。我们应该树立正确的健康理念,以积极的心态对待肥胖,不可采用节食等有害健康的方法来达到减肥的目的。

(3) 本篇阐述了对于卫气失常所采用的针刺治疗手段要根据病位的不同而分别采取不同的方法。在古代,华佗对症下药的故事也是如此。这告诉我们诊治疾病不能过于死板,要灵活应用并遵循中医因人制宜的治病原则(教学)。

同样,中医所蕴含的道理也适用于现实生活。就学习而言,孔子曾云"有教无类",每个人本就是独立的个体,每一个人的天赋秉性和特长优势都是不一样的,我们应该看清自我的优缺点,发挥自身优势,增强自信心,提升学习动力。而"因人制宜"无疑是教育的最好方式。除此之外,在小组合作中"因人制宜"也是必不可少的元素。无论是组长还是组员,都应该掌握因人制宜的理念,合理利用每个组员,使其发挥最大优势(思政)。

## 三、分析讲解

### (一) 重点分析:案例与本讲内容的关联度

本讲的内容是"灵枢·卫气失常",主要阐述了卫气失常留滞胸腹的症状和治疗方法,故称"卫气失常"。课程思政案例大国工匠颁奖典礼视频、华佗对症下药的故事,把因势而变、因人制宜的思想展现出来,培养了学生的责任意识和健康观念。通过学生案例前的讨论,并结合最后的总结和升华,让学生的中医思维能力和理想信念得到提升,表现在:① 学生能够明白"上工"的标准,树立榜样,坚定理想信念;② 学生能够建立良好的健康观念,从而促进健康中国战略;③ 学生能够深刻理解因人制宜的理念,既为临床实践做指导,又促进个人发展。本案例的引入非常契合本节课的教学内容和教学目标,不仅能够激发学生学习中医思维的兴趣,提升思想境界,提高学习专业理论、思想的信念,而且还能为自己树立优秀榜样,促进个人发展。

### (二) 如何达成课程思政预期目标:采取适宜的教学方法和教学模式

1. 通过提问的方式进行案例导入,创设问题情境,启发学生思考问题,使

学生能够在多角度的背景下思考问题。问题意识既是一种心理品质,也是一种思维习惯,它的培养和形成需要不断地刺激和强化。无论是视频,还是故事,都能更为直观真实地引导学生思考问题,提高整体趣味性。

2. 使用讲授法,在案例后进行总结。本篇讲述了卫气留滞胸腹的症状和针刺治疗方法,提供了"因人制宜"的诊治原则。我们应对中国传统文化胸怀热爱之心,积极学习中医知识,掌握针刺技巧和理论知识,为今后的临床工作积累经验。

与知识技能同样重要的还有思维能力和品德,我们要善于阅读经典,勤学善思善问,灵活应用所学的知识体系,建立完善的思维逻辑脉络,全面掌握"因人制宜"的思维和处事方法,做到因势而变,在整体中理解恒动观念。同时,学习工匠精神,树立优秀榜样,提高学习动力。

最后,强调健康的重要性。对于肥胖问题,本篇总结归纳为脂、膏、肉三种不同体质的人的气血差异与体形之不同,并确立了"别其三形,血之多少,气之清浊,而后调之"的治疗原则。现在肥胖问题较为普遍,首先要合理看待,拒绝极端行为,并贯彻健康观念,结合古今研究,以健康手段进行调整,共同促进健康中国发展。

(孟祥蕊　闫　昕)